최고 전문가 5인에게 듣는 □□□ □□□·공급 전망

이커머

승패를 좌우하는

물류부동산 전망

우정하, 김태석, 노종수, 유강철, 최문식, 로지브리지 지음

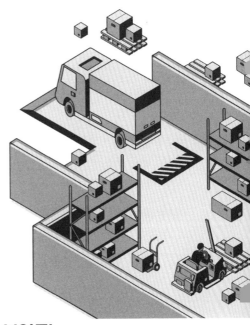

BM (주)도서출판 **성안당**

■ 도서 A/S 안내

지금 한국의 물류산업은 그 어느 때보다 격변의 시기를 맞고 있습니다. 2014년 로켓배송을 시작한 쿠팡은 지금까지 7조 원이 넘는 금액을 물류 인프라 구축에 쏟았습니다. 지금도 물류에 약 1조 원이 넘는 금액을 투자하며, 물류 부문의 투자를 멈추지 않고 있습니다.

전통적인 3PL 중심의 사업을 영위하던 물류기업들은 쿠팡이 초창기 사업을 시작할 때만 해도 큰 위기감을 느끼지는 못했습니다. 연이은 누적 적자를 보며, 얼마나 버틸 수 있는지 지켜보자는 식의 다소 안일한 모습을 보였습니다. 결과적으로 지금 쿠팡은 대한민국의 주요 물류사들을 위협하는 연간 거래액 44조 원 규모의 1위 유통사업자이자, 물류 전문 계열사를 둔 거대 그룹으로 성장했습니다.

쿠팡은 직매입 형태로 대형 물류센터 물건을 직접 보관하다 소비자에게 빠르게 배송하는 비즈니스 모델인 '로켓배송'으로 시장의 차별화를 이뤘습니다. 이제는 여기서 한발 더 나아가 기존에 구축한 대규모 물류센터와 물류 인프라를 이용한 본격적인 제3자 물류 서비스와 풀필먼트 사업에 진출하는 모습입니다. 최근 '로켓그로스'라고 부르는 풀필먼트 서비스를 선보였는데, 단 하나의 상품만 센터에 입고해도 로켓배송과 동일한 형태의 서비스를 제공받을 수 있습니다.

쿠팡은 이커머스 플랫폼 사업에 더해 물류센터 운영부터 직접 택배 운영까지 물류의 시작과 끝을 모두 연결하며, 지금까지 그 어떤 기업도 시도하지 않았던 새로운 길을 개척하고 있습니다. 쿠팡의 경쟁력은 단연 '물류센터'를 통한 규모의 경제와 물류 인프라 확장에 있다고 해도 과언이 아닙니다. 지금까지 쿠팡은 우리나라 주요 권역에 대규모 물류센터를 운영하며, 직접 매입한 물건을 보관하면서 이를 다시 주요 도심 내 위치한 각각의 캠프와 연결하여 빠른 배송이 가능한 물류 혁신을 이뤘습니다.

쿠팡이 걸어온 길은 하나의 역사가 되어 후발주자인 컬리와 무신사 등은 물류센터를 지속해 확장하며, 직접 물건을 매입하고 자체적인 PB 상품을 기획하여 론칭해 나가고 있습니다. 하지만 물류센터를 임차하고 개발 및 구축하기 위해서는 전문적인 시각에서 여러 가지 요소와 변수를 고려해야 합니다. 단순히 임대료나 수도권과 인접한 입지 외에도 인력 수급의 원활함과 교통의 혼잡도 등 복합적인 전문성을 바탕으로 수요와 공급 등을 충분히 분석할 수 있는 전문지식이 필요합니다.

본서에서는 물류 부동산시장의 전문가 5명이 각자 다른 시각에서 시장을 상세하게 분석하고, 앞으로의 시장 변화를 전망하는 내용으로 구성되었습니다. 동일한 사안을 각자의 전문가가 다른 시각과 관점에서 분석했기에 그 의미가 더욱 다채롭고 깊다고 볼 수 있습니다. 쿠팡을 필두로 급변하는 대한민국 물류산업과 물류 부동산시장에서 부디 이 책을 읽는 분들께 조금이나마 도움이 되길 희망합니다.

저자 일동

목차

제4장 · 물류부동산 미래 예측

제**1**장
물류부동산
입문

Q1
물류의 개념

◉ JLL 코리아 우정하 상무

물류는 최초 생산지에서 물건이 발생되어 최종적으로 도착지, 즉 고객에게 도착하기까지 발생하는 모든 흐름을 뜻합니다. 물류의 범위에는 제품이 출고되기 전 포장과 제품의 수송 등 다양한 활동이 포함됩니다. 예를 들어 충남 청양에서 생산되는 구기자를 밭에서 수확한 이후, 이를 포장해서 서울이나 인근 도시까지 수송하고, 창고나 물류센터에 보관한 다음, 각각의 고객에게 배송하는 전반적인 활동을 포괄하여 물류라고 합니다.

물류는 주로 운송수단별로 표현되는데, 크게 육상, 해운, 항공운송으로 나눕니다. 해운은 미국이나 아프리카, 유럽 등 선박을 통해 오고 가는 것을 뜻하고, 항공은 대한항공, UPS, DHL 항공기 등 전 세계 각국을 항공기로 운송하는 것을 뜻합니다. 해운은 대체로 대량 화물 중심으로 상시산 운송되며, 운임이 항공에 비해 상대적으로 저렴합니다. 항공은 항공기에 실을 수 있는 공간이 제한되어 있기 때문에 긴급을 요하고 부가가치가 높은 반도체와 바이오, 백신 등과 같은 품목을 주로 운송합니다. 육상은 항공과 해운을 통해 들어온 화물을 내륙에서 수송하는 부분으로, 사실상 물동량이 상당히 많고 간선과 지선 등 여러 형태를 통해 운송되기 때문에 수송량이 상대적으로 많습니다. 특히 육상 쪽은 택배서비스 부분의 물류센터 수요가 많다는 특징이 있습니다.

조금 더 세부적으로 보면 물류는 1PL(1자 물류), 2PL(2자 물류), 3PL(3자 물류)로 구분됩니다. 1PL은 자사 물량이라고 하는데, 예를 들어 회사 자체적으로 물류팀을 갖추고 직접 물량을 핸들링(수행) 하는 것입니다. 2PL은 그룹 내 자회사나 계열사의 물류를 대행하는 것으로, 유통이나 물류 관련 계열사가 있는 경우 2PL을 많이 활용합니다. 3PL은 제3의 업체에게 물량을 위탁하는 것입니다. 최근에는 3PL에 IT 시스템과 컨설팅을 포함하여 광범위하게 4PL이라고 부르기도 합니다. 현재 3PL 시장이 더 커지면서 물류센터 확보에 큰 지지 기반이 되고 있습니다. 앞으로는 3PL과 IT 컨설팅이 합쳐진 4PL 서비스가 더 발전될 것으로 전망됩니다.

업체별 매출액을 보면, 현대글로비스가 약 15조 원, CJ대한통운이 약 6~7조 원, LX판토스가 약 2~3조 원, 롯데글로벌로지스가 약 2~3조 원, 지오형과 같은 제약 유통이 약 2조 원, 한진이 2조 원 정도로 분석됩니다. 특히 쿠팡이 뉴욕 증시에 상장하면서 업계의 뜨거운 화두가 되었고 이커머스에 대한 경쟁도 심화되고 있습니다. 그러면서 신세계, 롯데와 같은 기존 오프라인 유통시장 강자들이 온라인 쪽에 힘을 갖고자 M&A(인수합병) 또는 자체적으로 온라인 기반을 구축하고 있습니다. 결론적으로 모두 물류센터가 필요하고 시간이 갈수록 물류 쪽의 중요도가 점점 커질 것으로 관측됩니다.

다음은 신선물류를 정의해 보겠습니다. 신선물류란 온도관리가 필요한 온도 민감성 제품의 전 유통과정에서 품질과 안전을 보존하는 물류 시스템을 말하며, 콜드체인시스템이라고도 합니다. 신선물류는 거리상 품목 범위에 따라 음식료품, 농축수산물, 임산물, 화훼류, 의약품으로 분류하며, 각기 다른 온도 기준에 따라 상온, 냉장, 냉동의 3가지 형태로 구분합니다.

일반적으로 상온은 10~40℃, 냉장은 −2~10℃ 또는 −2~−10℃, 냉동은 −10~−40℃, 그리고 급성 냉동은 −50℃ 이하로 구분합니다. 좀 더 구체적으로 말하자면 상온제품은 우리가 일반적으로 알고 있는 과자나 라면 의류 등으로 상온 센터에서 제품을 보관하기 때문에 온도에 민감하지 않으며, 농축수산 임산물은 주로 곡물류로 상온에서 보관합니다.

냉장은 크게 두 가지로 구분하는데, 첫 번째 음식품에서는 유제품, 농축수산물에서는 어패류 및 첨가물, 화훼류에서는 꽃, 의약품에서는 약품 및 혈액이 −2~10℃ 정도에서 냉장 보관되는 제품입니다. 두 번째는 냉장에서도 더 낮은 온도로 보관하는 유제품과 농축수산물, 임산물의 어패류나 생류 · 계란류 등은 −2~−10℃ 정도에서 보관합니다.

냉동 같은 경우에는 주로 중국에서 들여오는 새우나 생선류, 육류 등의 냉동 수입품이 많습니다. 농축수산물로 따지면 냉동육, 냉동어라고 보면 됩니다. 급속냉동은 −50℃ 이하에서 보관하며, 주로 음식료품보다는 농업, 수산, 축산물, 임산물이며, 가장 많은 게 참치류 냉농어입니다. 요즘에는 코로나 때문에 의약품(백신)을 수입하는데, −50℃ 이하 급속냉동으로 보관합니다.

이렇게 신선물류는 크게 상온, 냉장, 냉동으로 구분하는데, 그중에서도 신선물류는 냉동, 냉장 보관으로 보면 됩니다. 특히 가장 많이 보관하는 온도는 −2~10℃까지이며, 냉동은 −10~−40℃까지로 보면 적절할 것 같습니다.

Q2
물류부동산의 개념과 종류

⬤ (주)컨펌 유강철 소장

물류부동산 개념은 1990년대 초 미국 제조기업들이 물류업무의 아웃소싱 (위탁 물류)이 확대되면서 전문화된 물류기업들이 출현하고, 이들에게 대규모 물류창고가 필요하다는 것을 알게 되면서부터 시작되었다고 볼 수 있습니다. 즉 물류기업에서 물류창고의 수요가 발생하고 이러한 수요에 맞추어 물류창고를 공급할 수 있는 부동산 개발업자가 필요하게 된 것입니다. 기존의 전통적인 자가(自家) 소유형 물류창고의 소유와 장기간에 걸친 물류창고 임대차 계약은 물류창고에 대한 투하자본이 고정화되어 잠겨 있다는 개념을 인식하면서 부동산시장의 틈새시장으로서 물류부동산에 대한 투자가 시작되었습니다.

국내의 경우 1998년 외환위기 이후 외국계 부동산 투자사들이 국내에 진출하면서부터 시작되었다고 볼 수 있는데, 1998년 이전에는 외국계 회사의 부동산 매입은 사업을 위한 목적으로만 가능했으나, 그 이후에는 투자를 목적으로 부동산 매입이 가능해졌기 때문입니다. 진출 초기에는 상업용 부동산 위주로 투자하다가 경쟁이 치열해지면서 가격이 크게 올라 수익률이 하락하고 국내의 3PL 시장이 확대되면서 정부의 물류산업 육성 정책에 맞추어 물류센터에 대한 투자에 눈을 돌리기 시작한 것입니다. 외환위기 이후 론스타·모건스탠리 등 자산관리·투자전문 회사들이 국내에 많이 진출했지만, 전문 디벨로퍼(부동산 개발업체)가 진출한 것은 싱가포르 케펠그룹의 케펠랜드가 처음으로 알고 있습니다. 케펠그룹은 싱가포르 정부가 전액 출자한 테마섹 홀딩스가 대주주로, 2001년 사모펀드 운용사인 Alpha Investment Partners Limited를 설립하여 한국 부동산 시장에 투자하기 시작했습니다.

싱가포르의 통상산업부 산하 JTC(Jurong Town Corporation)의 100% 투자사인 국영기업 아센다스코리아는 2002년 국내에 진출했습니다. 독일의 도이치금융그룹이 지분 100%를 보유하고 있는 DWS자산운용(구 도이치운용은)도 2002년에 국내에 진출했습니다. 한편 1991년 미국 콜로라도주 덴버에서 설립된 세계 최대의 물류부동산 회사인 미국의 프로로지스는 2004년 10월에 국내 지사를 설립했습니다.

2004년 삼성생명이 용인 양지의 길천 물류센터, KB자산운용이 이천 GS홈쇼핑 물류센터를 매입한 이후 2005년 싱가포르계 아센다스가 경기도 광주 도척의 데코 물류센터와 용인 원삼 물류센터, 삼성생명이 덕평의 효명물류, KB자산운용이 수원 원천의 코오롱 물류센터, 알파인베스트먼트의 투자로 KTB자산운용이 안성 방초리 에버게인 물류센터를 매입하면서 물류부동산에 대한 투자가 본격화되었습니다.

2006년에는 미국계 프로로지스가 이천 마장의 스카이물류, KB자산운용이 이천 호법의 대한통운 물류센터, KTB자산운용이 경기도 광주 초월의 YK038과 YK038New 물류센터 2곳, 홍콩계 사모투자펀드(PEF) 아지아(네오프러스)가 안성 미양의 현대종합 물류를 매입하였고, 이후 2007년에는 삼성생명이 이천 마장 우리물류, 아센다스가 이천 마장 코리아2000 물류센터를 매입했습니다.

2004년 12월 국내에 지사를 설립하여 진출한 프로로지스는 2008년 금융위기로 인하여 한국 시장에서 대부분 철수했으며, 2011년 공항과 항만에 특화된 물류부동산 개발업체인 AMB와 합병 이후 소수의 물류부동산만 보유하고 있습니다. 반면 싱가포르의 아센다스, 메이플트리, 알파인베스트먼트, GIC(싱가포르투자청), 미국의 라살인베스트먼트, 독일의 도이치자산운용 등의 외국계 회사는 적극적으로 투자를 진행하고 있습니다. 한국 시장에서 대부분 철수한 프로로지스는 현재 이천 덕평물류, 이천 스카이물류, 수원 이아스냉장 물류센터 등 일부만을 보유하고 있으며, 이아스냉장 물류센터는 2013년 2분기에 프로로지스(AMB)가 연면적 24,736m² 규모의 이아스물류를 약 455억 원에 매입한 것입니다.

2010년 이후에는 주로 싱가포르계 자본들이 물류부동산에 본격적으로 투자하기 시작했으며, 수도권 지역의 현대식 도크시설로 물류 효율성을 높이고, 최신 소방 안전시설로 화재 등의 위험을 줄이고, 신용도 높은 대형 우량 임차인을 확보한 약 500~1,000억 원 규모의 상온 물류센터를 가장 선호한다고 볼수 있습니다. 싱가포르의 양대 국부펀드인 GIC와 테마섹이 국내 물류센터를 공격적으로 매입하고 있습니다.

1981년 싱가포르 중앙정부 및 중앙은행 출자로 설립된 100% 정부 지분 소유의 싱가포르의 대표적인 국부펀드 GIC(싱가포르투자청)는 주식과 부동산, 벤처 투자를 하는 3개의 계열사(GIC, GIC RE, GIC SI)로 구성되어 있으며, GIC RE는 외환위기 직후인 1999년 국내에 진출하여 서울 도심의 주요 빌딩을 연달아 매입하면서 주목을 받았습니다. 싱가포르에 본부를, 샌프란시스코, 뉴욕, 런던 등지에 지사를 두고 전 세계 25개 국가의 120여 개의 부동산을 사들인 상태입니다.

GIC는 2010~2011년 미국 글로벌 물류부동산 회사 프로로지스가 철수하면서 내놓은 천안 독정리 물류센터 24,959m², 이천시 호법면 매곡리 30,460m², 밀양 전사포리 27,168m², 이천 모가면 두미리 36,300m², 평택 월곡동 10,030m², 이천시 마장면 이치리 38,536m², 이천시 마장면 이평리 30,426m², 용인시 백암면 백봉리 37,251m², 남양주 수동면 입석리 15,581m², 옥천군 적하리 41,400m², 용인시 남사면 북리 36,228m² 규모의 물류센터를 일괄 매입한 바 있습니다.

2012년에는 GIC가 투자한 화도디씨기업구조조정부동산투자회사(리츠)가 남양주에 위치한 화도 물류센터를 855억 원에 부동산 개발업체인 SIG개발로부터 매입했습니다. 2011년 4월 기공식을 가졌고 같은 해 11월 준공, 2012년 1월 건축물 사용 승인을 받은 화도 물류센터는 경기도 남양주시 화도읍 폭포로 137−45 일대에 연면적 49,813m², 대지면적 29,752m²로 지하 2층, 지상 3층 1개 동 및 부대시설을 갖춘 상온 및 냉동냉장 물류센터입니다.

또한, 2012년에는 GIC가 이천시 마장면 표교리의 연면적 36,228m² 규모의 이니셜닷컴 물류센터를 약 480억 원에 선매매 계약 형태로 매입하였고, 2013년 11월에는 미래에셋자산운용 사모펀드를 통해 경기도 광주에 부지 면적 약 36,400m²를 매입했습니다. 미래에셋자산운용이 경기도 광주 물류센터 개발사업을 위해 총 600억 원 규모로 조성한 사모펀드에 GIC가 80%인 480억 원을 투자했고, 미래에셋운용이 30억 원(5%)을 고유자산으로 투자하고, JB우리캐피털이 90억 원(15%)을 투자했습니다. 본 센터는 연면적 66,115m² 규모의 물류센터로 건설 공사 중에 선매입 형태로 투자가 이뤄졌습니다. GIC가 기존에 완공된 국내 물류센터를 사들인 적은 있지만, 물류센터 개발사업에서 부동산펀드를 통한 물류부동산 투자는 처음입니다.

그동안 주로 경기 동남부권 물류센터에 투자했던 GIC가 경기 서북부권으로 물류 네트워크 확장에 나섰는데, 2014년 12월에 한국토지주택공사(LH)로부터 켄달스퀘어를 통해 부천 오정 물류단지 전체 부지(151,437m²) 중 약 85%인 131,600m²를 약 1,244억 원에 매입했습니다. 본 부지에는 건폐율 60% 이하, 용적률 400% 이하, 고도제한 51m, 연면적 121,653m² 규모의 상온 물류센터를 지을 수 있습니다. 2015년 3월 GIC는 국내 부동산 펀드인 하나자산신탁을 통해 경기도 이천시 마장면 덕평리에 신축 중인 연면적 약 129,369m²인 덕평 로지스코엘 물류센터를 1,500억 원대에 선매입했습니다. 본 물류센터는 부지 면적이 약 59,552m² 규모로 2016년 상반기 완공되었으며, 임차인도 정해져 현대로지스틱스(현, 롯데글로벌로지스)가 15년간 임차해 사용하고 있습니다.

GIC와 함께 싱가포르 양대 국부펀드인 테마섹홀딩스도 국내 물류센터 매입에 적극적입니다. 테마섹은 부동산 투자 전문 자회사인 메이플트리 (Mapletree)를 통해 국내 물류센터를 사들였습니다. 테마섹은 1974년 싱가포르 정부 출자로 설립되어, 싱가포르 기업들을 지원하기 위한 목적 하에 설립되었고, 지금은 싱가포르 대표 항공사인 싱가포르항공, 글로벌 항만 운영사 PSA인터내셔널, 동남아 최대 통신 사업자 싱텔 등 싱가포르 최대 기업들이 대주주로 역할을 하고 있습니다. 메이플트리는 테마섹홀딩스가 100% 지분을 소유하고 있는 회사로 물류부동산 인수에 맞추어 메이플트리로그퍼스트코리아여주(주), 메이플트리로그코리아용인(주), 메이플트리로그 평택 주식회사, 메이플트리로그 킹스톤 주식회사 등 주로 법인 명의로 매입하고 있습니다.

테마섹이 메이플트리를 통해 매입한 물류센터는 2008년 여주시 능서면 마래리의 연면적 10,940m² 규모의 오크라인 여주 물류센터를 비롯해 2010년 연면적 32,575m² 규모의 용인 백봉리 상온 물류센터를 멀티큐로부터 약 320억 원에 매입하였고, 2011년에는 연면적 100,913m² 규모의 평택 포승 상온 센터를 고려항업으로부터 약 756억 원에 매입했으며, 동년 안성시 일죽면 고은리의 연면적 23,359m² 규모의 상온 물류센터를 경기일죽물류로부터 약 220억 원에 매입했습니다.

이어 2012년도에는 일죽 고은리의 연면적 20,800m² 규모의 냉동냉장센터를 중부제일물류로부터 약 335억 원에, 용인 백암면 옥산리의 연면적 17,968m² 규모의 냉동냉장센터를 두일냉장으로부터 약 300억 원에, 안성 미양면 구수리의 연면적 32,317m² 규모의 현대종합물류 상온 물류센터를 오리

온파트너스로부터 약 225억 원에, 이천시 마장면 표고리의 연면적 27,015m² 규모의 상온 물류센터를 더박스로부터 약 288억 원에 매입했습니다. 2015년에는 이천시 호법면 후안리의 연면적 16,084m² 규모의 다코넷 물류센터를 매입하여 GIC와 더불어 국내 물류부동산에 많은 투자를 진행한 바 있습니다.

GIC와 테마섹이 국내 물류센터 투자에 적극적인 이유는 연 6~8% 내외의 고수익을 챙길 수 있기 때문인데, 실례로 GIC가 1,500억 원가량을 들여 선매입한 '덕평 물류센터'의 연간 임대료는 120억 원이 넘는 것으로 알려졌으며, 855억 원 정도를 투자한 '화도 물류센터'의 연간 임대료도 78억 원에 달합니다.

싱가포르 통상산업부 산하 JTC(Jurong Town Corporation)의 투자사인 아센다스는 2005년 3월에 광주시 도척면의 연면적 16,641m² 규모의 데코 물류센터를 약 126억 원에 매입했으며, 8월에는 용인 원삼면의 연면적 13,302m² 규모의 상온 물류센터를 설물류로부터 약 133억 원에 매입했습니다. 2007년에는 이천에 위치한 30,000m² 규모의 '코리아2000' 물류센터를 700억 원에 매입한 후 물류 기업인 코리아2000에 재임대했습니다. 이후 코리아2000 물류센터 화재 사건 이후 아센다스는 롯데그룹에 약 616억 원에 매각했으며 물류센터를 재건립하여 롯데로지스틱스가 사용하고 있습니다. 이후 용인 원삼면의 원삼 물류센터는 2012년 3분기에 골든브릿지투자증권이 약 114억 원에 아센다스로부터 매입한 바 있습니다.

도이치자산운용(2018년 디더블유에스자산운용으로 사명 변경)은 2002년 2월 설립되었으며, 보유 자산이 약 1조 유로(한화 약 1,435조 원)인 도이치자산운용그룹이 100% 지분을 보유하고 있는 도이치뱅크그룹 산하의 자산운용회사입니다. 한국 도이치자산운용은 국내 및 해외 자본을 바탕으로 런던과 서울 등에서 오피스, 리테일, 물류 등 다양한 에셋클래스에 투자해 글로벌 부동산 운용사의 역량 및 운용 리스크 헤지를 위한 운용자산 포트폴리오의 다각화를 구축했습니다. 2012년 8월 평택 합정동에 있는 냉동·냉장물류센터를 로지스피아로부터 약 780억 원에 매입했으며, 화주로는 마이스터와 10년간 책임 운영하는 임대차 계약을 체결했습니다. 이 신선 물류센터는 대지면적 29,431m², 연면적 43,913m², 지하 1층~지상 3층 규모로 냉장실과 냉동실 각 8개, 냉장·냉동 겸용 4개를 갖췄으며, 마이스터는 이곳에서 농산물, 수산물, 축산물, 가공식품, 빙과류 등을 취급하고 있습니다.

2013년 8월에는 도이치자산운용이 경기 평택에 위치한 세계적 스포츠용품 업체 아디다스의 물류센터를 약 650억 원에 매입했습니다. 벤처캐피털업체 화인파트너스가 보유한 이 상온 물류센터는 2009년부터 아디다스가 임대, 국내 제품 유통을 위한 거점으로 이용해왔습니다. 10곳이 넘는 국내외 기관투자가들과 인수 경쟁을 벌인 끝에 도이치자산운용이 최종 매입사로 선정되었고, 화주인 아디다스가 10년간 마스터 리스(Master Lease, 책임 임차) 하는 조건입니다. 본 물류센터는 대지면적 63,498m², 연면적 48,430m² 규모입니다.

2013년 3분기에 엠플러스자산운용이 덕평물류로부터 연면적 60,977m², 대지면적 18,445m² 규모의 DPL로지스밸리 이천 상온 물류센터를 우량 임차인(S전자) 입주 조건으로 645억 원에 매입했습니다. 2013년 3분기에는 현대인베스트먼트자산운용이 연면적 18,170m², 대지면적 25,258m² 규모의 일미 냉장 물류센터를 덕평물류로부터 약 380억 원에 매입했습니다.

2013년 1월에는 KTB자산운용이 홈플러스와 경기도 안성시 원곡면 칠곡리 337번지 원곡 물류단지 내 연면적 33,000m², 부지면적 102,000m² 규모의 안성 신선 물류센터를 우량 임차인과의 매각 후 다시 임차해 사용하는 '세일 앤드 리스백(Sale & Lease back)' 방식으로 937억 원에 매입했습니다. 홈플러스 측은 향후 10년간 안성 물류센터를 KTB자산운용 펀드로부터 임대하며, 이후 한차례 재계약을 통해 10년 더 임차할 수 있습니다. 이번 매각 계약은 안성 물류센터를 짓기 전에 이미 결정된 사안으로 홈플러스는 안성 물류센터 건립 전 KTB자산운용과 투자 자금을 확보하는 '선도 매매' 계약을 맺고 KTB자산운용 부동산펀드에 이 센터를 매각하기로 했습니다.

2013년 4월에는 하나다올자산운용의 부동산펀드가 홈플러스와 연면적 66,000m², 부지면적 153,000m² 규모의 안성 상온 물류센터를 역시 '세일 앤드 리스백(Sale & Lease back)' 방식으로 1,400억 원에 매입한 바 있습니다. 향후 15년 동안 홈플러스는 공산품 물류센터를 하나다올자산운용 펀드로부터 임대하여 사용합니다.

2014년 7월에는 일본 금융그룹 오릭스가 특수목적회사(SPC)를 구성해 국내 2위 물류업체인 현대로지스틱스 경영권 인수계약을 체결했습니다. 오릭스와 롯데그룹이 지분 투자를 하고 현대상선도 현물출자를 통해 SPC 주주로 참여했습니다. SPC 지분은 오릭스 35%, 롯데쇼핑 35%, 현대상선 30%로 총 인수 금액은 6,500억 원입니다. 오릭스는 이사회에 이사 8명 중 4명을 추천할 수 있고 CEO 선임 권한까지 보유해 사실상 오릭스가 현대로지스틱스 경영권을 가진 셈이나 마찬가지입니다. 현대로지스틱스는 경기도 오산에 있는 오산 복합 물류센터와 송파구 장지동에 있는 동남권 물류단지, 경기도 군포시에 있는 군포 2기 물류센터를 보유하고 있습니다.

2014년 10월에는 공무원연금공단이 한라건설/오산로지스틱스로부터 경기도 오산시 오산동에 있는 연면적 200,549m², 부지면적 54,636m² 규모의 오산 복합 물류센터를 매입했습니다. 2012년 10월 준공된 물류센터 사업비는 총 3,500여억 원으로 기관 및 금융권 대출과 부동산 펀드 등을 통해 충당했습니다. 사업 시행자인 오산로지스틱스는 정책금융공사를 비롯한 금융권에서 1,900여억 원을 담보 대출했고, 군인공제회, 정책금융공사, 현대증권 등이 부동산 펀드로 1,100여억 원을 투자했으며, 나머지 약 500여억 원은 시공사인 한라건설 등이 투자했습니다. 2012년 당시 군인공제회는 오산 복합 물류센터 사업에 부동산 펀드로 350억 원을 투자한 적이 있습니다.

2015년 초 쿠팡은 소프트뱅크로부터 1조 1천억 원의 투자를 받아 이천시 마장면 덕평 휴메드 물류센터를 약 1,400억 원에 선매입했습니다. 본 센터는 연면적 126,619m², 부지면적 63,241m² 규모의 상온 물류센터로 2016년 8월 준공된 바 있습니다. 2015년 초 하나자산운용은 사학연금의 투자를 받아 천안시 서북구 입장면 가산리에 연면적 33,012m², 부지면적 31,486m² 규모로 2010년 12월 준공한 물류센터를 경부로지스틱스로부터 약 455억 원에 매입한 바 있습니다.

2015년 7월 제이알투자운용은 김포 고촌읍 전호리에 연면적 29,217m², 부지면적 16,614m² 규모로 2013년 4월 준공된 티제이 물류센터를 스마일게이트홀딩스로부터 약 780억 원에 매입했습니다. 티제이 물류는 2014년 11월 온라인 게임회사인 스마일게이트의 지주회사가 지분 63%를 취득하면서 자회사에 편입했습니다. 스마일게이트홀딩스는 티제이 물류에 투자한지 6개월 만에 회수에 나선 셈으로 투자는 형태는 지분투자였지만, 실제로는 물류창고에 투자한 수익성 부동산 투자였고, 적정한 수익을 낼 수 있는 시점이라 판단한 것입니다.

2015년 7월 한국토지신탁은 과학기술인공제회의 투자를 받아 안성시 일죽면 방초리에 연면적 27,731m², 부지면적 27,363m² 규모의 안성 에버게인 물류센터를 KTB자산운용으로부터 약 500억 원에 매입했습니다. 본 물류센터는 2005년 7월 준공되었으며 2005년 9월 덕평 물류로부터 알파인베스트먼트의 투자로 KTB자산운용이 약 391억 원에 매입한 바 있습니다.

이하 물류센터 거래 건당 개략 500억 원 이상의 주요 거래 사례 위주로 살펴 보겠습니다. 2016년도 1월에 미래에셋자산운용이 평택 한라 물류센터 소유주인 도이치자산운용과 매매계약을 체결했습니다. 총 매입 금액은 900억 원이며, 경기도 평택시 합정동에 위치한 이 창고는 냉동냉장창고로 연면적 43,883m², 지하 1층~지상 3층 규모입니다. 평택 한라 물류센터는 2010년 준공된 건물로 2012년 8월 한국 도이치자산운용이 본 물류센터를 로지스피아로부터 약 780억 원에 매입한 바 있으며, 화주로는 한라홀딩스와 10년간 책임 운영하는 임대차 계약을 체결했습니다. 같은 달 알파에셋자산운용은 3개 보험사로부터 블라인드펀드로 자금을 모집하여 경기도 이천시 마장면 덕평리에 위치한 '덕평 SLX2' 물류센터를 약 500억 원에 매입했습니다. 본 덕평 물류센터는 지하 2층~지상 4층, 연면적 38,684m² 규모로, 이 물류창고는 스타벅스라는 안정적인 임차인을 확보하고 있습니다.

2016년 3월 싱가포르투자청(GIC)은 국내 물류투자 전문 자산운용사인 에이디에프(ADF)를 통해 향후 3년간 경기도 화성 동탄 물류단지에 약 8,000억 원을 투자하기로 계약을 체결했습니다. 한라그룹이 진행 중인 프로젝트에 먼저 5,525억 원을 대출해준 후 2018년 완공 시점에 자금을 추가 투입해 인수하는 선매입 조건입니다. 물류센터 규모는 A블록이 창고시설로 연면적 137,793m², B블록이 창고시설로 연면적 486,047m²(축구장 68배)이며, 합계 623,840m² 규모로 단일 물류센터 건물로는 국내 최대 규모입니다.

2016년 7월 GIC(싱가포로투자청)가 경기도 이천시 덕평리에 있는 현대로지스틱스(현 롯데글로벌로지스) 물류센터를 1,560억 원에 인수했습니다. GIC는 2년 전 선매입 계약을 했던 본 센터를 에이디에프(ADF) 자산운용이 설정한 투자 펀드에 1,560억 원을 투자해 인수절차를 완료했습니다. GIC가 이번에 인수한 물류센터는 현대로지스틱스가 향후 15년간 장기 임차하는 조건이며, 부지면적 59,552m², 연면적 126,708m²로 덕평IC에 인접해 있으며, 소셜커머스 쿠팡 덕평 물류센터가 맞은 편에 위치해 있습니다.

2016년 12월 세계 최대 사모투자펀드(PEF) 운용사인 블랙스톤이 미래에셋 자산운용을 통해 경기도 안성 코어로지스와 용인시 백암면 백봉리 에이블로지스 등 각 연면적 약 99,200m² 규모로 10월 준공된 물류센터 2곳을 약 700억 원에 인수하기로 계약했습니다. 한익스프레스를 비롯한 3자 물류 회사가 5년간 책임임대차(마스터리스) 계약을 맺고 있습니다.

2017년 초 용인시 처인구 양지면 양지리에 어시스트코리아가 양지IC에 인접한 부지면적 13,061m², 연면적 11,866m² 규모의 물류센터를 준공하여 알파에셋자산운용이 약 550억 원에 매입했습니다. 이는 3자 물류 회사가 자사의 위탁물류 시설을 이용하여 물류 회사가 직접 물류부동산을 개발한 사례이기도 합니다.

2017년 2월 안젤로고든이 이지스자산운용과 손잡고 부산시 강서구 송정동에 있는 부지면적 약 11,330m², 연면적 약 24,388m² 규모의 이아스물류센터(저온)를 약 588억 원에 매입했습니다. 본 센터는 2015년 준공되었으며 CJ대한통운이 임차 사용하고 있습니다.

2017년 5월 국내 최대 부동산 전문 운용사인 이지스자산운용이 국민연금 등과 손잡고 종합물류기업 CJ대한통운이 장기 임차하는 경기도 용인 양지면에 들어서는 물류센터를 양지로지스틱스(주)로부터 약 4,100억 원에 인수했습니다. 순수 국내 자본이 투자한 물류센터로는 역대 최대 규모인 것으로 알려졌으며, 창고 1개동 (B1~5F) 건축 연면적 345,347.83m² 규모로 알려졌습니다.

2017년 7월 코람코자산운용은 인천 서구 오류동 인천터미널물류단지 안에 있는 연면적 55,430m² 규모의 TJ물류센터를 인수했습니다. 코람코는 TJ물류센터 투자를 위해 해외 자금(모건스탠리)을 유치하여 980억 원에 인수했습니다.

2017년 8월 도이치자산운용은 독일 기관 투자자들의 자금으로 DPL 안평 물류센터와 MQ 백암물류센터 등 국내 물류센터 2건을 인수했습니다. 경기도 이천시 호법면 안평리에 위치한 DPL 안평 물류센터를 약 786억 원에 매입했고, MQ물류센터는 선매입 약정을 통해 827억 원에 인수했습니다. 2012년 준공된 DPL 안평 물류센터는 연면적 61,400m²(약 18,574평) 규모로 삼성전자와 삼성SDS가 임차인으로 사용하고 있습니다. MQ물류센터는 연면적 62,400m²(약 18,876평) 규모로 2017년 5월 완공됐으며, 주요 임차인으로 국내에서 P&G의 소비재 유통을 맡고 있는 MQ로지스틱스가 5년간 Sale & Leace Back 방식으로 선 매각했습니다.

2017년 11월 영국에 영업 기반을 둔 자산운용사 M&G인베스트먼트가 2013년 홈플러스가 Sale & Lease Back 방식으로 1,400억 원에 하나대체투자자산운용에 매각한 안성 홈플러스 상온 물류센터를 1,540억 원에 다시 매입했으며, 홈플러스의 임대차 계약이 2028년까지 남아 있습니다. 같은 달 말레이시아 근로자공제기금(EPF; Employees Provident Fund)은 부동산자산운용사 ADF자산운용과 함께 경기도 이천시 마장면 이치리에 위치한 '대화서이천물류센터'를 약 675억 원에 매입했습니다. ADF자산운용은 서이천에 위치한 연면적 54,780m², 지상 3층 규모의 상온 창고로 대상, 던롭스포츠 등이 임차하고 있는 대화 물류창고를 매도자인 대화물류가 4년간 마스터리스하는 조건에 매입했으며, 2017년에 말레이시아 연기금이 처음으로 한국 상업용 부동산에 투자한 사례입니다.

2018년 1월 블랙스톤의 투자를 받은 미래에셋자산운용이 이천시 호법면 매곡리에 2018년 초에 준공한 연면적 54,420m² 규모의 동산 물류센터를 약 810억 원에 매입했습니다. 본 물류센터는 지하 1층, 지상 3층으로 지하 1층에는 쿠팡이 임차하여 사용하고 있습니다.

2018년 3월 퍼시픽자산운용이 평택에 지하 2층, 지상 5층으로 연면적(건물 바닥면적 합)은 150,000m²(4만5,000평)인 신세계푸드의 허브 물류센터를 개발·투자했습니다. 신세계푸드가 15년간 책임 임차하기로 했으며, 고객 요구조건을 설계 단계에서 사전에 반영해 최적화된 물류시설을 공급하는 BTS(Build-To-Suit) 방식으로 건설되는 상온, 저온이 혼합된 복합 물류센터입니다. 같은 달 도이치자산운용은 경기도 이천시 마장면에 위치한 로지포트이천을 라살자산운용으로부터 612억 원에 매입했습니다. 로지포트이천 물류센터는 라살자산운용이 직접 개발한 것으로 부지면적 29,963m², 지하 2층 ~지상 4층, 총 연면적은 43,405m² 규모입니다.

2018년 9월 휠라는 경기도 이천시 호법면 매곡리에 위치한 휠라 물류센터를 부동산자산운용사인 켄달스퀘어자산운용에 매각했습니다. 휠라가 마스터리스로 5년간 임차계약을 맺은 휠라 물류센터는 대지면적 35,272m², 연 면적 49,615m², 지하 3층~지상 3층 규모로 총 매각가는 680억 원 규모입니다.

2018년 10월 KB자산운용은 경기 안성시 양성면 도곡리에 있는 서안성 물류센터를 601억 원에 매입했습니다. 이 센터는 저온 및 상온 물류창고와 사무실 등 부대시설을 갖추고 있는 연면적 55,400m² 규모의 복합 물류센터입니다.

2019년 5월 CBRE GI가 경기도 안산시 단원구 성곡동에 위치한 로지스밸리 안산 물류센터를 (주)휴매드로부터 4,200억 원에 매입했습니다. 대지면적 56,320.20m², 연면적 238,945.84m² 규모로 지상 1~7층으로 이루어져 있으며, 창고 내 중층 면적을 포함한 실사용 면적은 364,465.14m²의 대규모 물류센터입니다.

2019년 7월 에이디에프자산운용은 경기도 이천시 마장면 표고리에 자리하고 있는 부지면적 28,620m², 연면적 49,040.82m², 3개 동으로 구성된 이니셜 물류센터를 685억 원에 마스턴투자운용으로부터 매입했습니다. 같은 달 CBRE글로벌인베스터스자산운용은 (주)선경이엔씨가 자회사인 (주)휴매드를 통해 보유 중이던 시화 멀티테크노밸리(MTV) 물류센터를 3,740억 원에 매입했습니다. 같은 달 켄달스퀘어자산운용은 경기도 오산시 오산동에 있는 롯데글로벌로지스틱스 물류센터를 흥국자산운용으로부터 약 3,182억 원에 매입했습니다.

2019년 9월 키움투자자산운용은 대지면적 54,767m², 연면적 53,790m² 규모로 지상 1~2층, 4개 동으로 이루어진 안성 에버게인 물류센터를 한국토지신탁으로부터 약 3,182억 원에 매입했습니다. 같은 달 ADF자산운용은 대지면적 약 32,000m², 연면적 약 70,000m² 규모의 경기도 곤지암에 위치한 곤지암 JWL 물류센터를 약 1,050억 원에 매입했습니다.

2019년 10월 KB부동산신탁은 경기도 안성시 원곡면 칠곡리 원곡물류단지에 있는 연면적 약 33,000m² 규모의 안성 홈플러스 신선 물류센터를 약 1,375억 원에 인수했습니다. 매도자 KTB자산운용은 물류센터 매입 5년 만에 매각하여 400억 원을 상회하는 시세차익을 남겼습니다.

2020년 1월 하나대체투자자산운용은 용인시 백암면 근곡리에 있는 연면적 약 33,953m² 규모의 용인물류센터(대상YDC)를 1,176억 원에 매입했습니다. 같은 달 케이리츠투자운용은 지산그룹이 양도후재임차(Sales & Lease Back) 하는 복합냉장 물류센터인 안성 일죽 물류센터를 케이알부동산펀드를 통해 약 2,200억 원에 매입했습니다. 경기도 안성시 일죽면 방초리 일대에 위치한 복합냉장 물류센터로 A-1동이 연면적 48,045m²에 달하고, A-2동이 50,897m² 규모입니다.

2020년 2월 페블스톤자산운용은 KKR이 주도해 2019년 초 준공한 연면적 약 136,500m² 규모의 BLK 평택 물류센터를 약 2,000억 원에 매입했습니다. 2020년 6월 신한리츠운용은 태은물류가 개발한 뒤 Sales & Lease Back 형태로 재임차하는 이천 단천리 물류센터를 약 600억 원에 매입했습니다. 부지 면적 24,219m², 연면적 433,460m² 규모입니다.

2020년 7월 글로벌 부동산 투자운용사 하이트만은 국내 와이앤피자산 운용을 통해 경기도 여주에 있는 물류센터 2곳을 매입했습니다. 물류센터 는 2개 동으로 무신사 물류센터는 연면적 31,544m², 뉴디피엘 물류센터는 33,456m² 규모입니다. 경기도 여주시 대신면 초현리에 위치하는 여주 무신사 물류센터는 530억 원, 뉴디피엘 물류센터는 509억 원에 거래되었습니다. 같은 달 코람코자산운용은 경기도 용인시 처인구 남사면 방아리에 소재한 상온과 저온 창고를 모두 갖춘 브릭용인 물류센터를 약 940억 원에 매입했습니다. 경기도 용인 권역으로 물류센터 중에서는 가장 몸값이 높은 지역에 포함돼 있습니다. 2020년 6월 준공된 연면적 43,045.25m²(약 13,021평) 규모로 지하 2층, 지상 4층짜리 건물입니다. 같은 달 코람코자산신탁은 인천 항동 남항 컨테이너 부두에 위치한 연면적 85,950m² 규모의 저온 물류센터를 리츠를 통해 약 3,500억 원에 매입했습니다.

2020년 9월 현대인베스트먼트자산운용은 360억 원 규모의 펀드를 통해 연면적 약 26,500m²(8,000여 평) 규모로 우량 임차인인 이마트가 단독으로 사용하고 있는 여주 이마트 DC 물류센터를 인수했습니다.

2020년 10월 NH농협리츠운용은 이지스자산운용이 개발한 이천 도지 물류센터를 약 1,000억 원에 매입했습니다. 이 물류센터는 대지면적 39,757m², 연면적 45,876.22m², 지하 2층~지상 3층 규모입니다.

2020년 11월 ADF자산운용은 (주)한라지엘에스로부터 경기도 화성시 동탄물류로 103에 위치한 화성동탄물류단지 C블록을 1,852억 원에 인수했습니다. 본 센터는 대지면적 39,922m², 연면적 102,574m² 규모의 저온 물류센터입니다.

2021년 2월 싱가포르 국부펀드 테마섹의 자회사 메이플트리가 운용하는 부동산 리츠인 메이플트리 로지스틱스 트러스트는 미래에셋 물류사모부동산투자신탁으로부터 총 면적 150,000m² 크기의 물류센터 5곳을 2,800억 원에 인수했습니다. 경기도 용인·이천에 있는 에이블로지스, 코어로지스, 관리, 동산, 부국 물류센터 5곳입니다

2021년 3월 베스타스자산운용이 경북 칠곡군 지천면 금호리에 소재한 저온물류센터를 시행사인 영남골드체인으로부터 약 730억 원 수준에 매입했습니다. 쿠팡이 장기 임차하는 연면적 25,124m²(7,600평) 규모에 지상 3층, 지하 2층으로 구성된 저온 물류센터입니다.

2021년 6월 ESR켄달스퀘어리츠는 2020년 7월 코람코자산운용이 940억 원에 매입한 용인 BRIC 복합 물류센터를 약 1,036억 원을 들여 인수했습니다. 경기도 용인시 처인구 남사면 방아리에 소재한 상온과 저온 창고를 모두 갖춘 브릭용인 물류센터는 2020년 6월 완공, 임대 면적이 43,045m² 규모로 지하 2층~지상 4층 규모의 상온 및 저온 복합 물류센터입니다.

2021년 7월 신한대체투자운용이 주식회사현산홀딩스로부터 연면적 148,099m²(44,800평) 규모인 송도H로지스(인천항동현산물류센터)를 약 3,770억 원에 매입했습니다. 2021년 8월 KB부동산신탁은 신규 리츠를 조성해 충북 진천군 이월면에 위치한 상온·저온 복합 물류센터 매입했습니다. 매입가는 800억 원 수준이며, 진천 물류센터는 지하 1층~지상 3층, 연면적 37,457m²(약 9,800평) 규모로 2021년 9월 준공된 최신 시설입니다. 같은 달 신한리츠운용은 경기도 광주시 도척면 진우리에 소재한 물류센터를 리츠를 통해 평당 1,000만 원 수준인 약 1,100억 원에 매입했으며, 기존에 메테우스자산운용이 펀드로 소유하고 있었습니다. 도척 진우리 물류센터는 2021년 10월 준공되었으며, 연면적 약 11,000평(3.3m²), 지하 3층 ~ 지상 3층 규모로 도척 물류단지 내에 위치하고 있습니다.

2021년 9월 블루코브자산운용은 한화투자증권 등과 경기도 고양시 삼송지구 내 신축 중인 대형 물류센터를 약 4,000억 원에 인수하는 선매입 계약을 체결했습니다. 매입한 자산은 총 2개 동으로 구성돼 있으며, 이 중 상온 물류동은 지상 8층, 연면적 65,817m² 규모로 2022년 5월 준공했으며, 바로 옆 지상 5층, 연면적 41,617m² 규모의 저온 물류동은 2023년 2월 준공했으며, 본 물류센터에는 CJ대한통운 등이 입주할 예정입니다.

2021년 10월 대체투자자산 전문 사모펀드(PEF) 운용사인 스틱얼터너티브 자산운용이 물류 전문 기업인 동원물류로부터 경기도 용인시 기흥구 고매동에 위치한 '농수산유통센터'를 2,001억 원 수준에 인수한 것으로 알려졌습니다. 스틱얼터너티브는 농수산유통센터 준공 전부터 매도인과 접촉하며 선매입하는 방식으로 시장 가격보다 저렴하게 매입한 것으로 알려졌습니다.

2021년 10월 싱가포르 국부펀드 테마섹 계열 부동산 리츠인 '메이플트리 로지스틱스 트러스트(MLT)'는 경기도 여주에 있는 물류센터 2곳을 와이앤피 자산운용으로부터 약 1,350억 원에 인수했습니다. 물류센터는 2개 동으로 무신사 물류센터는 연면적 31,544m², 뉴디피엘 물류센터는 33,456m² 규모입니다. 경기도 여주시 대신면 초현리에 위치한 본 물류센터는 글로벌 부동산 투자운용사 하이트만이 2020년 7월 약 1,039억 원에 매입하여 1년 여 만에 매각한 사례로 하이트만이 국내 물류센터 거래 실적을 보유하기 위해 매각한 것으로 보입니다. 같은 달 마스턴투자운용은 코람코투자신탁이 보유 중이던 인천 도화동 GS 물류센터를 약 1,115억 원에 인수하였는데, 이는 평당 880만 원으로 서부권역 상온 물류센터로는 가장 높은 평당 가격을 기록한 것입니다. 한국교직원공제회는 2016년 코람코신탁이 운용하는 펀드를 통해 이 물류센터에 206억 원을 투자하였는데, 이번 거래로 5년여 만에 511억 원을 회수하게 된 것입니다. 도화 물류센터는 인천 미추홀구 도화지구 내에 있으며, 지상 1~9층 규모로, 연면적은 41,873m²이고 GS리테일이 15년간 책임 임차(마스터리스)해 사용 중입니다.

전체적으로 2021년 한 해 동안에만 물류센터 거래는 약 75건, 거래액은 약 7.8조 원의 규모로 2020년 대비 건수로는 약 2배, 금액으로는 약 1.8배의 급 성장을 이루었습니다. 2022년에는 우크라이나 전쟁으로 인한 공사 자재비 상 승, 금리 상승, PF대출시장 급랭, 저온 물류창고 공급 과잉 등 여러 가지 악재 로 인하여 그동안 투자대상 1순위였던 물류부동산 시장이 오피스 시장에 역전 되어 당분간 숨 고르는 상황이 되었습니다. 앞으로 물류부동산 시장이 더 좋아 지도록 우크라이나 전쟁 종식과 저온 물류센터의 공급과잉이 해소되는 등 시 장 상황이 좋아지기를 기대해 봅니다.

✺ JLL 코리아 우정하 상무

유통 채널이 오프에서 온라인으로 바뀌면서 온라인 쇼핑몰이 두드러지게 성 장하고 있습니다. 여기에 물류부동산도 함께 수요가 늘어나면서 급격히 성장 하고 있습니다. 그래서 몇 년 전만 하더라도 물류부동산이라는 용어가 낯설고 물류센터도 센터라기보다는 창고로 표현했었는데, 이제는 물류부동산과 물류 센터가 하나의 섹터가 될 정도로 시장이 많이 변했습니다.

물류센터를 간단하게 설명하자면, 결국은 제품을 보관하는 기능이 핵심입니 다. 예전에는 보관 위주였는데 최근에는 쿠팡, 신세계, 롯데 등 다양한 온라인 쇼핑몰이 성장하면서 보관 기능, 배송 기능, 택배 기능을 합친 센터들이 점점 많 아지고 있습니다. 그래서 물류센터를 크게 세 가지로 구분할 수 있습니다.

첫 번째가 온도의 영향을 받지 않는 기존의 상온 센터로 요즘 들어 빠르게 성장하고 있고, 두 번째로 컬리, 헬로네이처처럼 저온 식품(특히 먹는 상품)을 온도에 맞춰 보관하다가 배달하는 저온 센터, 세 번째로 상온과 저온을 같이 쓰는 복합 물류센터가 물류센터의 핵심이라고 볼 수 있습니다. 이 중에서도 상온과 저온을 같이 쓰는 복합 물류센터가 더 각광받고 있습니다. 왜냐하면 앞으로 모든 쇼핑몰들이 상온만 하거나 저온만 하지 않고 상온과 저온을 함께 하는 복합 물류센터로 시장이 빠르게 변화하고 있기 때문입니다. 하지만 상온과 저온 모두 필요에 의해서 센터를 구축해야 하는데, 최근에는 필요에 의하기보다는 물류센터가 각광받다 보니 물류부지 비용이 많이 오르고 있습니다. 그러다 보니 고객의 니즈에 맞는 물류센터를 만들기보다는 사업수지에 맞춰 '이 땅의 위치는 안 좋지만 땅값이 비싸니 저온 센터를 지어서 수지를 맞추자'라는 물류센터들이 많이 생기고 있습니다. 고객의 니즈와 물류센터의 니즈가 서로 맞아 떨어져야 하는데 위치 좋은 쪽에 저온 센터가 많이 생겨버리면, 약간 외곽에 있는 센터들의 경우 상온은 괜찮은데 저온 쪽에 임차가 어려울 수 있기 때문에 상온과 저온을 같이 할 때는 위치를 잘 봐야 합니다.

특히 저온 위주로 센터를 운영할 때는 수도권과 서울에 최대한 접근할 수 있는 위치가 제일 중요합니다. 상온에 대해서는 그나마 위치가 덜 중요한데 반해, 저온 센터는 상품을 받은 후 바로 배달하는 딜리버리 서비스를 제공해야 하기 때문에 수도권에서 멀면 멀수록 입지적으로 불리하므로 저온 센터를 운영할 때는 수도권 접근성을 확인해야 합니다. 지금은 사업수지를 맞추기 위해서 비싼 땅에 저온 센터를 만들기보다는 수익을 내기 위해서 만드는데, 그런 부분들이 나중에는 위치가 좋은 곳에 센터들이 들어서면 경쟁에서 밀릴 수 있습니다. 그렇기 때문에 저온 센터를 운영할 때는 위치를 자세하게 파악해야 합니다.

최근 신선식품 동향은 저온 센터 공급이 포화되어 있는 상태에서 신규 공급이 계속적으로 이루어지고 있어 중장기적으로 저온 센터 공실률이 상승하고 있습니다. 3~4년 전만 해도 저온이 부족하여 상온 센터를 저온으로 변경하는 공사를 많이 했는데, 오히려 요즘은 저온 센터를 상온으로 사용하려는 분위기로 가고 있습니다.

◉ 교보리얼코 최문식 부장

물류부동산은 실제적으로 부동산의 한 종류인데, 산업적인 요소가 많이 가미된 상업부동산보다는 산업부동산에 가깝습니다. 산업적인 요소나 생산 환경에 따라서 임차인들이 정해지기 때문에 이런 특성들이 많이 공존하는 부동산이라고 볼 수 있습니다. 특히 물류부동산 같은 경우는 물류시설 쪽을 많이 얘기하는데, 물류시설이 산업과 연계된 부분이 있다 보니 사용자에 따라서 시설적인 특성을 가집니다. 시설적인 특성으로는 저온 창고, 상온 창고, 특수창고, 위험물 창고 등으로 구분되는데, 이것은 지역적이거나 위치적인 특성에 따라 가치가 다르고 영향을 가장 많이 받는 요소로 꼽힙니다. 이것에 따라서 물류부동산에 대한 가치가 분류되고 차등되기 때문에 일반 부동산과는 다른 점이 있습니다.

처음 접하는 분들에게는 생소할 수도 있지만, 물류부동산을 쉽게 이해하기 위해서 예를 들자면, 우리가 흔하게 업무를 보는 사무실 같은 공간을 오피스라고 부르는데, 오피스는 주거나 교통의 인프라나 기업의 위치에 따라서 가치가 매겨지는 반면에, 물류부동산은 제조 생산과 산업적인 요소에 따라서 가치가 매겨지고 마찬가지로 위치적인 입지가 가장 큰 부분을 차지합니다. 그러다 보니 주로 전국의 교통망과 연결된 요지나 크로스가 되는 나들목 등이 큰 부분을 차지하고 있습니다. 특히나 전국의 인구가 수도권에 70% 정도 편중되었기에 수도권 위주로 물류센터가 많이 몰릴 수밖에 없는 구조가 되었고, 그런 부분들이 경기도 쪽에 물류센터가 많이 개발되고 공급된 이유입니다.

사용자에 따라서 모든 것들이 바뀌는 것은 부동산의 모든 속성이긴 한데, 물류부동산의 특별한 가치라면 사람 위주가 아니라 사물 위주로 돌아간다는 점입니다. 물건이 배송되는 시간, 물건을 입고하는 시간 또는 사용하는 회사의 룰에 따라서 공간이나 형태가 바뀌고 동선계획이 별도로 짜이기 때문에 그런 부분이 일반 부동산과 물류부동산의 차이라고 할 수 있습니다. 비슷한 유형의 사례로 본다면, 주택을 역세권이라고 표현하는 경우들이 있는데, 물류부동산의 역세권은 교통망이 좋고 산업적인 요소들이 몰려있는 지역이라고 볼 수 있습니다. 그리고 교통이 합쳐지거나 수도권이나 소비지역에 교차하는 접근성이 좋은 위치입니다. 국내에서 선호하는 지역으로는 이천, 용인, 안성지역이 꼽혔고, 최근 들어서는 도심형 물류도 발전해서 도심권 안에서도 각 구 단위나 동 단위로 세분화된 마이크로 형태의 물류창고나 물류센터 형태로 운영되고 있습니다.

물류부동산은 상온 창고, 저온 창고, 보세창고로 구분할 수 있고, 보세창고 같은 경우는 대부분 항만이나 공항 근처에 몰려있고 일부 보세창고들이 내륙 지역에 위치하고 있습니다. 그런데 보세창고 같은 경우는 입지적 요인에서 조금 자유로운 부분들이 있습니다. 보세 형태의 창고들은 국가에서 지정하는 할당제의 영향을 받기 때문에 용량에 따라서 지역에 할당되지만, 꼭 입지적인 특성을 갖춰서 들어가지 않아도 되기에 일반 상온 창고와 저온 창고보다는 조금 더 자유로운 특성을 갖고 있습니다. 상온 창고 같은 경우 실온 창고를 의미하는 경우가 많습니다. 저온 창고 같은 경우에는 냉장·냉동으로 많이 바뀌었는데, 최근 들어 화제가 됐던 초저온 창고도 통틀어서 저온 창고라고 표현하고 있습니다. 최근에는 식음료 배달문화가 발달하고 팬데믹으로 인해 저온 창고들이 많이 필요하게 되었기에 각 지역별로 공급에 대한 자세한 분석이 필요합니다.

물류시설은 산업적 배후시설로 많이 여겨졌기에 과거에는 생산자가 생산한 품목을 본인이 소유하거나 남이 지은 창고에 임대 형태로 물건을 보관하는 창고 용도로만 사용했는데, 시설물 자체가 굉장히 열악했었습니다. 아주 오래된 창고는 천막 형태나 (은어로 표현하자면) 호루 형태의 창고가 많았고, 창고를 건축하는 자재조차도 샌드위치 패널이나 저급형 자재들을 사용하다 보니 화재에 취약하여 사회적으로 문제가 됐었습니다. 하지만 날이 갈수록 법이 강화되고 건축 부분에서도 업그레이드되다 보니 지금은 물류창고보다 물류센터로 불리게 되고, 센터라는 개념은 물류터미널과 보관창고로 나눠지는데, 이 두 가지가 복합적으로 들어가는 복합창고가 많이 건립됩니다. 그래서 물건을 보관하거나 배송하는 물류센터 형태의 부동산들이 많이 건립되고, 이런 부동산들이 대형화되다 보니 2010년 이후 금융업계에서 부동산에 많은 관심을 가지게 되었고, 이런 부분들이 거래를 활발하게 촉진하는 촉매제가 됐습니다. 오피스 대비 운영수익률이 높다 보니 물류센터 부동산을 선호하는 경향이 생겼습니다. 최근까지도 금융업계에서 물류부동산 매입 및 매각을 많이 하고 있는데, 대략 97% 정도는 금융업계에서 매입하는 구조로 물류센터가 건립되고 있습니다. 물론 대기업에서 자가 창고 형태로 짓는 경우도 있지만, 대부분 개발업자와 물류 사업을 하지 않으면서 물류센터를 건립하는 사업자의 물건을 펀드나 리츠에서 흡수하는 형태로 활발하게 거래되고 있습니다. 다만 2022년 현재 국제 정세에 따른 악재가 쌓이고 경기 침체가 장기화됨에 따라 매매시장도 출렁이며 거래량이 줄어드는 것이 현실입니다. 특히 환율의 변동에 따라 물류시장 및 부동산시장에 큰 타격이 예상되는 바, 개발이나 매매 투자에 보다 신중해야 할 시기입니다.

그리고 20년 전만 해도 물류센터를 한 동 내지 두 동 정도의 소규모로 짓다가 최근에는 한 동이 1만~3만 평, 크게는 10만 평 규모까지 대형화되었고, 이런 것들이 집약되어 있는 물류단지 형태의 개발도 많이 이루어지고 있습니다. 이렇게 대형화되고 체계화되다 보니 금융사가 주도하던 개발시장에서는 수요예측에 무게를 두기보다는 수익성에 따른 규모의 건축물을 선도하는 사례가 빈번하게 일어나고 있습니다. 이러한 현상은 경기가 활발하고 물류 물동량이 폭발적으로 늘었던 팬데믹 초기와 다르게 최근 주춤하고 있습니다. 특히 일부 지역 내 과도한 난개발에 따라 물류시설이 과도하게 공급된 사례도 속출하고 있으며, 결국 이러한 사태는 물류센터의 운영과 운영비 절감에 많은 관심을 가지게 됩니다. 앞서 언급했듯 현업에서의 의견보다 금융업계에서 물류센터 매입을 많이 하다 보니 더 많은 수익을 내기 위해서 규모와 이익의 숫자에 치중하여 공실이 발생하게 되었고, 이러한 수익성 악화는 결국 운영비 절감을 따지게 되어 더 효율적으로 운영하면서도 가까스로 이익을 창출할 수 있는 운영 수축을 하게 됩니다.

예를 들어 모든 부동산에 적용되는 보안시설 같은 경우도 사람들이 직접 순찰했던 것이 이제는 CCTV로 대체되었고, 운영인력의 정원 또한 감축되거나 최소 인력으로 운영하는 형태로 많이 바뀌었습니다. 그리고 개인적 의견으로 코로나 팬데믹 이후 수도권에 대한 물량이 기존보다는 0.5배 정도 더 늘어났다고 생각하는데, 이런 배송·소비체계나 밀키트 같은 식품 상품의 변화로 인해 수도권 배송이 증가하고, 수도권 인근에 물류센터들이 많아지면서 운영이나 개발 붐이 지속적으로 유지되어 왔습니다. 이런 부분들이 부동산의 내수시장을 견인하고 있고, 최근 들어서도 국내 펀딩들이 물류센터 운영비용이나 운영 펀드로 운영수익을 많이 내고 있는 실정입니다. 모든 부동산들이 다 그렇듯 새로운 환경 변화에 맞춰 등락을 거듭하게 되고, 물류센터도 마찬가지로 부동산 운영수익이 하락 시기에 접어들 때가 있고 상승할 때도 있는데, 최근 들어 금리 인상이나 여러 가지 상황을 따져본다면 상당 기간 보합이나 일정 부분 하락세가 유지될 것으로 예상합니다.

2022년 말 현재 기준으로는 전반적으로 모든 부동산들의 수익성이 좋지는 않습니다. 물론 개개인이 소유하는 주택도 예외가 될 수는 없으며, 기타 기업형 펀드들이 매입하는 구조의 상업부동산은 오피스 수익률이 예전에 비해 많이 올라갔다고 해도 사실상 기타 리테일, 상업부동산 및 물류부동산 등과 비교했을 때 수익 포인트의 격차가 그렇게 크지 않습니다. 그래서 앞으로도 동반되어 같은 투자가 계속 이루어지지 않을까 예상하고, 이런 부분들에 대해서는 향후 국제 정세나 경기의 기복에 따라 각 조건들이 세분화되고 까다로워질 것이라 예상합니다.

물류센터 개발 및 운영 총론 A to Z

✷ 교보리얼코 최문식 부장

최근 들어 물류부동산을 개발하는 프로세스는 개발 시행사 또는 토지를 갖고 있는 토지주, 물류를 사용하고자 하는 물류 사용자가 직접 물류에 대한 계획이나 시행을 하고, 부수적으로 금융사에서 자금조달이나 PF에 대한 계획을 수립합니다. 그리고 건설이나 사용자에 대한 1차 마케팅 과정이 지나고 준공될 즈음에 관리와 운영이 연속해서 이루어집니다. 그래서 요즘 물류부동산의 개발 사이클을 본다면, 주로 개발 시행사가 참여하고 금융 쪽에서 주관합니다. 운영이나 임대마케팅 같은 경우, 저희 같은 회사들이 업무를 맡아서 진행하고, 향후 준공되자마자 바로 유동화 시키는 구조로 가고 있습니다.

물류센터 개발은 시행하려는 시행사 아니면 기획자라고 하는데, 통칭해서 시행사라고 하겠습니다. 시행사가 어떤 토지나 위치에 물류센터를 건립하려는 계획을 세우고, 그 기획을 수립한 다음에 자금조달이라든지, 손익분석이라든지, 투자할 물건에 대해서 분석합니다. 그리고 타당성이 도출되면 자금조달에 착수하고, 자금조달에 착수하면서부터 금융사가 개입합니다. 일반적으로 프로젝트 파이낸싱을 PF라고 부르는데, 그 PF를 세우기 위해서 투자사들이 필요합니다. 우리가 1차원적인 투자사라고 하면 금융권, 은행권, 증권사 같은 투자사들을 찾아다니는 경우도 있는데, 대부분 펀드 형태로 운영하는 자산운용사와 합작합니다. SPC를 설립해서 프로젝트를 이어가거나 시행사가 단독으로 PF(일반적으로 얘기하면 대출이죠) 대출을 받아 개발사업을 시행합니다.

그리고 건설사를 선정하고 건설에 착수하면 그 기간 동안에 임차 마케팅이라든지, 건축 공정을 관리해 주는 시행회사를 용역으로 고용합니다. 2만 평 이상 물류센터를 건립한다고 봤을 때 건립 기간이 2년에서 2년 반 정도 소요되는데, 상온이나 저온 센터를 복합해서 짓는 경우가 많기 때문에 그 정도 기간이 소요됩니다. 이 기간 내에 임차인 모집도 하고 건설공사가 잘 되는지도 감시·감독도 하게 됩니다. 그리고 그 기간 내에 마케팅이 순조롭게 이루어지고 임차인들이 모집되면 준공과 동시에 임차인들이 입주하고, 그 사이에 시행사는 물건에 대해서 유동화 시키기 위한 작업에 들어갑니다. 보통은 앞서 언급했듯 자산운용사나 실제로 매입해야 되는 물류 회사라든지 아니면 기업에 매각하는데, 이 매각 단계에서 가격 협상이 이루어지고 시행사 입장에서는 개발비용, 개발이익을 산정해서 제시하며, 매수자 입장에서는 그 금액이 타당한지와 이 금액으로 운영할 수 있는지를 따져보고 매입합니다.

계약이 체결된다면 그 모든 매매 계약은 완료됩니다. 그 이후에 물류센터를 매입한 운용사들은 PM 사, FM 사를 선정해서 건물관리나 건물 운용을 맡깁니다. 그리고 펀드로 매입하게 되면 펀드 설정 기간까지 매입하고, 똑같이 이

운용사들도 유동화 시키기 때문에 (선바꿈 현상이라고 부름) 물류센터가 A라는 운용사에 있다가 5년 후에는 B라는 운용사에 있는 경우도 있고, 롱텀(long term)으로 본다면 10년, 20년 정도 오래 갖고 가는 펀드들도 많습니다. 그래서 이 운영 기간 동안에 임대료나 관리비 등 운영수익을 투자자들에게 배당하고 운영수익으로 돌아가는 게 물류부동산의 운영 과정입니다.

일반적으로 물류센터를 영업용 물류센터라고 부르는데, 임차인들을 모집하여 월세를 받는 형태의 물류센터를 말합니다. 이와 다르게 자가 형태의 물류센터들도 있습니다. 본인들이 물류업(일반적으로 3PL이라고 하죠)을 하여 물류대행을 해주는 회사들이 자가운영을 위해서 건립하는 경우가 있는데, 그런 경우 임대형 물류센터와는 성격이 다릅니다. 회사가 운영하는 운영방식이나 성격, 기업문화에 따라서 물류센터의 구조나 디자인이 바뀌고, 자신들만의 운영방식이나 특징을 나타내기 위해서 외관 디자인이나 내부의 동선, 건축물의 구조들이 바뀝니다. 일반적으로 자가 물류센터와 영업용 물류센터로 구분하는데, 자가 물류센터는 운영수익이 아니라 원래 본인들이 사업을 영위하기 위해서 가져가는 부속시설을 얘기하고, 영업용 물류센터는 물류센터를 지어서 운영수익이나 매각했을 때의 매각차익을 가져가는 비용에 대해서 차익을 받는 것을 임대형 물류센터라고 부릅니다. 자가 물류센터와 영업용 물류센터에 대해서 혼동하는 분들이 있는데, 자가 물류센터와 영업용 물류센터는 운영방식이나 성격 자체가 완전히 다릅니다. 일반적으로 컨설팅 업체나 중개업체는 자가 물류센터에 대해서 전혀 관여하거나 개입하지 않습니다.

그리고 물류부동산을 매입할 때 단발성 투자와 장기성 투자가 있는데, 단발성 투자는 매우 위험합니다. 단발성 투자 같은 경우 위치가 좋고 임대료가 높으면 매우 비싼 가격에 구입하는 분들이 있습니다. 이윤이 덜 남지만 누구나 선호하는 상품이기에 단발성으로 구입한 후 잠깐 운영하다가 다른 사람한테 넘길 계획으로 매입하는 경우로, 이는 수익성과 연관됩니다. 단발성 투자는 잠깐의 수익성을 보기에 운영 기간이 짧고 임차인들의 임차 기간이 길지 않아 월세를 내는 임차인들이 이탈할 가능성이나 계약 기간이 종료된 후 계약을 해지하고 공실화될 위험성이 꽤 높습니다. 물론 선호하는 입지라며 금방 다른 임차인이 들어올 수도 있지만, 예상과는 다르게 임대료가 너무 높다거나 매입한 금액이 높아 임대료를 상향 조정할 수밖에 없는 경우, 다음번 임차인이 들어오는 기간이 그렇게 빠르진 않을 수도 있습니다.

펀드나 리츠 형태로 매입할 때 금리에 영향을 받습니다. 대출의 개념과는 조금 다르지만 금리가 올라갈수록 캡레이트와 스프레드 폭이 좁아지기 때문에 사실상 이윤이 점점 유동화되면서 더 나빠지게 됩니다. 즉 수익성이 나빠집니다. 그래서 단발성 투자 상품으로 보기에는 위험도가 있다고 말할 수 있습니다. 물론 단발성 투자 상품이 나쁘다는 것은 아닙니다. 단발성 투자와 장기적 투자가 가지는 목적에 부합하는 투자가 필요한데, 무조건 단발성 투자만 해서는 위험하다는 것이고 장기적으로 수익성을 보는 시각을 갖는 게 더 낫지 않을까 생각합니다.

그리고 화주사(임차인들을 통틀어서 얘기하고 테넌트 또는 화주사라고 부르기도 합니다)가 임대료를 어느 정도 상향 조정했을 때 지불할 수 있는 심리적인 저항성이 있는데, 개발자나 운영자 모두 심리적인 저항성을 놓치는 경우가 있습니다. 몇 년 간 물류센터 임대료가 올랐으니 더 오를 것으로 예상하거나 주변 시세가 높으니 비슷한 임대료를 지불할 거라고 예상하는 분들이 있는데, 전자는 맞다고 보기 어렵고 후자는 맞는 부분이 있습니다. 시장가가 형성되면 거기에 맞춰 감내하고 임대하는데, 일반적으로 개발하거나 매입할 때 시장가보다 높게 잡는 경우가 많습니다. 그런데 10년간의 임대료 상승률을 보면 상승률 폭이 그다지 높지 않습니다. 표면 임대료의 단가는 높아져도 실질적으로 계약할 때 피드아웃 기간이나 렌트프리(rent free) 같은 것이 모두 섞이기 때문에 롱텀으로 임대료를 선정한 후 짧은 기간으로 나눠 본다면, 예전 단가 대비 지금의 단가는 그렇게 많이 오른 것이 아닙니다. 그런데 이것을 무시하고 표면 단가를 높여 사업계획이나 운영계획을 잡다 보면, 테넌트들이 안 들어오거나 건축이 완료된 물건을 샀을 때 공실이 생기는 경우가 있습니다. 개발자나 운영자 모두 이런 부분들을 간과할 때 어려움을 겪는 일을 종종 봤습니다. 준공을 앞두거나 매입할 때 조금 더 비딩(bidding)을 참여하는 부분이라면 욕심을 내어 높은 가격에 매입하는 경우가 있는데, 이 경우 운영수익이 나빠지거나 애물단지가 되는 경우가 많습니다. 물론 그런 사례들은 물류부동산 시장 자체가 전반적으로 좋기 때문에 많이 발생하지 않지만, 금리가 오르면 여러 가지 수익성에 대해 악재가 발생하기 때문에 이 점을 꼭 유념해야 합니다.

물류 사업을 하거나 물류 사업에 관계된 제조업이나 테넌트들이 사업성을 가지고 고정비를 따져봤을 때, 고정비를 낼 수 있는 한계치가 있기에 높아진 임대료를 무조건 낼 수 있는 상황은 아닙니다. 그래서 높아진 임대료를 견디다 못해 본인들이 선호하는 지역이 아닌 임대료가 낮은 지역으로 이탈하는 경우가 생깁니다. 그래서 물류부동산의 단가가 올라가고 임대료가 올라갔다고 해서 물류산업 자체의 이윤이 많이 높아졌다고 보기는 힘듭니다. 성장은 많이 했을지 몰라도 이윤이 높아지는 것과는 다른 얘기입니다. 물량이 많아졌다고 해서 곡선이 일정하게 늘어나는 개념이 아니라 꺾일 수도 있고, 물량이 많아질수록 손해를 본다고 하는 분들도 있습니다. 그래서 요즘에는 임대료를 낼 수 있는 마지노선을 잘 알아보고 테넌트들이 어떤 걸 선호하는지, 어디까지 사람들이 수용할 수 있을지를 확인해야 합니다. 사업성과 운영수익에 대해서 비교해 볼 필요가 있고 이런 부분들이 조금 유동적이거나 복잡할 수 있기 때문에 개발사업을 하거나 운영할 때는 타당성을 예측하기 위해서 전문가나 전문 컨설턴트에게 컨설팅을 받아보기를 권장합니다.

그리고 물류센터의 운영수익도 중요하지만, 물류산업 자체가 기관 산업이기 때문에 여러 가지 연구나 투자 노하우라든지 차별화된 전략과 국가적인 지원도 필요합니다. 국가적인 차원에서는 법률적인 재정이 필요한 부분도 많습니다. 물류단지를 개발할 때 실수요 검증제가 보완되어야 할 부분도 있고, 최근 화재사고가 많이 발생하다 보니 유독 물류센터 개발에 대해서만 강화되는 부분도 있기에 형평성 논란도 있습니다. 이런 부분들에 대해서 완화되는 내용도 있어야 물류 개발 시장이 계속 활성화되어 유지되고 물류 운용도 꾸준하게 늘어날 것으로 봅니다. 특히 물류센터를 사용하는 사용자 입장에서는 물류센터가 충분해야 임대료가 떨어질 것이라 생각하기에 지역별로 공급이 부족한 지역에 더 많은 공급이 이루어져야 합니다.

물류센터를 운영하는 운용사 같은 경우에는 외주업체에 위탁하는 경우가 많습니다. 위탁 시 어느 정도의 전문 인력을 배치해야 하는지를 고려할 때 운용사나 운영 회사 쪽에서는 인건비 절감 차원에서 인력을 축소하려고 합니다. 그런데 이런 결정은 위험 요소를 가지고 있습니다. 물류센터의 가장 큰 리스크는 화재사고이고, 화재사고는 초동 대응이 굉장히 중요합니다. 물론 리스크 헤지를 위해서 보험이나 여러 가지 방면으로 준비하지만, 그것은 문제가 발생하고 난 다음에 수습하는 방안일 뿐이기에 문제가 발생하기 전에 해결하고 막을 수 있는 충분한 인력과 교육을 통해 대응해야 하지만, 아직은 현실적으로 미약한 부분이 많습니다.

특히 현장을 가보면 10만 평씩 되는 대형 물류센터뿐 아니라 3~4만 평 정도의 물류센터들도 규모에 비해서 운영 인력들이 많지는 않습니다. 그래서 매시간 매 순간마다 순찰하거나 점검한다고 해도 화재가 발생하는 요소나 화재 발생에 대해서 대응할 수 있는 부분들이 굉장히 약합니다. 또 스프링클러 같은 화재 방지시설이나 CCTV가 있다고 해도 초반에 작은 불씨나 화재를 낼 수 있는 요소들을 확인할 수 있는 것은 사람만 한 것이 없습니다. 적어도 각 층에 한 명 정도 순찰이나 보안을 볼 수 있는 인력을 갖춰야 대형화재를 방지하거나 리스크 헤지에 조금 더 도움이 되지 않을까 생각합니다.

"
물류센터의 운영수익도 중요하지만,
물류산업 자체가 기관 산업이기 때문에
여러 가지 연구나 투자 노하우라든지 차별화된 전략과
국가적인 지원도 필요합니다. 특히 물류센터를
사용하는 사용자 입장에서는 물류센터가 충분해야
임대료가 떨어질 것이라 생각하기에 지역별로
공급이 부족한 지역에 더 많은 공급이 이루어져야 합니다.
"

제**2**장

물류부동산
개론

Q1
물류부동산 최근 시장 동향

⬢ JLL 코리아 우정하 상무

물류부동산의 최근 동향은 크게 세 가지로 볼 수 있습니다.

첫 번째는, 이천, 용인, 경기도 광주로 쏠리던 물류센터가 지금은 인천으로 집중되고 있습니다. 특히 인천에서도 연안 부두 쪽에 있는 인천 항동, 신흥동과 인천 서구 쪽에 있는 가좌 IC 근처의 원창동으로 물류센터가 집중되고 있습니다. 이렇게 물류센터가 집중되는 원인은 대규모 부지가 많고 인허가도 수월하며, 무엇보다도 인천항과 인천공항이라는 두 가지 중요한 인프라가 동시에 있으므로 이곳을 통해 들어오는 물동량이 한데 모일 수 있는 공간이 조성되기 때문입니다. 또한, 인천은 고속도로 같은 도로 인프라가 잘 구축되어 있습니다. 그래서 인천에 물류센터가 생기거나 거점을 구축한다면 경인고속도로나 외곽순환도로를 통해서 수도권에 접근할 수 있는 좋은 거점 확보가 가능합니다. 하지만 용인, 이천, 광주 등은 이미 물류센터가 포화상태이고, 인허가가 어렵기 때문에 수도권을 커버할 수 있는 그런 구역을 찾기가 어렵습니다. 그러다 보니 서울에 가깝고 대규모 면적을 확보할 수 있고 공항, 항만이 붙어있는 인천 쪽을 고려하게 됐습니다.

저자는 전 직장인 CJ대한통운이나 롯데글로벌로지스에서도 인천 쪽에 근무했었고, 2016년 항동에서 ○○물류센터를 진행했던 경험이 있기에 인천에 대한 전망은 다른 전문가보다 잘 알고 있다고 자부할 수 있습니다. 인천은 현재도 그렇지만 중장기적으로 시장이 커질 수 있고, 다양한 장점이 많다고 생각합니다. 그러나 사업을 함에 있어서 한 사람의 말만 듣기보다는 다양한 전문가를 만나서 인천시장의 장ㆍ단점을 비교ㆍ분석하는 게 좋습니다. 최근 인천지역에 공급이 급증하고 있기에 초반 공실이 예상됩니다. 상온의 경우에는 꾸준한 수요가 있어 괜찮은데, 저온의 경우 공실이 급증하고 있는 상황으로 인천지역은 저온 센터 공실이 중장기적으로 이슈가 될 것으로 예상됩니다. 당분간 인천지역에 저온 센터 개발은 많은 고민을 해야 할 것 같습니다.

두 번째는, 준공 전의 매입 방식의 일반화입니다. 예전에는 순수 상온 물류센터가 생기면 임차인을 확보하고 임차된 후 물류센터가 매각되는데, 최근에는 물류센터가 워낙 부족하다 보니 준공되기도 전에 이미 선매각이 될 정도로 상온 물류센터에 대한 임차속도가 빨라졌습니다. 기존에는 센터 완공 6개월 전부터 마케팅을 했는데, 최근에는 8~10개월 전에 마케팅을 할 정도로 물류센터의 공급이 부족하고 임차인의 수요가 늘어나고 있으며, 2022년에 들어서면서 속도가 더 빠르게 변화하고 있습니다. 상온 물류센터가 예전과는 다르게 선매각하거나 빠르게 임대되고 있는 추세라고 볼 수 있지만, 저온 센터의 경우 임대도 매우 어려운 상황이고, 중장기적으로 임대 및 매각에 어려움이 예상됩니다.

세 번째는, 앞서 언급했던 매각 관련 내용과 비슷한데 상온 공실률은 빠르게 하락하고, 저온 공실률은 빠르게 증가하고 있습니다. 이것은 공급에 비해서 수요가 빠르다는 건데, 현재 내부 자료를 통해서 확인한 결과 2022년 3분기는 상온센터의 경우 3% 이하로 하락했습니다. 물론 저온 센터의 경우 최소 두 자리 숫자 위주로 저온 공실률이 빠르게 증가하고 있는 상황입니다. 상온 대형 센터의 경우 최근 많이 공급되었고, 이커머스나 3PL 기업들이 빠르게 임차하면서 공실률을 줄일 수 있었습니다. 최근에도 공급보다는 임차 수요가 빠르게 진행되고 있고 상온 대형 센터를 많이 찾는 것이 특징입니다. 예전에는 임대면적 기준으로 3~5천 평이 많은 비율을 차지했었는데, 최근에는 5~7천 평이나 1만 평도 찾는 수요가 많이 증가했습니다. 결국은 물류센터 통폐합을 통해서 비용도 절감하고 다양한 서비스를 만들어 내기 위해 대형 센터를 점점 더 많이 찾고 있습니다.

최근 물류센터 수요 조사를 위해 "왜 대형 물류센터가 필요하십니까?"라는 질문에 기존의 물류센터를 통합하여 비용을 절감하고 서비스 퀄리티를 높일 수 있다는 대답이 가장 많았습니다. 그 비율이 60~70% 정도 됐고, 다음으로는 기존 물류센터의 수용력(capacity)을 넘어섰기에 다른 곳으로 옮기거나 화주사가 바뀌었기 때문인데, 이는 통폐합의 요소가 많기 때문에 물류센터는 앞으로도 점점 대형화될 것이라는 게 저자가 예상하는 방향입니다.

그리고 기존 신선물류의 경우, 온라인 신선식품 시장의 폭발적인 성장과 의약품(백신 포함), 부가가치 높은 헬스케어 산업의 지속적인 성장세, 성장 속도 대비 부족한 인프라(저온 창고의 공급은 지속적으로 수요를 충족시키지 못하는 현실)가 특징입니다. 여기서 약간의 대립되는 부분이 있는데, 2~3년 전만해도 신선식품 시장은 굉장히 빠르게 시장을 압도하면서 커나가고 있었지만, 2022년 말 현재는 신선식품 시장의 성장 속도보다 더 빠르게 저온 창고가 공급되고 있는 실정입니다. 저온 창고가 과공급되는 이유는 물류부동산, 즉 물류센터를 개발하고자 하는 분들이 물류센터 부지를 매입할 때 부지 비용이 많이 상승했으므로 수익성을 맞추기 위해서 저온 센터를 많이 넣기 때문입니다. 왜냐하면 저온 센터의 임대료는 상온 대비 보통 2배이기 때문입니다.

예를 들어 상온이 2만 5천 원이면 저온은 약 5만 원이기에 같은 부지라면 저온 센터를 많이 넣을수록 임대료가 거의 2배 수준으로 수익이 높아집니다. 그래서 최근에 나오는 저온 센터는 니즈에 의한 저온이 아니라 수익에 맞추는 저온이기 때문에 저온 창고의 공급은 계속적으로 늘어나고, 그와 반대로 저온 창고의 공실은 증가할 것입니다. 그렇다고 신선식품 시장이 심각하게 감소하거나 증가 속도가 떨어지는 것은 아니고 굉장히 빠르게 성장하고 있습니다. 하지만 그것보다 더 빠르고 더 많이 저온 센터가 공급되고 있기 때문에 지금은 일시적인 현상으로 공실이 늘어나고 있다고 보면 될 것 같습니다.

다만, 저자는 일시적인 관점에서 봤지만 중장기적 관점에서 봤을 때 물류부지의 땅값이 계속 오르고 있습니다. 예를 들어 용인의 평당 60~70만 원짜리 부지가 지금은 120~130만 원 정도 합니다. 안성 같은 경우에도 예전에는 평당 50만 원 미만이었었는데 지금은 100만 원 정도 하고, 여주 같은 경우에도 평당 20~30만 원 하던 땅이 지금은 100만 원 정도로 땅값이 뛰고 있습니다. 그러다 보니 결국은 수익성을 맞추기 위해서 상온만 넣어서는 수익이 안 나기 때문에 저온을 계속 넣고 있는데, 이 방식은 앞으로도 당분간 지속될 것으로 보입니다.

지금도 저온시장은 빠르게 성장하고 있는데, 특히 두 가지 사항을 고려해야 합니다.

첫 번째, 저온은 빠르게 배송하는 시스템입니다. 그렇기에 서울에서 가깝고 인구밀도가 높은 쪽에 있어야 하는데, 대부분의 저온 센터가 이천, 여주, 안성, 평택, 충북 음성, 제천 등지에 있습니다. 서울 근처의 김포 지역같은 경우에는 롯데와 이마트 등이 있기에 하루에 3배송, 4배송까지 가능한데, 평택 인근이나 음성, 충주, 진천 같은 곳들은 하루 1배송도 어려울 정도로 차량의 배송 효율이 떨어집니다. 그렇기 때문에 수익을 내기가 어렵습니다. 결국은 서울 근처에 부지를 확보해야 하는데, 지금은 그만한 부지를 찾기 어렵습니다. 그리고 부지가 있다 하더라도 임대료가 비싸다 보니 좋은 위치를 확보해도 임대료가 부담되고, 각 층 접안이 안되다 보니 금액 대비 효율이 안 나옵니다. 그래서 결국 조금 낮은 금액 대인 서울 인근의 안산, 인천, 시흥, 용인처럼 서울과 비교적 가까운 쪽에 평당 5만 원 이하의 저렴한 비용에 임대하고 각 층에 접안되는 곳을 선호하고 있습니다.

두 번째, 신선식품 같은 경우에는 기존에 있던 대기업하고는 다른 시장입니다. 그래서 신선식품 같은 경우는 주로 대기업보다는 쿠팡, 컬리 같은 스타트 기업들이 시장에 참여하면서 단기간 내에 성장하고 있습니다. 일반 기업은 적자에 대한 리스크에 대해서 굉장히 세심하게 검토하고 준비하는데 반해, 스타트업은 적자보다는 시장을 얼마나 단기간 내에 치고 올라가느냐 하는 것이 매우 중요합니다. 그렇기 때문에 스타트업은 적자라는 개념보다는 새로운 투자의 개념으로 보고 적자가 나더라도 어느 정도 성장하느냐 하는 쪽에 주안점을 두고 있습니다. 지금 우리가 알고 있는 11번가, 쿠팡, 티몬은 초기 투자가 많았기 때문에 적자가 나거나 BPA 달성이 어려울 수 있지만, 계속해서 성장하기 때문에 나중에는 흑자 전환이 가능할 것으로 봅니다. 택배산업 같은 경우에도 초창기에는 인프라 때문에 굉장히 많은 자금을 쏟아부었지만, 이제는 인프라가 어느 정도 세팅되고 물동량이 많아졌기에 이익이 나는 구조로 가고 있습니다. 마찬가지로 신선식품을 취급하고 있는 스타트업도 초기에는 적자였지만, 계속적인 투자를 통해서 중장기적으로 볼 때는 굉장히 긍정적인 방향으로 가고 있다고 보고 있습니다.

신선식품을 하기 위한 핵심은 하나입니다. 가장 좋고 가장 적합한 저온 창고시설이 핵심이며, 이 사업을 끌어올릴 수 있는 중요한 수단입니다. 신선물류산업의 시장 규모 확대 및 성장은 계속될 것이고, 여기에 따른 신선물류 인프라수요가 증가하고 있기에 신규 물류투자시장의 신규 트렌드로 자리 잡을 것으로 예상합니다. 현재는 물류센터의 공실이 수요와 공급의 불균형으로 인해 이슈가 되고 있지만, 장기적으로는 점차 안정화될 것입니다. 위치에 따라 다르겠지만 인천이나 안산, 시흥은 3~4년 내에 안정화될 것이고, 외곽 같은 경우는 조금 보수적으로 전망하더라도 4~5년 내에 안정화될 것으로 생각합니다.

저자는 이번 크리스마스에 어머니에게 맛있는 빵과 신선한 과일을 사드리려고 했는데, 날씨가 너무 추워서 인터넷으로 주문했습니다. 예전 같으면 이걸 사기 위해 제과점을 갔다가 과일을 사러 마트나 시장에 갔을 텐데, 편하게 집에서 모바일을 통해 어머니에게 선물을 드릴 수 있는 너무 좋은 세상입니다. 이게 바로 온라인 신선식품의 성장에 따른 결과물 같습니다. 그렇기에 앞으로도 소비환경의 변화에 맞춰 온라인 신선식품은 계속적으로 성장이 예상됩니다.

예전에는 신선식품이 많지 않았기 때문에 신선 관련 물류업체가 별로 없었지만, 스타트업 쪽으로는 팀프레시나 헬로네이처 같은 특화된 업체들이 생기고 있습니다. 결국은 시장이 있기 때문에 따라오는 배송서비스, 물류서비스 업체가 나타났고, 앞으로도 신선식품 쪽의 시장 수요는 증가할 것이기 때문에 주목해야 할 시장으로 보고 있습니다. 그렇다 보니 결국은 저온 창고 시설의 수요가 증가하고 있습니다. 이는 소비자가 온라인으로 신선식품을 주문해서 소비하고, 거기에 따라 소비되는 제품을 서비스해 주는 물류서비스 업체들이 생기고, 결국은 수익성이 좋은 저온 창고 시설을 구축하는 순환 구조를 가지게 됩니다.

국내 신선식품은 매년 폭발적으로 성장하고 있습니다. 새벽시장의 규모는 2015년에 100억 원에서 2019년 8천억 원으로 80배 성장했고, 2021년에는 1조 원까지 성장했습니다. 2022년에는 코로나로 인해 1조 5천억에서 2조 원까지도 성장할 것 같습니다. 결국은 2015년 100억 원에서 2022년에 2조 원이 된다면 200배 성장할 정도로 단기간에 빠르게 성장하는 것입니다. 이런 성장 속도는 당분간 유지가 될 것으로 보이는데, 코로나로 인해 빠르게 성장한 신선식품 시장은 기존 시장, 마트, 백화점 같은 오프라인 시장에서 모바일로 주문하는 패턴을 보여 대면에서 비대면 시장으로 구조가 바뀌었습니다. 또한, 기존에는 주로 10대에서 20대가 모바일 등을 이용하여 신선식품을 주문했는데,

지금은 40대에서 60대까지도 모바일로 물건을 주문하고 있기에 신선식품은 계속해서 성장할 것으로 보입니다.

그리고 전국의 인구 수 대비 1인 가구 비중이 30~40% 정도이고, 향후에는 이 비율이 더 높아질 것입니다. 1인 가구나 맞벌이 부부들이 많아지면 인터넷을 통해 집에서 간단하고 편리하게 조리할 수 있는 음식을 주문하는 생활 패턴으로 인해 온라인 식품 시장의 규모가 더 커질 것입니다. 그러다 보면 아무래도 오프라인 매출은 감소될 것이고 온라인 매출은 점점 더 증가할 것입니다. 이렇게 신선물류 온라인 시장이 커지는데도 물류센터의 공실률이 많은 것은 원하는 위치가 아니면서도 임대료의 부담감이 가장 크다고 볼 수 있는데, 임대료보다는 위치가 더 중요합니다. 가장 빠르게 고객에게 배송할 수 있는 거점이 필요하기 때문에 임대료보다는 거점이 더 중요하며, 거점과 임대료의 비중을 비율로 따지자면 60~70%:20~30% 정도로 생각합니다.

국내 온라인 신선식품 시장을 농축산물과 음식료로 구분하고 규모를 보면, 농축산물은 2010년에는 8천 2백억 원 수준에서 2020년에는 3조 5천억 원에서 4조 원 정도로 성장했고, 음식료품은 2조 원 수준에서 현재는 13~14조 원 규모로 가파르게 성장하고 있습니다. 차트로 비유하자면 농축산물보다 신선식품이나 공산품은 거의 직선으로 올라갈 정도로 빠르게 성장하고 있는데, 농축산물도 포장기술이 더 발전하여 소비자의 신선한 농축산물을 원하는 니즈를 충족할 경우 농축산물 시장도 빠르게 성장할 것으로 생각합니다. 그래서 국내 새벽시장 규모는 앞에서 언급한 것처럼 현재도 더 빠르게 성장할 것이라 예상합니다.

 물류산업이 계속 성장함에 따라서 물류부동산의 수요도 발생하고 있는데, 특히 [그림 2-1]에서 보는 바와 같이 코로나로 인해 온라인 시장과 이커머스의 물류시장이 급속도로 성장하고 있습니다. 온라인 시장 같은 경우 온라인에서 구입한 상품을 최대한 빠른 시일 내에 원하는 시간과 장소에 배송받고 싶어하는 소비자 트렌드가 점차 증가하고 있습니다. 때문에 쿠팡이나 네이버처럼 물건을 직매입해서 보관하고 배송하는 시스템을 갖춘 물류센터를 전국 대도시 인근에 전략적으로 구축하고 있습니다.

그림 2-1 온라인 쇼핑 시장 성장 규모

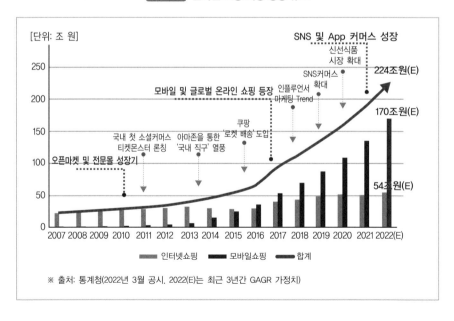

오프라인의 강자라고 할 수 있는 롯데, 신세계 이마트나 이커머스 업체인 위메프, 티몬도 구입한 상품을 빨리 받고 싶어 하는 소비자의 니즈에 맞춰 이커머스와 경쟁 체제로 변화하고 있습니다. 풀필먼트(fullfillment) 센터에서 직접 물건을 직매입하거나 벤더사들의 제품을 창고 내에 보유해야만 소비자에게 빨리 배송할 수 있기 때문에 쿠팡이나 컬리같은 이커머스 업체들은 전국적으로 대형 물류센터를 계획, 확보하고 있으며, 물류를 다루는 롯데나 신세계 같은 경우도 전국적으로 대형 센터 위주로 거점을 구축하려는 계획을 가지고 있습니다. 또한, 소비자의 이런 구매 트렌드 자체가 변화하고 있고 물류비용 절감에 대한 이슈를 해결하고자 고전적인 물류를 하던 제조업체의 경우에도 물류 거점 구축 전략을 다변화하고 있으며, [그림 2-2]에서 보는 바와 같이 대형 거점으로 통합 또는 신규로 구축하려는 움직임을 보이고 있습니다.

그림 2-2 전국 지역별 물류센터 연도별 공급 추이

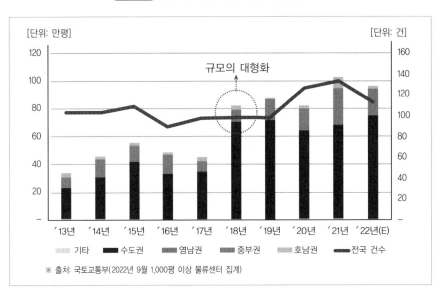

최근 오피스나 리테일 쪽의 임대시장 공실률과 매매가격이 높아지고 있어서 2015년부터 대체 투자시장 투자자들의 시선이 물류부동산 쪽으로 급속하게 유입되었습니다. 물류부동산 초기에는 Core 자산처럼 임차인 Credit이 높거나 계약 기간이 긴 경우에만 한정하여 펀드나 리츠에서 매입했는데 이후 펀드, 리츠가 임차인이 없는 상태에서 선매입하거나 직접 개발사업까지 뛰어들기 시작했습니다. 현재는 PF 금리 상승으로 Cap rate 또한 상승하고 있어서 금리가 안정기에 접어들기 전까지는 수익률 저하로 인하여 개발사업이 어려울 수 있으나 타 상업용 부동산에 비해 물류산업의 성장이 지속될 것으로 보기 때문에 앞으로도 물류부동산에 대한 관심은 지속될 것으로 생각합니다.

◉ (주)컨펌 유강철 소장

1970년 물류창고 관리를 위해 '창고업법'이 제정되었고, 그 당시에 허가제로 출발하여 1991년 화물유통촉진법으로 이관되면서 등록제로 변경되었습니다. 이후 2000년 규제 완화 차원에서 창고업법의 등록제마저 폐지되고 자유업으로 전환되었습니다. 자유업으로 전환된 후 난개발과 영세 창고업체 난립에 따른 서비스 저하로 소비자 피해 사례가 발생하였고, 대형화재와 같은 사회적 문제를 유발하는 등 관리의 사각지대에 놓이게 되었습니다. 따라서 물류센터에 대한 통계자료가 사라지게 되었고 정확한 규모 파악도 어렵게 되었기에 물류창고업의 실태 파악이 곤란하게 되어 체계적인 유성 및 지원이 어렵게 되고, 물류비 절감 등을 위한 정부시책 수립도 곤란하게 되었습니다. 과거와 달리 현재 물류창고업의 역할은 단순한 물건의 보관이 아닌 분류, 포장, 가공 등의 전체 주문을 이행하는 풀필먼트센터로 발전하고 이커머스 시장 확대에 따라 고부가가치 창출산업으로 체계적인 육성을 위한 지원제도가 필요하게 되어 물류창고업 등록제가 다시 도입되었습니다.

2009년 물류 분야 「서비스업 선진화 방안」의 일환으로 물류창고업 등록제 도입 계획이 발표되었고, 이후 물류시설의 개발 및 운영에 관한 법률(약칭: 물류시설법)에 물류창고 등록에 관한 조항이 추가되었습니다. 2011년 8월 6일 이후 신규로 사업을 운영할 경우 사업 개시 전에 물류창고업 등록 기준에 적합함을 증명하는 서류를 제출하여 등록해야 하고, 기 등록된 경우에는 변경사항이 발생한 경우 즉시 변경된 증빙서류를 제출하여 변경등록 신청을 하도록 변경되었습니다. 다만, 모든 물류창고업에 해당되지는 않고 전체 바닥 면적의 합계가 1,000m² 이상인 보관시설 또는 전체 면적의 합계가 4,500m² 이상인 보관장소에 해당하는 물류창고를 소유 또는 임차하여 물류창고업을 경영하려는 자는 국토교통부와 해양수산부의 공동부령으로 정하는 바에 따라 국토교통부 장관 또는 해양수산부 장관에게 등록해야 합니다.

국내 물류창고의 연도별 공급 규모를 분석해 보면 다음과 같이 나타납니다. [그림 2-3]과 같이 국가물류통합정보센터에 따르면 2022년 10월 21일 기준으로 물류시설법의 적용을 받는 전국의 일반창고, 냉동냉장, 보관장소 및 항만창고의 등록면적은 전년 대비 65% 증가한 3,127,620m² 규모로 집계되었습니다. 2012년과 2013년에 등록면적이 많은 것은 물류창고업 시행 초기로 일시에 등록이 집중된 것으로 보입니다.

그림 2-3 전국 연도별 물류창고업 등록 추이(물류시설법)

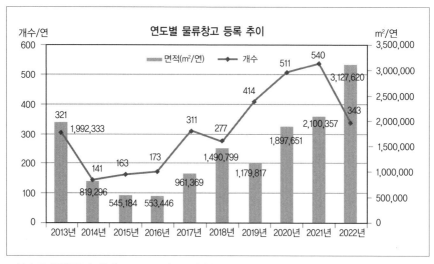

연도별 물류창고 등록 추이

※ 출처: 국가통합물류정보센터(2022. 10. 21), 물류시설법 기준

공급면적 규모는 등록 초기인 2015년까지는 감소세를 보였고, 2016년을 기점으로 증가하기 시작했습니다. 2019년에는 일시적으로 감소한 후 지속적인 증가로 이어졌습니다. 이러한 물류센터의 공급 증가 추이는 위탁물류(3PL) 및 온라인 거래 규모의 폭발적인 성장에 기인한 것으로 보입니다. (표 2-1 참고)

표 2-1 물류시설법에 따라 등록된 물류창고업 연도별 개수 및 면적

연도	개수	면적(m²/연)	증감치 (전년대비)	개당 규모 (m²/건)	비고
2012년	556	2,919,520		5,251	
2013년	321	1,992,333	−32%	6,207	
2014년	141	819,296	−59%	5,811	
2015년	163	545,184	−33%	3,345	

2016년	173	553,446	2%	3,199	
2017년	311	961,369	74%	3,091	
2018년	277	1,490,799	55%	5,382	
2019년	414	1,179,317	−21%	2,849	
2020년	511	1,897,651	61%	3,714	
2021년	540	2,100,357	78%	3,890	
2022년	343	3,127,620	65%	9,118	10.21일 기준
계	4,784	17,590,674			

2012년 2월 5일부터 시행된 "물류창고업등록제"에 따라 2012년에 급격히 증가함.

※ 출처: 국가통합물류정보센터(2022. 10. 21.)

한편 [표 2-2]와 같이 국가물류통합정보센터의 면적별 물류창고업 등록현황에 따르면 2022년 10월 21일 기준으로 타 법률(관세법, 화학물질관리법, 식품위생법, 축산물위생법 및 수산식품산업법)을 적용받는 물류센터를 제외한 물류시설법에 적용받는 전국의 물류창고 업체 수는 약 1,690개, 물류창고 연면적은 약 17,590,674m^{2}로 집계되었습니다. 물류센터 면적이 10,000m^2 미만의 상대적으로 적은 물류센터는 72.7%의 업체가 전체 면적의 28.6% 밖에 점유하지 못하고 있으며, 업체당 평균 면적이 4,092m^{2}로 나타나 아직도 소규모 물류창고가 많음을 알 수 있습니다. 전체 면적의 71.4%를 차지하는 10,000m^2 이상의 상대적으로 큰 물류센터는 전체 업체수의 27.3%를 점유하고 있으며, 물류창고의 업체당 평균 면적은 약 27,249m^2 규모로 파악되고 있습니다. 전체 전국 물류창고 평균면적은 약 10,409m^2(3,148평) 규모로 전반적으로 과거보다는 업체당 규모가 다소 증가하였음을 알 수 있습니다.

표 2-2 전국 면적별 물류창고업 등록현황

(단위: 개, ㎡)

소재지	합계		1,000~2,000미만		2,000~5,000미만		5,000~10,000미만		10,0000이상	
	업체수	면적합계	업체수	면적합계	업체수	면적합계	업체수	면적합계	업체수	면적합계
합계	1690	17,590,674	300	440,633	549	1,850,945	380	2,737,173	461	12,561,924
서울특별시	39	371,589	15	22,486	11	34,234	4	29,795	9	285,074
부산광역시	39	359,598	6	8,265	15	46,085	7	51,842	11	253,406
대구광역시	26	156,106	5	6,832	10	31,558	6	36,398	5	81,318
인천광역시	126	1,161,255	18	26,436	50	169,995	24	171,808	34	793,016
광주광역시	39	298,801	5	6,593	14	51,277	11	81,031	9	159,900
대전광역시	24	613,009	3	4,434	2	7,805	8	58,083	11	542,686
울산광역시	29	196,051	2	3,021	16	52,213	5	35,552	6	105,266
세종특별자치시	17	593,457	1	1,624	6	22,101	5	38,519	5	531,213
경기도	753	9,432,581	98	149,614	195	658,411	199	1,426,053	261	7,198,504
강원도	33	139,514	11	15,405	14	44,247	5	28,695	3	51,166
충청북도	81	616,071	16	22,877	36	129,499	18	132,761	11	330,934
충청남도	81	604,217	18	25,659	31	108,532	16	123,471	16	346,555
전라북도	54	400,677	14	19,719	17	61,558	10	79,414	13	239,986
전라남도	74	596,154	16	21,334	24	72,795	15	106,099	19	395,927
경상북도	76	563,594	17	24,197	27	91,216	14	108,372	18	339,810
경상남도	174	1,379,856	51	75,563	67	221,193	27	186,348	29	896,753
제주특별자치도	25	108,144	4	6,573	14	48,224	6	42,935	1	10,413

※ 출처: 국가통합물류정보센터(2022. 10. 21)

[표 2-3]과 같이 연도별 국내 물류센터의 거래 규모를 기준으로 국내 물류 부동산 시장 규모를 추정해 보면 2011년 약 1,524억 원, 2012년 약 3,993억 원, 2013년 약 5,752억 원, 2014년 약 4,583억 원, 2015년 약 9,083억 원,

2016년 약 1조 6,487억 원, 2017년 약 1조 4,925억 원, 2018년 약 1조 5,377억 원, 2019년 약 3조 5,630억 원, 2020년 약 3조 8,093억 원, 2021년에는 약 6조 2,324억 원 규모로 조사되었습니다. 2021년에는 전년 대비 거래 건수는 두 배, 거래 규모는 약 80%가 증가하는 대폭적인 성장세를 나타냈습니다. 또한 2011년부터 2021년까지 매년 평균 성장률(CAGR)이 약 45%로 다른 어떤 업종에서도 보기 힘든 높은 성장을 이루어나가고 있습니다. (그림 2-4 참고)

표 2-3 **국내 물류부동산 시장 거래 규모** (단위: 건, 억 원)

연도	거래건수	거래금액	전년비	건당 거래액
2011년	9	1,524		169
2012년	9	3,993	162%	444
2013년	7	5,752	44%	822
2014년	6	4,583	−20%	764
2015년	13	9,083	98%	699
2016년	20	16,487	82%	824
2017년	22	14,925	−9%	678
2018년	29	15,377	3%	530
2019년	38	35,630	132%	938
2020년	38	38,093	7%	1,002
2021년	76	68,569	80%	902

※ 출처: 국내 물류센터 거래사례 분석 결과

그림 2-4 국내 물류부동산 연도별 거래 규모 추이

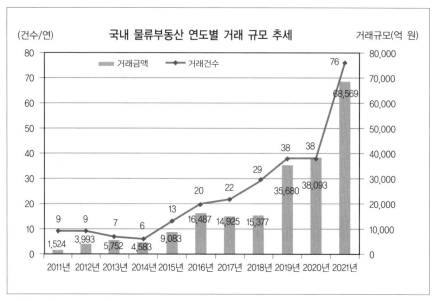

국내 물류부동산 연도별 거래 규모 추세

※ 출처: 국내 물류센터 거래사례 분석 결과

Q2
물류센터 입지 현황과 지역별 시장 동향

◉ JLL 코리아 우정하 상무

당사에서는 물류센터를 크게 북부, 서부, 중부, 동남부, 남부의 5곳으로 구분합니다. 북부는 파주, 일산, 구리, 서부는 인천, 김포, 중부는 안양, 군포, 오산, 동남부는 물류가 가장 많은 광주, 용인, 이천, 여주, 남부는 화성, 평택, 안성으로 구분합니다. 이 중에서 물류센터가 가장 활발하고 거래가 많은 곳은 동남부 쪽입니다. 기존부터 물류센터 공급이 가장 많았는데 임대료가 조금 낮은 편이고, 교통 인프라가 좋다 보니 공급도 많아서 화주사들이 가장 선호하는 지역입니다. 그러다 보니 물류센터 임대라던지 매입, 매각도 활발해 2015년부터 2020년 2분기까지 동남부 쪽은 16건 정도 거래되었고, 그외 지역은 5건 미만으로 동남부 쪽으로 거래가 굉장히 많았습니다.

공급이 많다 보니 거래가 많을 수밖에 없지만, 최근 용인, 이천, 광주 쪽의 인·허가가 많이 어려워졌습니다. 주민들의 입장에서 마트나 백화점이 주택가 근처에 입점하면 좋지만, 물류센터가 주택가 근처로 들어오게 되면 대형 차로 인해 매연과 안전사고가 발생하면서 위험 시설로 보게 되어 반대하는 민원이 많습니다. 그러다 보니 인허가 관련 이슈가 많아 동남부 쪽의 공급은 제한적이고 여주, 안성, 화성, 평택 쪽으로 몰릴 수밖에 없는 상황입니다. 특히 여주 같은 경우에는 이천 옆인데도 불구하고 땅값도 저렴하고 교통도 괜찮지만, 서울 접근성이 어렵다는 이유로 여주 쪽의 고속도로 톨게이트에 인접한 저렴한 부지들이 많이 나왔으나 거래가 없었습니다. 그러나 최근에는 어쩔 수 없이 여주 쪽에 많이 몰려서 땅값이 거의 2~3배 이상 올랐고 향후에도 많은 물류센터들이 입점을 준비하고 있습니다.

특히 이천과 여주 경계선인 간암 쪽은 공급이 상당히 많다고 볼 정도로 물류센터가 개발되고 있으며, 앞으로는 여주 쪽에 신규 센터가 많이 공급될 것으로 예상합니다. 여주 다음으로 안성이 많고, 그다음은 화성 쪽입니다. 화성은 평택까지 이어지는 제천 고속도로나 서해안 고속도로가 있어 도로망 인프라는 좋은데 반해, 그동안의 개발은 상당히 미진했습니다. 하지만 최근에는 인구도 증가하고 유통 인프라가 많이 발달하면서 화성과 평택 쪽에도 물류센터가 증가하고 있습니다. 기존의 용인, 이천, 오산, 임금 등에서 여주, 안성, 평택, 화성으로 물류센터가 점점 늘어나고 있으며, 최근에는 천안까지도 많은 문의가 오고 있습니다. 또한, 수도권 근처의 부지가 부족하고 천안, 이천, 여주에 좋은 부지들이 많이 매각되고 개발되다 보니 여주 옆에 있는 충북 음성, 감곡 IC 근처에 대한 문의가 많습니다. 그다음으로 화성 쪽에서는 발안, 평택 쪽에서는 청북 IC나 서평택 근처에 물류센터들이 점점 많아지고 있습니다. 앞으로는 기존에 있던 용인, 이천, 광주, 오산 쪽보다는 그 아래 지역에 공급이 많아질 것입니다.

서부지역으로 김포 쪽은 거의 공급이 없고, 인천은 대규모로 공급되어 좋은 거점으로 커지고 있습니다. 중부 쪽은 안양, 군포, 오산의 수요가 많은 곳인데 군포에는 CJ 복합 물류센터가 있고, 안양은 부지 마련이 쉽지 않지만 물류센터를 준비 중이며, 오산 IC 인근으로 물류센터들이 들어서려고 준비 중입니다. 남부 쪽은 화성, 평택, 안성 쪽으로 점점 커지고 있습니다.

　북부 쪽은 파주, 일산, 구리 지역이며, 이 중 특히 일산 쪽에 수요가 많은데 비해 아파트 단지가 많아 땅값이 비싸서 물류센터가 부족한 상태이다 보니, 비교적 일산과 가까우면서도 땅값이 저렴한 파주 쪽에 물류센터를 짓고 있습니다. 추가적으로 김포, 고촌 쪽에 물류센터가 많고, 강화도를 가기 전에 위치한 지역에 15~20만 평 규모의 물류센터가 4~5개 정도 신규 공급될 예정입니다.

　국내 저온시설은 수산업이 발달한 영호남, 인천 등 대형 항구에 집중되어 있습니다. 콜드체인 시스템을 수행하기보다는 단순 보관이나 제빙 등 수산업과 관련된 직접적인 시설로 소비자에게 바로 전달되는 온 · 오프 쪽하고는 다릅니다. 지금 설명하는 저온 센터는 접안이 되고 고객에게 바로 딜리버리할 수 있는 유통센터를 말하는 것이고, 기존의 저온 센터는 딜리버리센터보다는 해외에서 수입품이 들어왔을 때 보관하고 있다가 고객들이 직접 찾아가는 수탁을 의미합니다. 3년 전만 하더라도 저온 센터라고 할 때 수탁과 유통센터의 구분이 어려웠는데, 예전에 있던 대형 센터는 주로 수탁형 보관형 센터이고 최근에 생기는 센터들은 온오프라인 유통센터라고 보면 될 것 같습니다.

　새벽배송도 소비자 주문을 수행하기 위해서 수도권이나 서울 근처에 저온시설을 갖춰야 하지만, 현재 냉동 · 냉장으로만 된 순수 저온시설은 그렇게 많지 않습니다. 하지만 100% 저온시설을 갖춘 센터들이 인천을 필두로 안산, 시흥 쪽으로 계속 공급되고 있습니다. 수도권에 위치한 75개의 저온시설을 확인해 보니 5년 이내 준공된 시설이 6.6%인 5개이고, 10년 이내는 37%로 노후된 시설들이 많아서 신규 시설에 대한 수요는 계속적으로 증가하고 있습니다. 이 중 용인, 이천 쪽에 저온시설의 40%가 분포되어 있습니다.

그리고 적정 저온시설 임대료는 상온시설 대비하여 약 2배로 보면 됩니다. 현재 인천 쪽은 평당 6만 5천 원에서 7만 원 사이에서 형성되었고 안산, 시흥은 5만 원 후반에서 6만 원 초반 대이고, 여주나 이천, 안성은 5만 원 초반입니다. 그래서 상온 임대료 대비 곱하기 2를 하는 게 제일 무난하다고 볼 수 있습니다. 기존의 저온시설은 부산이 압도적으로 많습니다. 톤으로 계산했을 때 부산 같은 경우는 냉동 단위로 약 2만 5천 톤 정도를 보관하고 있고, 인천은 3천 톤 미만이며 경남, 제주에도 저온시설이 조금 있는 상황입니다.

● 교보리얼코 최문식 부장

지역별로 보면 수도권 물류가 전국 물류량의 70% 정도로 가장 많습니다. 물류가 공급된 면적을 인구수 대비 평당으로 나눠보면 대한민국은 $0.4m^2$ 정도 됩니다. 다른 선진국(미국, 중국, 유럽)과 1인당 면적을 비교했을 때는 아직 낮은 수준입니다. 선진국들은 평균 1인당 $3.3m^2$의 면적이 훨씬 넘습니다. 여기에 코로나 팬데믹으로 인한 배달 서비스의 증가와 이커머스, 사물 인터넷이 발달하면서 소비 행태나 라이프스타일이 바뀌다 보니 인구가 많이 몰려있는 곳에 물류센터가 들어서고, 특히 경기도 쪽에 몰리는 상황입니다.

경기도 북부, 남부, 서부, 동부로 세분화해 보면 서부와 북부는 저온과 상온시설 비율의 불균형이 큽니다. 그 이유에 대한 부분은 1장에서 언급했듯이 수요에 대한 예측 실패가 낳은 결과입니다. 특히나 서부지역 내 인천의 저온시설이 가장 큰 타격을 입고 있는 실정입니다. 수도권 면적으로 보자면 동부가 30%, 남부가 50%, 서부가 20% 정도입니다. 임대료가 꾸준히 상승하고 있는 상황에서 상온 같은 경우에는 27,000원 정도이고, 저온 같은 경우에도 60,000원 정도로 형성되고 있습니다. 최근에 많이 공급됐고 전통적으로 물류센터가 많은 지역은 남부입니다. 남부지역에는 용인, 이천, 안성, 여주, 그리고 더 아래쪽은 충북이나 중부라인 벨트가 형성되는데 천안, 세종, 청주, 대전이 포함됩니다.

불과 3~4년 전만 하더라고 서울시청을 기점으로 북쪽 지역에 대해서 물류센터 지역을 논할 때 김포지역을 빼고는 거의 언급이 없었습니다. 그런데 최근 들어 남부지역이나 동부지역에 물류를 공급할 수 있는 용지가 부족하고, 지자체나 경기도 내에서 물류센터 개발의 인허가가 쉽지 않다 보니 수도권 접근성이 좋은 북부지역을 선호하게 되었는데, 여기에 가장 결정적 역할을 했던 것은 제2외곽순환도로입니다. 2022년에 1차 수도권 외곽 순환도로 보다 조금 더 넓게 돌아가는 제2외곽순환도로가 개통되면서 파주, 양주, 의정부, 포천에 많은 물류센터가 공급되거나 공급될 예정입니다. 물론 수도권 안에도 수원, 안양, 안산, 부천, 인천에 물류센터가 일부 개발되고 있지만, 그곳에 비해서 상대적으로 땅값이 싸고 수도권 접근성이 좋으면서 임대료가 낮다 보니 북부지역을 선호하게 되었습니다.

북부지역의 임대료는 남부지역과 비교했을 때, 공급되는 양에 비해 임대료가 그다지 저렴하지는 않습니다. 수도권보다는 저렴하지만 임대료 단가가 중·고가로 형성되었고, 그나마 주택 개발붐으로 인해 지가가 오르고 있기에 선호하는 시장이 될 수도 있지만, 아무래도 북쪽의 물류시장 자체는 확장성이 떨어지다 보니 시장을 전망하기 어렵습니다. 북부지역은 북한에 인접해 있어 군사지역이 많고, 물품이 직접 수도권에 공급되어야 하는데, 북부지역으로 올라갔다가 다시 수도권으로 내려와야 하는 불편함이 있기에 어느 정도 공급이 이루어지다가 정체될 것으로 예상합니다.

아무래도 전통적으로 남부나 중부지역 쪽으로 공급이 계속 증가할 전망입니다. 그래서 최근에는 천안, 청주, 세종지역 쪽으로 물류센터 개발이 진행되고 있고 진천, 음성 쪽까지도 개발되고 있습니다. 이러한 현상은 교통망에 기인하는 경우가 많은데, 재료가 부산항에 입고되고 생산지역인 경상도나 전라도에서 가공된 후 수도권이나 전국망으로 공급될 때, 이런 일련의 과정이 전국으로 퍼지는 구조와 북부 쪽으로 올라간 후 내려오는 구조와는 확실히 다르기 때문에, 북부지역보다는 남부나 중부지역 쪽으로 물류센터가 계속 증가할 것으로 보고 있습니다.

통계상으로 봤을 때 물류센터 면적이나 개수를 보면 실질적으로 모자라지 않은 수준인데, 물류센터의 노후화로 인해 물건을 보관하기 힘든 환경입니다. 그래서 여기에 있던 임차인들이 이탈하는 경우가 발생하거나 물류센터를 더 이상 유지하지 못해서 소멸하는 경우도 생기기 시작했습니다. 그리고 배송시장에 대한 체질 변화가 생기면서 그런 환경이 갖춰진 신규 물류센터들을 선호하다 보니 아직은 물류센터에 대한 공급이 적다고 볼 수 있습니다. 최근 들어 수도권 인근 지역의 배후단지에 있었던 낙후된 공단들이 구조고도화 사업을 통해서 도심형 물류센터로 전환되고 수도권 배후단지에 공급이 증가하고 있습니다. 권역별로는 남부지역이 압도적으로 많고 그다음으로 동부지역과 서부지역에 물류센터가 가장 많이 공급될 예정입니다. 여기에 비해 북부지역은 임대료 책정 정책이나 시장흐름에 따라서 도태될 수도 있고 조금 더 공급이 증가할 수도 있습니다.

3천 평 이하 물류센터들은 소형급이라고 부르고, 1~4만 평 이하는 중대형급이라 하고, 그 이상은 초대형급이라고 부릅니다. 요즘에는 대형급을 선호하기에 기업들도 자가 물류센터를 지을 때 메가센터를 보유하게 되고, 물류센터를 개발하는 디벨로퍼들도 작은 형태의 물류센터보다 조금 더 큰 형태의 물류센터를 개발하고 있습니다. 그래서 시장성마다 권역마다 조금씩 다른 부분들도 있겠지만, 최근의 공통된 트렌드는 물류센터의 대형화이고 북부지역까지도 이런 트렌드에 맞춰 개발이 이루어지고 있습니다.

지역별로 임대료 수준을 알아볼 때 일반적으로 30~50개 정도의 물류센터를 비교하여 평균가를 계산하는데, 이 중에는 낙후되어 임대료가 저렴한 물류센터들이 섞여 있기에 통계적인 수치와 실질적인 임대료 수치와는 다를 수 있습니다. 지역별로 평균 임대료를 조사한 자료를 보면, 북부지역의 경우에 상온이 2만 6천~2만 7천 원 정도로 형성되어 있습니다. 물론 실제 임대료는 더 저렴합니다. 3만 원 정도 되는 상온 창고도 있는 것을 확인했습니다. 저온 같은 경우는 6만 4천 원 정도로 형성되었는데 물론 더 저렴할 것입니다. 그리고 최근 수도권 안에 있는 저온 창고 같은 경우에는 7만 원대까지 임대료가 올라가는 경우도 있습니다. 그리고 동부지역인 남양주, 구리, 하남은 상온 창고가 2만 8천~2만 9천 원 정도가 평균가이고, 저온 창고는 6만 7천~6만 8천 원 정도로 형성되어 있습니다. 남부지역인 이천, 안성, 여주의 저온 창고는 6만 1천~6만 2천 원 정도이고, 상온은 3만 원대로 형성되었습니다. 하지만 2만 원대 이하의 창고들도 상당히 많고, 서부지역 같은 경우에는 상온 창고가 3만 원대이고, 저온 창고는 5만 6천 원 정도입니다. (조사 시점 : 2020년 말)

● 메이트플러스 노종수 상무

물류센터 입지 현황과 지역별 시장 동향에 대해서 설명하겠습니다.

현재 이커머스가 시장을 주도하면서 물류부동산 시장이 뜨겁게 각광받고 있는데, 약 30%에 육박할 정도로 가파르게 성장하고 있습니다. [그림 2-5]에서 보는 바와 같이 10년 전만 해도 2천 평 정도의 규모를 가진 물류센터가 대부분이었지만, 지금은 5만 평 이상의 대형 물류센터도 전국 권역별로 많이 공급되고 있습니다. 풀필먼트 센터로서의 역할로 인해서 센터가 대형화 되고 있지만, 현재까지 가장 많은 임차면적은 2천 평~5천 평 내외의 수요가 가장 많습니다. 따라서 어떤 기능의 역할을 하는 센터인지를 명확히 구분하여 지역별로 그에 맞는 면적의 공급이 이루어져야 합니다.

그림 2-5 규모별/지역별 냉동냉장시설 업체 현황

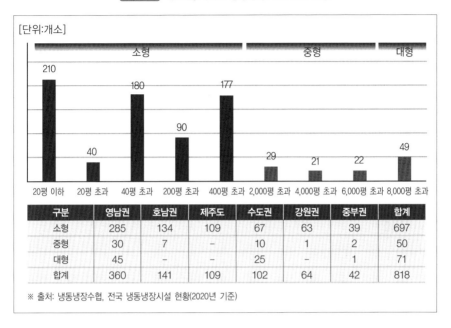

[단위:개소]

구분	영남권	호남권	제주도	수도권	강원권	중부권	합계
소형	285	134	109	67	63	39	697
중형	30	7	–	10	1	2	50
대형	45	–	–	25	–	1	71
합계	360	141	109	102	64	42	818

※ 출처: 냉동냉장수협, 전국 냉동냉장시설 현황(2020년 기준)

입지의 위치에 따라 물류비를 절감할 수 있는 거점 역할을 하기 때문에 화주 입장에서든 물류센터를 공급하는 시행사 입장에서든 입지는 상당히 중요합니다. 개발하는 시행사 입장에서는 화주가 임차를 해야 하는데 물류의 효율성, 물류비용이 절감될 수 있는 입지가 아니면 임차인의 니즈가 없는 경우가 상당히 많습니다. 특히 우리나라는 전통적으로 물류의 대부분이 수출입 물량이나 국내 산업단지 및 공장에서 생산되는 물건들을 경부고속도로나 중부고속도로를 통해서 수배송하다 보니 경부와 중부고속도로를 축으로 물류센터가 구축되고 있습니다. 지금도 활발하게 공급되고 있는 동남권의 용인, 이천, 안성, 여주 쪽과 개발할 수 있는 땅이 많지는 않지만 수도권을 둘러싼 서부권의 김포, 인천과 남양주 포천 쪽에도 공급될 예정입니다.

물류센터는 꼭 수도권만 필요한 게 아니며, 소비자가 있는 곳에 물류센터가 필요합니다. 소비자는 빨리 물건을 받고 싶어 하기에 유통·물류사들도 이에 맞춰 빨리 배송하려면 소비자와 가까운 곳에 물류센터가 위치해야 합니다. 그러다 보니 수도권뿐 아니라 대구, 부산, 세종, 전라도 광주까지 적정 규모의 물류센터 개발은 필요해 보입니다. 물류센터의 입지는 물류를 운영하는 임차인이 어떤 업종을 운영하느냐에 따라 달라집니다. 최근 수도권 쪽의 물류센터에 대한 수요가 많은데 비해 공급이 부족하여 지방으로 내려가고 있다고 생각하는 분들도 있지만 저자는 그렇게 보지 않습니다. 서울이나 경기도 같은 경우는 제조, 유통, 이커머스 등 모든 물류센터 임차인이 선호할 수 있는 위치이고, 수도권과 가까운 곳에 물류센터 거점을 구축해야만 수도권 소비자에게 배송하기 위한 물류비용이 절감됩니다. 만약 수도권 배송을 위한 물류센터가 대전이나 청주 쪽에 있다면 수도권 배송에는 상당한 물류비가 발생하게 됩니다. 그래서 물류비를 절감할 수 있는 수도권 남쪽인 용인, 이천, 안성에 물류센터를 구축해야 합니다.

최근 지역별 시장 동향을 보면, 수도권 같은 경우는 용인, 이천, 안성의 동남권이나 남부권은 활발하게 물류센터가 공급되고 있습니다. 2023년에는 190만 평 정도가 공급될 예정이고, 2024년에는 130만 평 정도가 공급될 예정입니다. 하지만 대출금리 자체가 지속적으로 상승하고 있어서 PF가 되지 않은 사업장의 경우 건축 인허가는 득하였지만 착공을 하지 못하는 경우도 상당수 발생하고 있으며 2023년, 2024년 전체 공급 예정 물량의 약 40~50% 내외 정도로 공급될 것으로 판단하고 있습니다. 물량은 70만 평 내외 정도가 될 것으로 보이며, 수요는 지속적으로 상승하고 있기 때문에 상온 같은 경우 적절하게 임차인을 찾을 수 있을 것으로 보입니다. 하지만 저온의 경우 전체 공급 예정 면적의 25% 내외로 저온 수요의 증가 속도보다 공급이 많아서 입지가 우수한 경우를 제외하고는 임차에 상당 기간 시간이 필요해 보입니다. (그림 2-6 참고)

그림 2-6 물류센터 공급 및 착공허가 현황

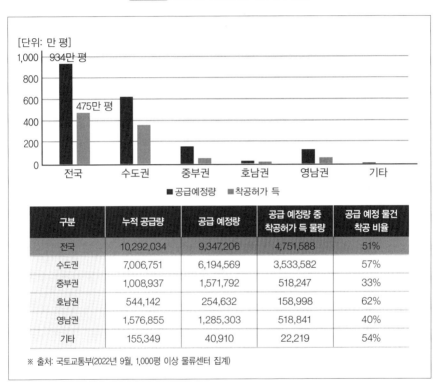

[단위: 만 평]

구분	누적 공급량	공급 예정량	공급 예정량 중 착공허가 득 물량	공급 예정 물건 착공 비율
전국	10,292,034	9,347,206	4,751,588	51%
수도권	7,006,751	6,194,569	3,533,582	57%
중부권	1,008,937	1,571,792	518,247	33%
호남권	544,142	254,632	158,998	62%
영남권	1,576,855	1,285,303	518,841	40%
기타	155,349	40,910	22,219	54%

※ 출처: 국토교통부(2022년 9월, 1,000평 이상 물류센터 집계)

그리고 인천권역의 경우는 이커머스나 유통을 하는 업체에게 인천항이나 인천공항을 이용하는 수출입 물량을 처리하는 입지로서의 충분한 역할을 수행할 수 있습니다. 과거 2015년에서 2016년도에 동남권의 지가가 상승하면서 상온으로만 했을 때는 수익성이 적다 보니 개발이 용이하고, 지가가 싸고, 건폐율과 용적률이 높은 곳인 인천 쪽으로 디벨로퍼들의 개발이 증가하였습니다. 이커머스나 일부 유통회사의 잠재되어 있던 임차 니즈는 있으나 인천권역에서 소화할 수 있는 수요는 단지 서울 서부, 김포, 인천권역을 커버하기 위한 역할만으로 한정되기에 100만 평 정도의 물류센터 공급은 임차인을 맞추기에 어려움이 있을 것으로 보입니다. 최근 인천권역에 저온 센터의 공급량이 증가하고 있는데, 인천항의 경우 철강, 목재, 원자재 등의 수출입항으로 저온에 대한 수요는 거의 없음에도 불구하고 물류센터 임차 유형을 제대로 파악하지 못하고 공급되고 있습니다. 명확히 말하면 공급은 수요와 적절하게 균형이 맞아야 하며, 수요란 물류센터의 거점 역할이 명확하기 때문에 사용 용도, 유형을 적절히 파악한 후 공급이 이루어져야 한다고 생각합니다. 이천에 물류센터를 사용하던 임차인이 단순 임대료가 인천이 저렴하다고 해도 인천으로 거점을 옮기지 않는 이유이기도 합니다.

북부권역 중 파주, 포천, 남양주 쪽 같은 경우는 개발할 수 있는 부지가 별로 없고 개발제한구역으로 묶여 있는 곳도 많습니다. 자연녹지지역이나 계획관리지역 같은 경우에는 물류센터 용도로 개발이 가능하지만 그런 땅이 거의 없습니다. 개발할 수 있는 땅이 별로 없지만 이커머스나 유통 쪽의 업체들은 동서남북으로 물류센터가 필요하기에 공급만 되면 수요가 충분할 것으로 보입니다. 동북쪽과 서북쪽 같은 경우도 향후 최소 50만 평 이상 공급될 것으로 보고 있는데, 아마 준공되기 전부터 임차 수요가 많아질 것으로 보이며, 최근 인근 대도시 주민들의 민원으로 인해 건축 인허가를 득했음에도 불구하고 착공이 이루어지지 않는 사례도 발생하고 있어서 좋은 입지에 민원에 대한 이슈만 없다면, 수도권에서 임차 가능성이 가장 높은 권역이라고 생각됩니다.

지방 중에서 가장 활발하게 물류센터가 공급될 예정인 곳은 부산입니다. 부산 같은 경우는 150만 평 정도의 물류센터가 김해, 양산, 기장 인근으로 공급 계획이 있고, 현재 인허가가 진행 중이거나 공사 중인 물류센터들이 있습니다. 부산의 경우는 CDC(Central Distribution Center)의 역할보다는 RDC센터 의 개념이 큽니다. 그래서 서울 대비 인구수로 보면 약 5분의 1 정도의 물류센터 면적이 필요합니다. 향후 약 200만 평 정도가 공급될 것으로 보이고, 잠재 수요가 있기 때문에 선제적으로 공급되면 준공 전에 모두 임차될 것으로 보입니다.

하지만 개발 가능한 토지가 가장 많았던 김해의 경우, 100만 평 정도의 규모로 공급이 예정되어 있어서 초기에 건설되어 공급되지 않는다면, 인천과 같이 과다 공급으로 인해서 임차인을 찾는 데 많은 시간이 소요될 것으로 보입니다. 공급에 조금 난이도가 있더라도 양산이나 기장 등 그동안 공급되지 않는 곳에 공급된다면, 장기 거점을 구축하려고 하는 임차인들에게는 좋은 입지가 될것으로 생각합니다.

충청권을 보자면 전국을 수배송하기 위한 CDC 기능과 지역 배송을 하기 위한 RDC센터의 역할을 할 수 있는 입지에 있습니다. CDC의 경우 천안 인근이나 청주, 대전 인근에 수요가 있을 것이며, RDC 센터의 경우 천안, 청주 북쪽이 아니라 청주, 세종, 대전권역을 동시에 커버할 수 있는 입지가 가장 좋습니다. 세종시 인근의 경우 20분 이내에 대전, 청주, 세종, 천안 소비자에게 배송이 가능한 입지이기 때문에 최적의 센터 역할을 할 수 있다고 생각되며, 현재 인허가 중이거나 건설 예정 중인 물류센터가 5군데 정도 있습니다. 이곳도 개발된다면 임차에는 무리가 없을 것으로 보입니다. 단, 인허가 전에는 임차인의 LOC(임차확약서)를 수령하기 어렵지만, 건물이 건설되고 진행된다면 임차인의 임차 수요가 많아질 것입니다. 최근에는 천안이나 음성 쪽으로도 공급이 많이 되고 있는데, 이들 지역은 수도권을 커버하기 위한 입지로서도 RDC 개념의 충청권을 커버하기에도 애매한 입지입니다. 그래서 이들 지역은 세종 지역에 비해 수요가 적을 것으로 예상되고, 개발은 100만 평 정도 공급될 것으로 보이며, 따라서 공급 대비 임차가 완료될 때까지는 상당 기간 시간이 필요해 보입니다.

대구 같은 경우는 칠곡이나 경산 쪽에 공급이 예정되어 있습니다. 이들 지역에 30~50만 평 정도 공급될 예정인데, 최근 2~3년 동안 20만 평 정도가 공급되었지만 경상, 일부 전라도 권역을 커버할 수 있는 입지이기 때문에 추가 수요는 있을 것으로 보입니다.

그다음 소외된 지역인 광주나 전라도 같은 경우는 전주나 익산, 광주 권역을 커버할 수 있는 거점으로서 역할을 할 수 있는 지역에 공급이 필요합니다. 대도시인 광주 인근에 물류센터가 건설된다면 잠재적인 수요를 충분히 채울 수 있을 것으로 보입니다. 광주나 전라도 쪽은 경상권이나 충청권보다는 소비인구 대비 공급량이 거의 없습니다. 따라서 일정 부분 선제적으로 대도시 인근에 공급한다면 충분히 빠른 시간 내에 임차는 가능하지 않을까 예상합니다.

물류센터 입지 현황과 지역별 시장 동향에 대해 말하자면, 물류의 입지를 평가하는 데 있어 여러 가지 요인들이 있겠지만, 그중에서도 수출입 물동량을 처리하는 항만의 중요성을 빼놓고 얘기할 수 없을 것입니다.

운송은 크게 해상, 육상, 항공으로 구분하는데, 이 중 통상적으로 국내의 물동량 처리에 있어 대부분의 비중을 차지하는 게 육상운송이고, 수출입 물동량에 있어서는 항만운송의 비중이 제일 큽니다. 2019년 대한상공회의소 통계자료집을 근거로 벌크물동량을 제외한 컨테이너의 수출입 항만의 물동량 통계치를 보면, 우리나라의 주요 항만은 부산항, 인천항, 광양항, 당진평택항, 울산항이 있습니다. 이 중에서 물동량 처리 비중을 보면 부산항이 2019년에 약 10,354,000TEU(Twenty foot Equivalent Unit)로 비중으로는 61.9%, 두 번째는 인천항이 3,062,000TEU로 18.2%, 세 번째는 광양항이 1,798,000TEU로 10.7%, 네 번째는 평택당진항이 712,000TEU로 4.3%, 그 다음으로 울산항, 기타 순으로 표시되어 부산항의 중요성이 입증되었습니다. 또한, 부산신항 부근에 진해신항 건립이 계획되어 있기에, 진해신항이 준공되어 운영되면 부산지역 항만의 역할과 입지는 더욱 커질 것으로 보입니다.

과거에는 부산항을 통해서 들어온 물동량이 주로 경부고속도로를 이용하여 수도권을 통해서 유통되었지만, 지금은 중부내륙고속도로를 이용하여 경부고속도로보다도 약 40분 정도 운송시간이 단축되었습니다. 이런 관계로 중부내륙고속도로를 통해서 영동고속도로와의 교차점인 여주휴게소 인근으로 물동량이 많아지다 보니 [그림 2-7]에서 보는 바와 같이 호법 IC, 덕평 IC, 서이천 IC, 양재 IC 인근에 많은 물류 거점들이 구축되어 있습니다.

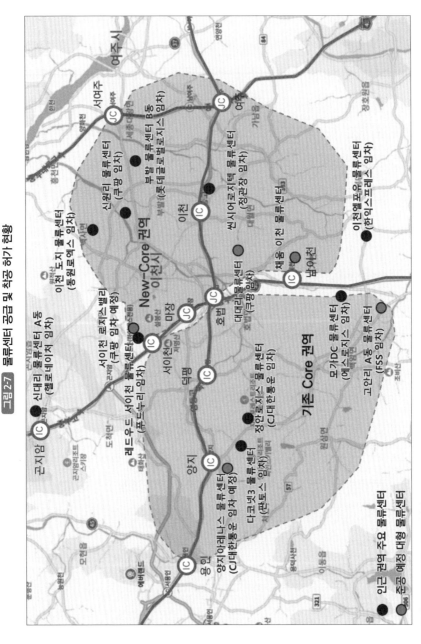

그림2-7 물류센터 공급 및 착공 허가 현황

신대리 물류센터
(켈로네이처 임차)

이천 도지 물류센터
(동원로엑스 임차)

신원리 물류센터
(쿠팡 임차)

부발 물류센터
(롯데글로벌로지스 임차)

센서어로지텍 물류센터
(정관장 임차)

이천엘포주 물류센터
(한익스프레스 임차)

제음 이천 물류센터

New-Core 권역
이천시

서이천 로지스밸리
(쿠팡 임차 예정)

서이천 물류센터
(쿠팡 임차)

레드우드 서이천 물류센터
(쿠프드누리-임차)

대데리물류센터
(쿠팡 임차)

남이천

기존 Core 권역

서이천 물류센터

정안로지스 물류센터
(CJ대한통운 임차)

모가DC 물류센터
(에스큐로지스 임차)

고안리 A동 물류센터
(FSS 임차)

양지아레나스 물류센터
(CJ대한통운 임차 예정)

다코넷3 물류센터
(팬토스 임차)

인근 권역 주요 물류센터

준공 예정 대형 물류센터

84   물류부동산 전망

※ 출처: 메이트플러스 물류컨설팅팀

수도권인 서울, 경기, 인천의 인구가 전국 대비 50%이지만, 물류 물동량의 경우는 이보다 더 많은 약 60~70%를 처리하고 있습니다. 수도권의 물류 입지를 분석해 보면, 경부고속도로를 축으로 수도권 서남부(왼쪽) 지역은 기존 난개발로 인해 ①인천국제공항 배후 물류단지, ②인천남항 배후 물류단지, ③인천신항 배후 물류단지, ④아라뱃길 인천터미널, ⑤아라뱃길 김포고촌터미널, ⑥한국복합물류(KIFT) 등 6군데의 로컬 중심으로 개발되었습니다. 경부고속도로를 축으로 수도권 동남부(오른쪽) 지역은 물류 거점이 고속도로, 국도 및 지방도를 중심으로 정형화되어 있으며, 이를 단계별로 구분해 보면 A, B, C, D 권역인 4단계로 볼 수 있습니다.

　수도권의 동남부 지역을 단계별로 보면, A 권역은 경부고속도로 축을 중심으로 개발된 용인 수지, 수원, 기흥, 동탄, 오산 등의 인근이고, B 권역은 영동고속도로 양지 IC, 덕평 IC, 서이천 IC, 곤지암 IC 등의 지역이고, C 권역은 경부고속도로 인근의 이천 IC, 송탄 IC, 서안성 IC, 남안성 IC, 일죽 IC 등이며, D 권역은 상기 지역 이외로 수도권 중에서 주로 지방도로를 이용하여 15분 이상 들어가는 지역을 말합니다. 그리고 수도권의 서남부지역을 보면 여기는 로컬 중심으로 이루어져 있는데, 대부분 항만과 공항 중심으로 이루어져 있어 이를 자세히 보면 인천항, 인천공항, 평택당진항, 군포복합물류, 경인아라뱃길의 경인항으로 이루어져 있습니다. 그러나 최근 중부내륙고속도로 개통, 제2외곽순환도로 일부 구간 개통 및 공사, 그리고 세종~포천 간 고속도로 공사 등으로 인해 [그림 2-8]에서 보는 바와 같이 그동안 물류창고 개발이 별로 이루어지지 않았던 수도권 동북부 지역인 포천과 양주 등의 지역이 물류거점으로 개발되고 있습니다.

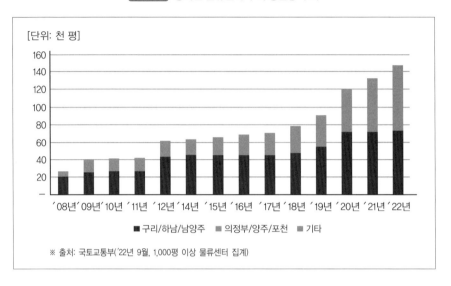

그림 2-8 동북권 물류센터 누적 공급량 추이

[단위: 천 평]

■ 구리/하남/남양주　■ 의정부/양주/포천　■ 기타

※ 출처: 국토교통부(′22년 9월, 1,000평 이상 물류센터 집계)

◉ 한국물류개발 김태석 대표

물류센터 입지 현황과 지역별 시장 동향에 대해 말하자면, 물류의 입지를 평가하는 데 있어 여러 가지 요인들이 있겠지만, 그중에서도 수출입 물동량을 처리하는 항만의 중요성을 빼놓고 얘기할 수 없을 것입니다. 운송은 크게 해상, 육상, 항공으로 구분하는데, 이 중 통상적으로 국내 물동량 처리에 있어 대부분의 비중을 차지하는 게 육상운송이고, 수출입 물동량에 있어서는 항만운송의 비중이 제일 큽니다.

2019년 대한상공회의소 통계자료집을 근거로 벌크 물동량을 제외한 컨테이너의 수출입 항만의 물동량 통계치를 보면, 우리나라의 주요 항만은 부산항,

인천항, 광양항, 당진평택항, 울산항이 있습니다. 이 중에서 물동량 처리 비중을 보면 부산항이 2019년에 약 10,354,000TEU(Twenty foot Equivalent Unit)로 비중으로는 61.9%, 두 번째는 인천항이 3,062,000TEU로 18.2%, 세 번째는 광양항이 1,798,000TEU로 10.7%, 네 번째는 평택당진항이 712,000TEU로 4.3%, 그다음으로 울산항, 기타 순으로 표시되어 부산항의 중요성이 입증되었습니다. (그림 2-9-1, 2 참고)

그림 2-9-1 국내 항만별 수출입 컨테이너 물동량 추이

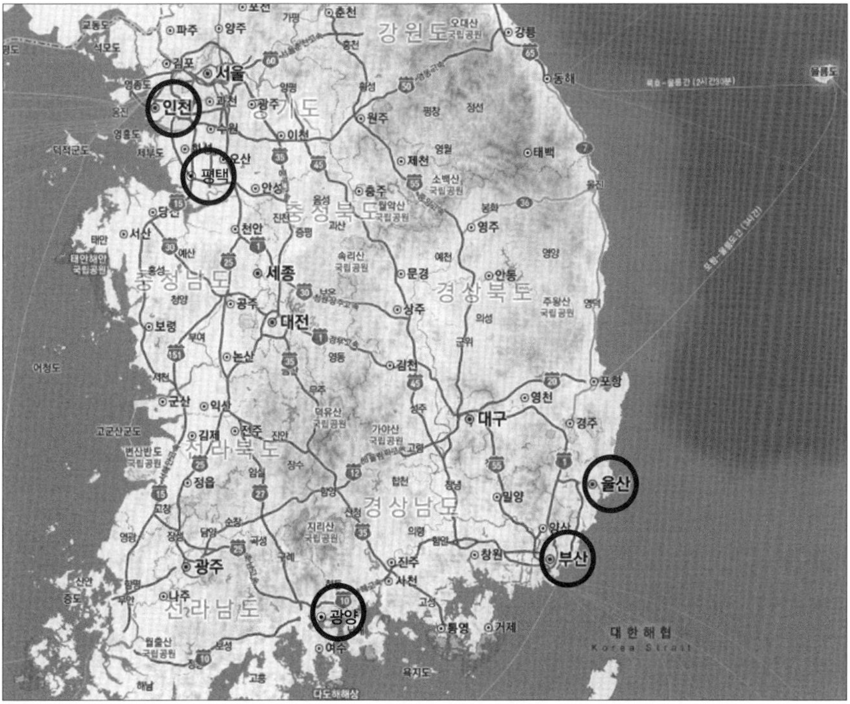

구분		2015년	2016년	2017년	2018년	2019년	
전국	계	25,681	26,055	27,468	28,970	29,225	
	수출입	14,701	15,414	16,311	16,636	16,736	100%
	환적	10,719	10,329	10,710	12,063	12,282	
	내항계	260	262	447	271	206	
부산	계	19,469	19,456	20,493	21,662	21,992	
	수출입	9,363	9,620	10,186	10,233	10,354	61.9%
	환적	10,105	9,836	10,225	11,429	11,637	
	내항계	0	0	82	0	0	
인천	계	2,377	2,680	3,048	3,121	3,085	
	수출입	2,350	2,655	2,978	3,087	3,052	18.2%
	환적	17	16	24	26	32	
	내항계	10	9	45	8	6	
평택, 당진	계	566	623	643	690	725	
	수출입	563	611	636	684	712	4.3%
	환적	3	12	5	6	12	
	내항계	0	0	3	0	0	
광양	계	2,327	2,250	2,233	2,408	2,378	
	수출입	1,750	1,806	1,754	1,823	1,798	10.7%
	환적	577	443	442	585	579	
	내항계	0	0	38	0	0	
울산	계	385	423	466	490	517	
	수출입	377	412	453	485	510	3.0%
	환적	9	11	2	5	6	
	내항계	0	0	11	0	0	
기타	계	557	574	585	599	521	
	수출입	298	309	304	324	321	1.9%
	환적	8	11	12	12	13	
	내항계	250	253	268	263	199	

그림 2-9-2 국내 항만별 수출입 컨테이너 물동량 추이

또한, 부산신항 부근에 진해신항 건립이 계획되어 있기에, 진해신항이 준공되어 운영되면 부산지역 항만의 역할과 입지는 더욱 커질 것으로 보입니다. 과거에는 부산항을 통해서 들어온 물동량이 주로 경부고속도로를 이용하여 수도권으로 유통되었지만, 지금은 중부내륙고속도로를 이용하여 경부고속도로보다도 약 40분 정도 운송시간이 단축되었습니다. 이런 관계로 중부내륙고속도로를 통해서 영동고속도로와의 교차점인 여주휴게소 인근으로 물동량이 많아지다 보니 호법 IC, 덕평 IC, 서이천 IC, 양재 IC 인근에 많은 물류 거점들이 구축되어 있습니다.

수도권인 서울, 경기, 인천의 인구가 전국 대비 약 50%이지만, 물류 물동량의 경우는 이보다 더 많은 약 60~70%를 처리하고 있습니다. 수도권의 물류 입지를 분석해 보면, 경부고속도로를 축으로 수도권 서남부(왼쪽) 지역은 기존 공장 등의 난개발로 인해 ①인천국제공항 배후 물류단지, ②인천남항 배후 물류단지, ③인천신항 배후 물류단지, ④아라뱃길 인천터미널, ⑤아라뱃길 김포 고촌터미널, ⑥한국복합물류(KIFT) 등 6군데의 로컬 중심으로 개발되었습니다. 경부고속도로를 축으로 수도권 동남부(오른쪽) 지역은 물류 거점이 고속도로, 국도 및 지방도를 중심으로 정형화되어 있으며, 이를 단계별로 구분해 보면 A, B, C, D 권역인 4단계로 볼 수 있습니다. (그림 2-10 참고)

그림 2-10 수도권 물류 거점 Map(동남부 권역)

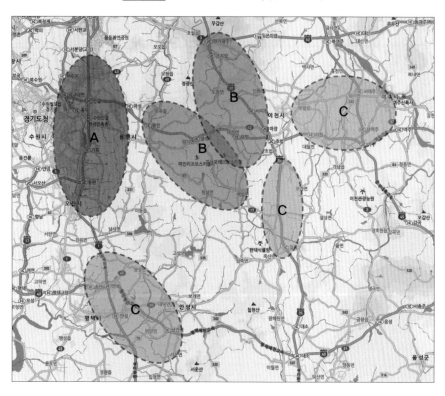

수도권 동남부 권역은 물류 입지 측면에 따라 A, B, C, D 군으로 거점 세분화 가능

• A 군(경부고속도로)

경부고속도로(수원IC/기흥IC/신갈JC/오산IC 인근)

• B 군(영동, 중부고속도로, 17번 국도)

중부고속도로(광주IC/곤지암IC/서이천IC 인근), 영동고속도로(용인IC/양지IC/덕평IC/호법JC 인근), 17번 국도(양지IC~일죽IC 구간)

• C 군(중부, 평택제천고속도로. 45번 국도)

중부고속도로(남이천IC/일죽IC 인근), 영동고속도로(이천IC/여주JC 인근), 평택제천고속도로(서안성IC/남안성IC 인근), 45번 국도(송탄교차로~양성교차로 구간)

• D 군(수도권 외곽)

교통여건이 양호하지 않은 수도권 외곽에 위치, 집단적으로 창고가 모여 있지 않은 군.

특히, 물류벨트가 정형화된 수도권의 동남부 지역을 단계별로 보면 A 권역은 경부고속도로 축을 중심으로 개발된 용인 수지, 수원, 기흥, 동탄, 오산 등의 인근이고, B 권역은 영동고속도로 용인 IC, 양지 IC, 덕평 IC, 서이천 IC, 곤지암 IC 등의 지역이고, C 권역은 경부고속도로 인근의 이천 IC, 송탄 IC, 서안성 IC, 남안성 IC, 일죽 IC 등이며, D 권역은 상기 지역 이외로 수도권 중에서 주로 지방 도로를 이용하여 15분 이상 들어가는 지역을 말합니다.

그리고 수도권의 서남부 지역을 보면 여기는 로컬(항만, 공항, 공공 등) 중심으로 이루어져 있는데, 대부분 항만과 공항 중심으로 이루어져 있어 이를 자세히 보면 인천항, 인천공항, 평택당진항, 군포복합물류, 경인아라뱃길의 경인항으로 이루어졌습니다. 아울러, 최근 중부내륙고속도로 개통, 제2외곽순환도로 일부 구간 개통 및 공사, 그리고 세종~포천 간 고속도로 공사 등의 도로망 확충으로 인해 그동안 역 물류로 물류창고 개발이 이루어지지 않았던 수도권 동북부 지역인 포천과 양주 등의 지역이 물류 거점으로 본격 개발되고 있습니다. (그림 2-11 참고)

그림 2-11 수도권 물류 거점 Map(서부 권역)

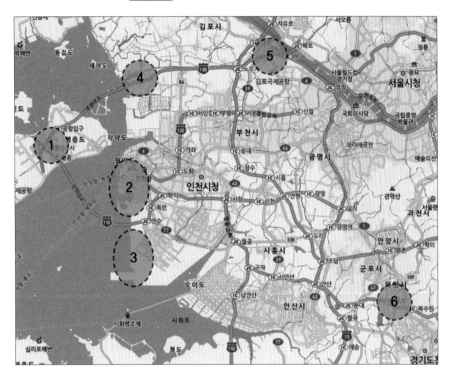

수도권 서부 권역은 물류 입지 측면에 따라 지역 거점 군으로 세분화 가능

1. 인천국제공항 배후 물류단지
2. 인천항 배후 물류단지
   - 아암물류 1단지
   - 아암물류 2단지
3. 인천신항 배후 물류단지
4. 아라뱃길 인천터미널
5. 아라뱃길 김포고촌터미널
6. 한국복합물류(KIFT)

Q3

물류센터 건축, 설계 및 인허가 법적 이슈

● 교보리얼코 최문식 부장

물류센터를 건축하거나 설계할 때 배송 형태의 창고인지, 보관 형태의 창고인지에 따라 물류센터 설계의 콘셉트가 나뉘며, 설계가 나뉨으로 인해서 임대료 측정에도 영향을 미칩니다. 예를 들어 배송창고를 평지 기준으로 건축한다고 봤을 때 램프시설이 들어가고 차량 접안시설들이 많이 있어야 하는 반면에, 보관창고는 램프시설이나 차량 접안시설들이 많이 필요하지는 않습니다. 그렇기에 건축비와 임대료 단가에서 차이가 납니다. 보관창고는 대개 물건을 넣어 놓고 한 달에 한 번 내지 두 달에 한 번 정도 찾아갈 수도 있기 때문에 배송창고 보다는 조금 더 자유롭습니다. 그렇기에 설계 시 도면을 그리다 보면 램프나 차량 접안시설을 막 넣게 되는 반면, 보관창고는 화물 엘리베이터나 수직반송기를 써도 상관없습니다. 반출되는 양에 대한 콘셉트를 예상한 후 설계하고, 거기에 따라서 임대료가 연동되어야 하는데, 보통은 그것을 간과하고 램프나 차량 접안시설을 넣다 보면 건축비가 증가하고 시장성과는 맞지 않는 임대료가 발생하는 경우가 많습니다. 그렇기에 우선적으로 고려해야 할 것은 배송과 관련된 임차인을 받을 건지, 보관을 하는 임차인을 받을 건지에 대한 콘셉트를 정한 후 설계나 건설계획을 진행해야 합니다.

10년 전부터 오피스 시장 자체가 침체되고, 물류 투자 사이트에서 다른 목적을 가지고 물건을 찾다 보니 물류부동산이 블루칩으로 떠올랐습니다. 이에 따라 많은 투자로 인해 공급되다 보니 전국적으로 난개발이 되었습니다. 모든 시행사가 물류 개발에 대해 관심을 가졌지만, 공급과 수요에 대해 정밀하게 확인하지 않고 토지가 나왔다던가, 물류가 들어갈 만한 토지로 보이기만 해도 바로 개발하는 경우도 종종 있었습니다. 사실 전국적으로는 물류부동산이 많이 공급되었다고 확정해서 말할 수는 없고 아파트의 사례처럼 지역에 따라서 다릅니다.

추가적으로 말하자면 인허가 법적 이슈는 해마다 변동이 있었습니다. 큰 테두리 안에서 국가적인 변동도 있지만, 각 지자체나 시도 단위마다 조례가 틀리기 때문에 어떻게 하라고 말하기는 힘듭니다. 대부분 강화되거나 변동되었다는 내용을 살펴보면 소방법이 강화되면서 사면도로가 지나가야 하고, 사면에서 화재 시에 소방차가 물을 뿌릴 수 있는 높이나 각도가 나와야 한다고 합니다. 물론 강압적으로 법제화된 건 아니고 경기도권 안에서 각 시도 단체에게 회람된 걸로 알고 있으며, 인허가를 받으려고 담당자를 찾아 간다면 위에서 언급한 내용을 먼저 말할 것입니다.

개발을 하는 분들이 가장 관심을 가지는 내용 중에 "자연녹지는 용적률이나 건폐율이 안 나와 힘들 것 같으니 자연녹지는 안 보고 계획관리지역만 선호해."

라고 말하는 분들도 있는데, 자연녹지나 계획관리지역은 각 나름의 특성이 있습니다. 그래서 인허가를 따질 때 녹지가 어떤 형태의 구조로 되어 있고 어떤 형태로 이루어져 있는지, 지역 내에서는 녹지도 인허가가 가능한지도 따져봐야 합니다. 계획관리지역도 마찬가지지만 대부분 물류센터를 계획관리지역에 건축하려 하지만 계획관리지역이라고 해서 무조건 물류센터를 지을 수 있는 건 아닙니다. 물류센터가 있는 지점에서 반경 200m 이내에 주택가가 없어야 하고, 그다음으로 교육시설과 교통량에 대한 규제를 받는 경우가 있습니다. 예를 들어 공항 근처일 경우 고도 제한을 받기도 하고, 군사지역이라면 여러 가지 제약을 받기도 합니다. 그래서 개발하고자 하는 지역이 어떤 지역인지, 어떤 물류센터를 지어야 하는지, 지역 용도는 어떤 것이 있는지를 꼭 따져보고 법적인 이슈를 확인해야 합니다. 그리고 위의 내용을 충족하더라도 최근 들어 물류센터가 혐오시설로 인식이 바뀌었기 때문에 인허가를 받기가 쉽지는 않습니다. 요즘처럼 인허가 법적 이슈가 많을 경우에는 계획관리지역보다 녹지에 개발하는 것도 하나의 방편입니다. 그러려면 녹지의 토지가가 저렴해야 하고 사면이 이루어져 활용도가 높아야 하는 등의 조건을 충족해야 합니다. 이럴 경우 계획관리지역보다 훨씬 더 녹지의 활용도가 좋고 수익성이 좋다는 것을 인허가 단계에서 고려해야 합니다. 물론 각 지역이나 여러 가지 조건이 다르고 평균적인 통계치를 제시하기 어렵기 때문에 주변의 전문가와 상의하고 진행하기를 권장합니다.

추가적으로 말하자면 개발이 많이 진행되다 보니 인허가에 대한 관심도가 높아졌습니다. 최근 들어 화재사고가 많이 발생하고 물류에 대한 안전성 평가도 달라지고, 건축법도 많이 상향되어 강화됐습니다. 또한, 물류시설에서의 사망 사고가 이슈화되다 보니 물류시설에서 근무하는 근무자들의 근무환경도 고려해야 합니다. 특히 경기도에서 인허가 기준이 강화되었는데, 경기도 수도권 인근에 있는 시흥, 안산, 광명 등의 주택 밀집 지역들은 사실상 허가가 안 난다고 봐야 하고 이천, 안성, 여주 등도 인허가가 까다롭다고 봐야 합니다. 이렇다 보니 단독 형태의 물류센터 개발에서는 교통량 평가와 주변의 환경적 평가의 인허가 문제가 있고, 물류단지 형태에서는 실수요 검증제가 좀처럼 넘기 힘든 문제가 됩니다.

⊛ 메이트플러스 노종수 상무

2014~2015년만 해도 물류센터는 화재의 위험이 있기에 국내 기관투자자들이 물류센터에 투자하는 것을 꺼렸습니다. 2000년 후반에 코리아2000 물류센터 화재와 같은 대형사고로 인해서 물류센터는 리스크가 있는 부동산이라는 인식이 강했습니다. 하지만 이커머스 성장에 따른 물류산업의 성장으로 오피스, 리테일 시장의 관심이 자연스럽게 물류부동산으로 옮겨왔고, 코로나로 인해 언택트 시장이 급성장하면서 온라인 시장이 뜨겁게 달아올랐습니다. 최근 3년 치 물류센터 공급을 계산해 보면 약 70만 평 정도인데, 2023년 이후 3년 동안 약 300만 평 정도가 추가로 공급될 예정이고, 이들 물류센터들은 준공 전 입지에 따라서 준공 후 6개월~1년 이내에 모두 임차될 것으로 전망합니다. 단, 저온의 경우 꾸준한 성장을 보이겠지만 보관 기간이 한계와 화주의 다양성 부분에서 단순히 공급만 놓고 본다면 상온 면적보다 수요가 많지 않습니다.

현재 쿠팡 물류센터에 화재가 난 다음부터는 각종 지자체 조례 등을 통해서 법적으로 규제를 강화하고 있고, 최근 지자체에서는 물류창고 인허가 과정에서 표고차, 진입로 확보, 민가와의 이격거리, 건물의 길이 제한, 총량제 등으로 규제를 강화하고 있습니다. 그중 인허가에 있어서 가장 민감한 이슈는 민원으로 물류센터 건설이 상당히 어려운 게 현실입니다. 그렇다 보니 물류산업은 성장하고 있는데 물류센터 공급은 위축될 수밖에 없습니다.

정부에서는 자동차, 반도체산업에 이어 물류산업을 미래의 중점 육성사업으로 지원을 강화하고 있고 적절한 사고 예방 시스템을 도입한 물류센터가 공급된다면, 향후 물류산업과 물류부동산의 성장은 계속될 것으로 보입니다. 최근 물류센터 건축물 길이를 150m 이내로 제한하는 조례가 있는데, 현재 물류시스템의 효율적인 활용을 위해서는 풀필먼트 센터로서의 역할이 반드시 필요하며, 자동화설비를 구축하기 위해서는 길이 제한의 경우 물류센터의 효율적인 운영을 위해서는 제고될 필요가 있습니다. 단, 화재 예방을 위한 소방설비 등의 개선, 건축 마감재 등의 질적인 향상 등의 방법으로 물류센터 개발이 이루어져야 된다고 생각합니다.

10년 전에는 천 평에서 2천 평짜리 단층 창고와 수직이송형 물류센터밖에 없었습니다. 그리고 1998년에 군포 복합물류 터미널이 대단지 물류센터로 들어서면서부터 물류가 좀 더 활성화되기 시작했는데, 군포 복합물류 터미널도 전 층이 접안되지 않는 수직 이송형 물류센터입니다. 지금 트렌드는 수직 이송형보다 전 층 접안이 가능한 형태이기 때문에 그런 형태로 구축이 필요합니다. 특히 임차인 입장에서는 물류센터를 임차할 때 두 개 층으로 나눠 사용하게 되면 효율이 많이 떨어집니다. 수직 이송형 설비로 한 개 층을 운반하는 것과 직접 접안했을 때의 물류 운반에 대한 효율은 약 45% 정도 차이가 납니다. 때문에 요즘은 설계 시에 전 층이 접안 가능하도록 설계합니다.

최근 물류센터는 PC 구조(주요 구조체를 공장에서 철근 조립하고 콘크리트 타설 후 현장으로 운반하여 설치하는 구조)로 많이 건설되고 있기에 공기를 단축할 수 있는 장점이 있는 반면에, 원자재 가격이 많이 상승하면 공급이 쉽지 않다는 단점도 있습니다. 그래서 설계할 때 가장 중요한 것은 화주의 물류 활용성 또는 효율성, 물류비 절감에 대한 부분을 충분히 고려하여 설계해야 합니다. 예를 들어 똑같은 크기의 창고 도크를 사용하는 A사와 B사가 있는데, A사는 동시에 접안 되어야 하는 차량 대수가 20대 필요하고, B사는 1~2대가 필요합니다. 그런데 창고 깊이 자체가 깊을 경우에는 지게차가 이동하는 동선이 길어지기 때문에 효율이 많이 떨어집니다. 그렇기 때문에 창고 깊이가 깊지 않고 도크를 많이 확보할 수 있는 창고가 건설되면 다양한 임차인의 임차 니즈에 대응이 용이합니다. PC 구조로 생산하는 물류센터 같은 경우는 대부분 기둥 간격이 11m, 층고가 10m, 4단락 적재를 위한 유효고 확보가 8.4m 이상의 스펙으로 지어졌고, 물류센터를 운영하는 업종에 따라 다르기는 하지만 똑같은 5천 평을 임차하더라도 동시에 접안 되는 필요한 차량 대수가 업체마다 다를 수 있습니다. 그렇기에 범용적인 센터로 지으려면 당연히 접안 되는 차량 대수가 많아야 하고, 차가 한꺼번에 입고되면 대기 차량이 있을 수 있기에 야적장이나 야드가 넓은 센터가 임차인 입장에서는 보다 효율적입니다.

공급자 입장, 즉 건축물을 구축하는 입장에서는 스마트 물류를 구현하는 부분은 상당히 제한적일 수밖에 없으며 단지 물류센터 내부에 설치되는 이송설비, 소방, 전기, 통신 등 일부 시스템에 적용될 수 있습니다. 실제로 화주 입장에서 로봇 등을 활용한 자동화시스템을 설치하고 물류비용을 절감하며 최신의 스마트 물류를 구현할 수 있는 부분이 다양하게 열려있습니다. 그런 것처럼 물류센터를 공급하는 입장과 화주 입장으로 나눠 볼 때 스마트 물류를 보는 시각은 다양합니다. 하지만 앞으로 물류센터 공급자가 창고 내부에 물류 자동화 설비를 구축하여 공급하는 방법도 이른 시일 내에 도입될 것으로 봅니다.

☀ (주)컨펌 유강철 소장

물류센터의 경우에는 인허가를 낼 때 진입로가 굉장히 중요합니다. 그래서 진입로를 확보하지 못하면 당연히 인허가가 나오지 못하기 때문에 진입로와 관련해서 농림지가 진입로에 포함되었다면 인허가에 많은 애로사항이 발생합니다. 농림지가 아닌 다른 임야라든지, 자연녹지 지역을 진입로로 선정한다면 쉽게 인허가를 받을 수 있습니다. 또한 지자체마다 다르기는 하지만 인허가가 까다로운 지역에서는 국계법이나 지자체 조례에서 정하고 있는 진입로 폭보다는 더 넓게 설계하는 것이 보완이나 지적을 받지 않고 쉽게 허가를 받을 수 있는 경우도 있습니다. 그리고 냉동 물류센터와 상온 물류센터는 조금 다른 부분이 있습니다. 냉동 물류센터의 경우에는 고압가스라든지 위험물이 시설에 포함되어 상온 물류센터에 비해 인허가를 받기 더 어렵습니다. 또한, 냉동 물류센터에 일부 제조기능이 있는 경우에는 공장으로 인허가를 받아야 하는 경우도 있습니다.

그리고 설계적인 측면에서는 층고와 관련하여 일반적으로는 10m 이상을 확보해야 합니다. 특히 BTS(Build to Suit, 맞춤형 설계) 방식으로 화주가 단층을 요구하는 경우가 있습니다. 그 경우 4단랙보다는 VNA(Very Narrow Aisle Fork Lift Truck)라고 해서 3방향 지게차를 사용하는 하이스택랙(High Stack Rack)이 필요한데, 그럴 때는 높이를 약 7단 정도로 하면 단층이라도 15~17m 정도의 높이가 필요합니다. 이렇게 BTS 방식으로 화주가 요구하더라고 계약기간이 끝나 다른 화주가 들어오게 되면 다른 요구를 할 수도 있기에 계약 임대차 기간이 끝나는 것을 대비해서 BTS 방식으로 단층을 요구했지만, 단층 요건을 충족시키면서도 별도의 층을 올리는 방법으로 범용형 사항을 반영해서 설계할 필요가 있다고 봅니다.

◉ 한국물류개발 김태석 대표

물류창고를 개발할 때 적용하는 관련 법규를 보면 크게 두 가지로 나누어 볼 수 있습니다.

첫 번째 '국토의 계획 및 이용에 관한 법률(약칭 '국계법')'이 있고, 두 번째 '물류시설의 개발 및 운용에 관한 법률(약칭 '물류시설법')'이 있습니다. 따라서 두 가지를 큰 테두리로 해서 개발할 때 첫 번째인 '국토의 계획 및 이용에 관한 법률'을 보면, 일반적으로 가장 많이 진행하는 방법으로 통상 "개발행위 허가"를 말합니다. 용도지역별로 개발행위 규모가 있는데, 물류창고에서 가장 선호하는 비도시지역인 계획관리지역에서는 건폐율 40%, 용적률 100%, 건물 층수 4층 이하 및 토지면적 기준 30,000m² 이하까지 개발할 수 있기 때문에 가장 많이 진행하고 있습니다. 도시지역에서는 사업성 등을 고려하여 주로 자연녹지지역, 일반공업지역, 준공업지역에서 개발할 수 있으며, 그다음 개발행위 허가 중에서도 동일한 용도지역에서 규모를 초과하여 개발하는 대규모 개발행위 허가가 있습니다. 특히 수도권을 중심으로 이에 대한 다수의 물류창고 개발 사례가 있습니다.

첫 번째로 '국계법'을 적용하여 살펴보면, 용도지역이 동일(전체 계획관리지역)하거나 동일하지 않은(계획관리지역 50% 이상) 경우 개발행위 규모를 초과하여 개발할 때는 산업유통형 지구단위계획구역이라는 것이 있습니다. 이럴 경우 시간이 많이 걸리긴 하지만, 건폐율은 150%, 용적률은 200% 인센티브를 주기 때문에 필요시 지구단위계획구역 지정을 통해 개발을 많이 하고 있습니다.

국토의 계획 및 이용에 관한 법률(국계법)

[개발행위 허가]

개발행위 허가의 규모

다음 각호에 해당하는 토지의 형질변경면적을 말한다.

1. **도시지역**
   가. 주거지역, 상업지역, 자연녹지지역, 생산녹지지역 : 1만 제곱미터 미만
   나. 공업지역 : 3만 제곱미터 미만
   다. 보전녹지지역 : 5천 제곱미터 미만
2. **관리지역** : 3만 제곱미터 미만
3. **농림지역** : 3만 제곱미터 미만
4. **자연환경보전지역** : 5천 제곱미터 미만

[지구단위계획]

1. 도시지역 내 지구단위계획
   준주거지역, 준공업지역 및 상업지역에서 낙후된 도심 기능을 회복하거나 도시균형 발전을 위한 중심지 육성이 필요하여 도시·군 기본계획에 반영된 경우

2. 도시지역 외 지구단위계획
   - 계획관리지역 외 지구단위계획구역으로 포함할 수 있는 나머지 용도지역은 생산관리 지역일 것
   - 주거개발진흥지구, 복합개발진흥지구 및 특정개발진흥지구 : 계획관리지역
   - 산업·유통개발진흥지구 및 복합개발진흥지구 : 계획관리지역·생산관리지역 또는 농림지역
   - 관광·휴양개발진흥지구 : 도시지역 외의 지역

3. 도시지역 외 지구단위계획에서의 건폐율 등의 완화 적용
   건폐율의 150퍼센트 및 용적률의 200퍼센트 이내에서 건폐율 및 용적률을 완화하여 적용할 수 있다.

건폐율과 용적률의 차이를 잠시 부연 설명하자면, 건폐율은 지상 1층의 건축면적을 대지면적으로 나눈 것을 말하고, 용적률은 지상층에 있는 각층 건물의 바닥면적을 더한 연면적을 대지면적으로 나눈 것을 용적률이라 합니다. 따라서 이중 관리지역의 계획관리지역인 경우 건폐율 40%, 용적률 100%를 가장 많이 선호하고, 도시지역에서는 일반공업지역인 경우 물류창고로 개발하는 데 있어 건폐율 70%, 용적률 350%를 가장 많이 선호합니다.

특히 최근 인천지역에서 건물 기준으로 약 50만 평 이상 개발하고 있는 준공업지역은 건폐율 70%, 용적률이 400%입니다. 중요한 것은 물류창고를 개발할 때 층수를 고려해야 하는데, 층수의 경우 '국계법'을 보면 도시지역에서는 층수의 제한이 별도로 없지만, 도시지역의 자연녹지지역과 비도시지역의 관리

지역에서는 4층 이하로 개발을 제한하고 있습니다. 여기서 보통 사무실은 중 이층(매저닌)으로 설계하는 경우가 많은데 건축법에서는 사무실은 층수로 보고, 지하층은 층수에 반영되지 않습니다.

[용도지역별 건폐율]

1. 도시지역
   - 가. 제1종 전용주거지역   50% 이하
     - 제2종 전용주거지역   50% 이하
     - 제1종 일반주거지역   60% 이하
     - 제2종 일반주거지역   60% 이하
     - 제3종 일반주거지역   50% 이하
     - 준주거지역   70% 이하
   - 나. 중심상업지역   90% 이하
     - **일반상업지역   80% 이하**
     - 근린상업지역   70% 이하
     - 유통상업지역   80% 이하
   - 다. 전용공업지역   70% 이하
     - **일반공업지역   70% 이하**
     - **준공업지역   70% 이하**
   - 라. 보전녹지지역   20% 이하
     - 생산녹지지역   20% 이하
     - **자연녹지지역   20% 이하**
2. 관리지역
   - 가. 보전관리지역   20% 이하
   - 나. 생산관리지역   20% 이하
   - 다. **계획관리지역   40% 이하**
3. 농림지역   20% 이하
4. 자연환경보전지역   20% 이하

[용도지역별 용적률]

1. 도시지역
   - 가. 제1종 전용주거지역   100% 이하
     - 제2종 전용주거지역   150% 이하
     - 제1종 일반주거지역   200% 이하
     - 제2종 일반주거지역   250% 이하
     - 제3종 일반주거지역   300% 이하
     - 준주거지역   500% 이하
   - 나. 중심상업지역   1,500% 이하
     - **일반상업지역   1,300% 이하**
     - 근린상업지역   900% 이하
     - 유통상업지역   1,100% 이하
   - 다. 전용공업지역   300% 이하
     - **일반공업지역   350% 이하**
     - **준공업지역   450% 이하**
   - 라. 보전녹지지역   80% 이하
     - 생산녹지지역   100% 이하
     - **자연녹지지역   100% 이하**
2. 관리지역
   - 가. 보전관리지역   80% 이하
   - 나. 생산관리지역   80% 이하
   - 다. **계획관리지역   100% 이하**
3. 농림지역   80% 이하
4. 자연환경보전지역   80% 이하

두 번째로 볼 법률은 '물류시설법'으로 주관 부처는 국토부입니다. 최근 법률 개정에 의해 국토부 장관 또는 시도지사의 실수요 검증을 통과하면 국토부 장관 또는 시도지사가 승인 지정을 내주는데, '물류시설법'으로 개발하는 가장 큰 장점은 용도지역의 제한을 적게 받는다는 것입니다. 예를 들어 농림지역이나 생산관리지역과 같은 '국계법'의 개발행위 허가로 개발할 수 없는 용도지역을 '물류시설법'을 통해 개발이 가능함으로써 물류시설을 공급하는 경우입니다. 특히 '물류시설법'의 첨단물류단지 지정을 통해 도심지역에 개발한 사례로는 양재화물터미널, 서부트럭터미널, 시흥유통상가가 있으며, 일반물류단지의 지정 사례는 매우 많이 있어 사례에 대한 설명은 생략하겠습니다. (표 2-4-1, 2 참고)

표 2-4-1 물류시설의 개발 및 운영에 관한 법률(물류시설법)

구분	주요 내용	특징
법률	제22조 (일반물류단지의 지정) ① 일반물류단지는 국토부 장관 또는 시도지사가 지정한다.	신규 지정
	제22조의2 (도시첨단물류단지의 지정) ① 도시첨단물류단지는 국토부 장관 또는 시도지사가 지정한다.	노후화된 일반물류터미널 부지와 유통업무설비 부지 및 인근지역
	제22조의7 (물류단지 실수요 검증) ① 국토부 장관 또는 시도지사는 물류단지 지정 전에 실수요 검증을 실시하여야 한다.	변경 전에는 국토부 장관만 실시
	제22조 (일반물류단지의 지정) ① 1. 국가정책사업이거나 대상지역 2개 이상의 시도에 걸쳐 있는 경우	국토부 장관만이 지정하는 경우

표 2-4-2 물류시설의 개발 및 운영에 관한 법률(물류시설법)

구분	주요 내용	근거법
물류단지 토지이용계획	"물류단지시설" 용지의 비율이 공공시설용지를 제외한 면적의 60% 이상으로, 그 물류단지시설용지에는 물류시설용지를 60% 이상으로 계획 다만, 물류단지지정권자가 해당 지역의 여건 등을 감안하여 특히 필요하다고 인정할 때는 예외	물류시설의 개발 및 운영에 관한 법률 물류단지 개발 지침 제8조 2항

공공시설용지

물류단지시설용지 60% 이상
(물류시설용지+상류시설용지)
물류시설용지 60% 이상

지원시설용지

추가로 저자가 물류창고를 개발하면서 경험한 것들을 말하자면, 첫째로는 개발행위 허가로 개발하는 데에 있어서 물류창고를 범용 센터로 지어서 사용하는 화주분들에게 물류를 보관하는 효율을 높이는 여러 가지 긍정적인 메리트가 있어야만, 그 물류창고의 가치가 높아지고 입주 의사가 긍정적으로 나타납니다. 앞에서 설명한 내용과 중복되지만 주로 비도시지역의 계획관리지역과 도시지역의 일반공업지역과 준공업지역에서 많은 개발이 진행되고 있습니다. 문제는 도시지역에서 개발할 때는 토지의 규모가 중요한데, 건폐율과 용적률이 높다 보니 물류창고 설계 시에 원형 램프와 대형 차량(40ft 컨테이너)의 직접 접안을 고려하다 보면, 최소 1만 5천 평 정도는 되어야 원형 램프로서의 역할과 전용면적대비 임대료를 받지 못하는 공용면적의 수익성을 반영하지 않을 수 없습니다.

표 2-5 용도지역별 물류시설 개발 시 주요 검토 사항

용도지역별 인허가	검토 내용	개발 사례
도시지역 일반공업지역 준공업지역	건폐율 70%, 용적률 350%/400% – 도심지역으로 지가가 매우 높음. – 대부분 나대지 토목(공사됨)임. – 토지 규모 小: 냉동창고, 大: 램프 설치	– 오산물류창고 : 토지 규모 大, 원형램프 설치 – 롯데광명물류센터 : 토지 규모 大, 원형램프 설치
도시지역 자연녹지지역	건폐율 20%, 용적률 100% – 개발행위면적 10,000m²(3,025평) – 건폐율이 20%로 낮아 지하층 설계 를 이용하고 사업성상 주로 냉동냉 장창고를 함. – 지하층 차량접안 설계로 임야를 선호 함.	– 세종물류 : 창고 지하 1층~지 상 4층, 전체 냉동냉장 – 더본냉장: 창고 지하 2층~지 상 4층, 전체 냉동 – 양지물류센터 : 창고 지하 1층 ~지상 3층, 전체 상온 대지면 적 11,865평, 연면적 13,060 평, 차량 접안 : 지하 1층, 지상 1,2층
비도시지역 계획관리지역	– 건폐율 40%, 용적률 100% – 개발행위면적 30,000m²(9,075평) – 물류센터 개발로 가장 선호하는 용 도지역임.	가장 일반적인 개발 방법이며 사 례가 아주 많음.

인허가	검토 내용	개발 사례
물류단지 (물류시설법)	건폐율 60%, 용적률 200% – 관리지역, 농림지역 주로 개발 – 대부분 토지 분양 진행 – 총량제 폐지 후 실수요 검증제도 실시 – 첨단물류단지 입법 반영하여 진행	– 이천 패션, 광주 도척, 광주 초 월, 안성 원곡, 김포 고촌 등 다 수: 물류창고 운영 중 – 화성 동탄: 건물 준공 후 매각 으로 현재 물류창고 운영 중
산업단지	– 건폐율 70%, 용적률 250% – 산업단지 내 물류시설용지로 대지면 적이 작음. – 영업용창고는 물류동선 설계가 열악 한 편임.	– 동탄산업단지 : 동탄2신도시 이전 물류업체 – 수원고색일반산업단지 : 고색 냉동창고(전체 냉동)
산업유통형 지구단위계획	– 건폐율 60%, 용적률 200% – 비도시지역의 대규모 물류창고 개발 로 규모화, 집단화로 인해 많은 장점 을 가지고 있으나 초기 사업비 조달 에 어려움이 있음.	– 안성 능국리, 안성 월정리, 안 성 석화리, 안성 산하리, 안성 장능리, 안성 조일리, 천안 가 산리 등

김포의 경인항 아라뱃길이나 인천지역의 최근 사례를 보면, 대지 면적이 작아 화물 차량을 각 층에 직접 접안할 수 없는 물류창고와 무리하게 원형램프를 적용하여 하역장의 부족, 대형 화물차량 진입 불가 및 다수의 층수 설계 등으로 인해 물류창고 운영상에 애로사항이 매우 많은 게 현실입니다.

한 가지 더 첨언하자면, 물류창고를 지을 때 용도지역이 중요하며 용도지역별로 물류창고를 개발할 수 있는 지역을 도표로 표시해 봤습니다. (표 2-6 참고)

수도권에서 물류창고를 개발할 때 "수도권 정비법"상의 권역 구분인 과밀억제권역, 성장관리권역, 자연보전권역인 3가지 중에서 해당 부지가 어디에 속하는지의 사전 검토가 필요한 것입니다. 과밀억제권역은 당연히 인허가가 매우 어려움은 물론 민원 발생 및 사업성이 떨어져 물류창고를 개발하기 힘들며, 자연보전권역은 수도권의 동쪽에 해당하는 팔당댐과 관련이 있기 때문에 환경적인 측면에서 제약을 많이 받습니다. 대표적으로 가평, 양평, 여주, 이천, 광주, 용인 일부 지역들이 자연보전권역에 속해서 개발에 많은 제한을 받고 있습니다. (그림 2-12 참고)

표 2-6 용도지역 안에서의 건축 제한(시행령과 도시계획조례 반영 작성)

용도별 건축물	도시지역																관리지역			농림지역	자연환경보전지역
	주거지역						상업지역				공업지역			녹지지역			보전관리	생산관리	계획관리		
	1종전용	2종전용	1종일반	2종일반	3종일반	준주거	중심상업	일반상업	근린상업	유통상업	전용공업	일반공업	준공업	보전녹지	생산녹지	자연녹지					
1. 단독주택	▲△	●	●	●	●	●	△	○	●	–	–	△	○	–	△	●	●	●	●	▲	▲
2. 공동주택	△	●	▲	●	●	●	△	▲△	▲△	–	–	△	▲△	–	●	●	–	–	△	–	–
3. 제1종 근린생활시설	▲△	▲	●	●	●	●	●	●	●	●	●	●	●	△	△	●	△	△	▲△	▲△	△
4. 제2종 근린생활시설	△	△	△	▲△	▲	▲△	●	●	▲△	●	▲△	●	●	▲△	●	●	▲△	▲△	▲	▲	△
5. 문화/집회시설	△	–	△	△	▲	○	●	△	▲	○	△	▲	●	▲	△	○	△	–	○	△	–
6. 판매/영업시설	–	–	–	△	△	○	●	●	●	●	△	○	●	–	△	△	△	△	○	–	–
7. 의료시설	–	–	△	△	△	▲△	○	○	●	○	○	▲	●	○	○	▲△	△	△	△	○	–
8. 교육연구/복지시설	△	△	▲△	▲△	▲△	▲	△	●	●	△	▲	●	▲	△	△	●	▲△	▲△	▲△	▲△	▲
9. 운동시설	–	–	△	△	○	●	●	●	●	○	△	●	●	–	○	●	–	–	△	–	–
10. 업무시설	–	–	△	△	△	○	●	●	△	○	–	△	○	–	–	●	–	–	△	–	–
11. 숙박시설	–	–	–	–	–	–	●	●	△	△	–	–	△	–	–	●	–	–	△	–	–
12. 위락시설	–	–	△	–	–	–	●	△	–	△	–	–	–	–	–	–	–	–	–	–	–
13. 공장	–	–	△	○	○	△	○	●	●	●	●	●	●	–	○	▲△	–	△	▲△	△	–
14. 창고시설	–	–	○	○	○	○	○	▲△	▲△	●	●	●	●	▲	▲△	▲△	▲	●	●	▲	–
15. 위험물저장 및 처리시설	–	–	△	△	△	△	△	△	–	○	●	●	●	–	○	○	△	△	○	△	△
16. 자동차관련시설	△	–	△	△	△	△	△	▲△	–	●	●	●	●	–	△	○	–	○	○	–	–
17. 동물 및 식물관련시설	–	–	–	–	△	△	–	–	–	○	–	–	▲△	▲	▲△	●	▲△	▲△	●	▲△	△
18. 분뇨 및 쓰레기처리시설	–	–	–	–	–	–	–	▲△	–	○	●	●	●	–	○	●	○	○	●	○	△
19. 공공용시설	–	–	○	–	△	○	△	▲△	○	○	▲△	●	▲△	▲	▲△	●	▲△	▲△	●	▲△	○
20. 묘지관련시설	–	–	–	–	○	△	–	○	–	–	–	–	–	○	○	▲△	○	○	●	○	△
21. 관광휴게시설	–	–	–	–	△	–	○	△	–	–	–	–	△	–	–	●	–	–	○	–	–

● 허용   ▲ 일부허용   ○ 조례 허용   △ 조례 일부 허용

그림 2-12 수도권 정비계획법

- 수도권(首都圈) 정비에 관한 종합적인 계획 수립과 시행에 필요한 사항을 정함으로써 수도권에 과도하게 집중된 인구와 산업을 적정하게 배치하도록 유도하여 수도권을 질서 있게 정비하고 균형 있게 발전시키는 것을 목적으로 한다.
- 수도권 정비 계획법상 안성시는 대부분 성장관리권역에 위치하여 과밀억제권역 및 자연보전권역에 비해 개발이 완화된다.
- 그동안 물류거점이 양호하여 물류센터가 집중적으로 개발되었던 광주시, 이천시, 용인시의 경우 개발 가능 용도지역이 소진됨은 물론 자연보전권역이어서 더 이상이 개발이 어려운 상황이다.
- 안성시의 경우 수도권 남부 물류 요충지에 위치하고 있으며 물류센터 개발 잠재력이 풍부하여 향후 수도권의 물류 물동량 처리에 핵심적인 역할이 기대된다.

수도권 남부지역인 화성, 평택, 안성, 오산, 수원, 용인의 일부는 성장관리 권역으로 규제가 훨씬 덜 하기 때문에 최근에 많이 개발되는 곳입니다. 수도권 북쪽 같은 경우는 부산항이나 인천항에서 올라오는 물동량이 수도권 북부로 올라왔다가 다시 내려가는 역물류라서 개발이 덜 되었는데, 최근에는 고속도 로나 일반 도로 상황이 개선되다 보니 이들 지역 중에는 서울-춘천 간 고속도 로로 인해 남양주는 개발이 완료되었으며, 세종-포천 간 고속도로 및 제2외곽 순환도로 개발로 인해 양주, 포천을 중심으로 활발히 개발되고 있습니다.

물류센터 리츠 및 펀드 동향

◉ 교보리얼코 최문식 부장

최근에 리츠나 펀드가 증가했는데 리츠와 펀드는 조금 다릅니다. 펀드는 말 그대로 펀딩을 해서 수익을 나눠주는 것이고, 리츠는 공모를 통해서 나눠주는 개념입니다. 쉽게 얘기하면 소액 투자도 가능한 게 리츠라고 보면 됩니다. 펀드도 종류가 많은데 기관투자자들끼리 하는 펀딩, 사모펀드, 블라인드 펀드 등의 여러 가지 종류가 있는데, 통칭해서 펀드라고 하겠습니다. 펀드는 투자자가 잘 알만한 블라인드 펀드들이 많이 참여하고 있고, 일반적인 펀드들도 모두 조성돼서 많은 물류를 보유하고 있습니다. 국내에서 1~3위를 다투는 업체의 자산 중에 많은 부분을 물류가 차지하고 있고, 그것이 다 펀드에 담겨 있습니다.

그전부터 리츠 시장도 많이 투자했지만, 켄달이라는 회사가 리츠 상장을 하면서 화제가 되고 있습니다. 리츠에는 여러 가지 물류센터를 구입하거나 보유해서 한 펀드에 담아 리츠로 상장시키는 경우가 있는가 하면, 운용 형태의 리츠 투자도 있습니다. 예를 들어 전세권 리츠라고 해서 임대 수익에 대해서만 수익을 배분하고, 나중에 매각되거나 바뀌었을 때는 리츠가 사라지는 형태의 투자도 많이 이루어지고 있습니다. 요즘에는 블라인드 형태나 리츠 형태의 투자가 많이 이루어진다고 볼 수 있습니다. 이전에는 완벽하게 물류센터를 매입해서 운영수익을 내는 행위들이 펀드에 의해서 많이 이루어졌는데, 최근에는 리츠가 매입을 많이 하기 시작했습니다.

리츠가 운용사들에 의해서 설립되기도 하다 보니 여러 종류의 리츠 상품이 개발되고 있습니다. 완벽하게 물류센터를 매입하는 구조가 아니라 전세권 설정 리츠라고 해서 임대료의 이익에 대한 셰어만 하고 투자만 일부 들어가는 형태의 리츠 등 여러 가지 상품이 개발되었습니다. 이렇게 종류가 많아지고 스펙트럼이 넓어지다 보니 물류센터에 대한 매매나 거래가 활성화되고 최근 들어서는 대부분의 펀드들이 물류센터 매입을 하고 있습니다.

물론 오피스나 전통 상업부동산 시장에서도 거래가 이루어지지만 거래 건수로 봤을 때는 비중이 높지 않습니다. 총 상업부동산 거래 건수로 봤을 때는 물류센터 비중이 많이 올라와 있는 상태이고, 펀드를 형성할 때 오피스 등의 물건도 같이 담기는 하지만 물류센터를 한두 개 정도 같이 담는 게 관례입니다. 아직까지는 수익성이 괜찮기 때문에 같이 담고 있는데, 계속 강조하지만 수익성이 안 좋아질 수 있는 요소가 많아지다 보니 현 상태의 수익성이 좋다는 것을 맹신해서는 안 됩니다.

물류 리즈 펀드 시장은 1년 전까지만 해도 대형 물류센터들, 특히 수도권 지역에 대해서는 품귀현상까지 일어날 정도로 매매가 뜨거웠는데 최근 들어서는 열기가 식어가는 추세입니다. 왜냐하면 물류부동산 자체를 펀드가 많이 흡수하기도 했고 운영수익이 괜찮은 곳들은 매물로 잘 안 나오기 때문입니다. 그래서 알짜배기 물건보다는 신규로 개발되는 물건들의 매매가 많아지고 있습니다. 하지만 매매 건수가 계속 증가할 것으로는 보이지 않기에 향후 어느 지역에 알짜배기 물건이 개발되느냐에 따라서 물류의 거래량은 변동이 있을 것으로 봅니다. 그렇다고 물류 거래량이 갑자기 감소할 것으로 보이지는 않고 꾸준하게 유지될 것으로 예상합니다.

이렇게 비선호 지역을 제외한 그 외 지역의 물류센터 거래가 활발하게 이루어지고 있습니다. 그래서 물류센터를 개발하거나 매입할 때는 어느 지역인지, 선호지역인지, 물건의 활용도가 어느 정도인지에 따라 변동성이 있기 때문에 지역에 따라 알맞게 개발하거나 알맞게 지어진 물류센터를 매입해야 합니다.

펀드 리츠 같은 경우는 2010년부터 2014년까지 평균 5건 정도 매입했고, 2016년부터 2020년까지 평균 27건 정도 매입했습니다. 현재 펀드 리츠가 보유하고 있는 물류센터가 약 150개 정도 되며, 한 개의 물류센터라도 보유하고 있는 펀드 리츠가 약 35개 정도로, 면적으로 따지면 180만 평 정도 됩니다. 물류부동산시장 자체가 이커머스, 택배시장의 성장과 코로나 이슈 때문에 급성장하고 있습니다. 그에 따라서 2015년 같은 경우는 임차인이 5년 이상 계약되어 있는 경우에만 펀드 리츠에서 매입했고, 그 이후 2018년부터는 계약이 1~2년 되어 있어도 공격적으로 매입하기 시작했고, 2020년부터는 건축 인허가가 된 부분을 매입했고, 최근에는 인허가가 어렵거나 리스크가 있더라도 개발형 펀드로 매입하려는 공격적인 움직임이 있습니다. 이는 수도권뿐만 아니라 최근 2년 전부터 지방권까지 선제적으로 선매입하거나 실물에 대한 매입을 진행하고 있습니다.

◉ 메이트플러스 노종수 상무

2015년부터 자산운용사, 외국계 투자사들이 물류에 관심을 가지고 본격적으로 물류센터를 매입하기 시작했습니다. 초기에는 최고 5년 이상의 계약 기간이 남아있는 임차인 크레디트가 상당히 높은 물류센터 위주로 펀드 리츠 매입을 하기 시작했지만, 그 이후 물류시장이 좋아지다 보니 펀드 리츠에서 경쟁적으로 물건을 매입했기 때문에 매입할 대형 물류센터가 적습니다. 기존의 코어에셋 같은 경우는 많이 없어졌습니다.

그다음에는 물류센터가 지어지는 도중에 화주가 30~50% 정도 채워진 LOC(Letter Of Commitment)라는 임차확약서를 받고 진행되는 물류센터를 매입하기 시작했으며, 선매입을 하고 준공 이후에 펀드 리츠에서 나머지 잔여 공간에 대해서도 임차인를 유치하여 운영하기도 했습니다. 그러다 물류시장이 더 좋아지고 Cap Rate(Capitalization Rate, 자본환원율)도 계속 떨어지다 보니 좀 더 공격적으로 물류에 투자하는 투자자들이 많아 졌고, 인허가 중인 물류센터까지 선매입을 하기 시작했습니다.

최근에는 개발형 펀드로 직접 물류센터를 개발하고 있으며, 펀드에서 직접 인허가를 받고 개발사업을 한 후 임차인까지 채우는 상황입니다. 투자자들 입장에서는 임차인이 없는데도 직접 개발하고 있으며, 입지에 따라 다르지만 물류산업의 성장을 바라본다면 긍정적인 접근 방법이라고 생각됩니다. 그 이유로 매년 약 33% 이상씩 성장하는 저온 시장과 약 25%씩 성장하는 온라인 시장의 급성장을 꼽을 수 있습니다. 이러한 긍정적인 시그널로 인해서 공급보다는 수요가 더 빠르게 성장하고 있으며, 업종의 특성에 따라서 선호하는 입지는 다르지만 앞으로도 임차 수요는 꾸준할 것으로 생각됩니다. 단, 상온과 저온의 공급 부분은 입지와 수요에 따라서 세밀한 공급 검토가 필요합니다.

현재 펀드 리츠가 가지고 있는 1만 평 이상의 물류센터만 200개 정도 됩니다. 고속도로, 지방 도로, 국도 주위에 1만 평 이상 물류센터의 대부분은 펀드 리츠가 선매입했다고 보이고 앞으로도 점점 더 많아질 것으로 예상합니다. 단, 최근에 지가가 많이 상승했습니다. 공사비도 상온과 저온 할 것 없이 2020년 대비 2022년 하반기 기준 평당 200만 원 정도 상승하였고 대출금리까지 꾸준히 상승하고 있습니다.

2021년 상반기에 Cap Rate가 가장 낮게 거래된 것이 3.3%이고, 최근에는 [그림 2-13]에서 보는 바와 같이 점차 올라서 임차인이 있는 경우 5% 내외로 거래되고 있습니다. 그렇다고 Cap Rate가 지속적으로 상승할 것 같지는 않고 유지하거나 소폭 상승할 것으로 보입니다. 금리가 안정된다면 투자자의 성향에 따라서 오피스나 리테일보다 조금 더 안정적인 자산으로 평가받지 않을까 생각합니다.

그림 2-13 물류센터 Cap Rate 추이

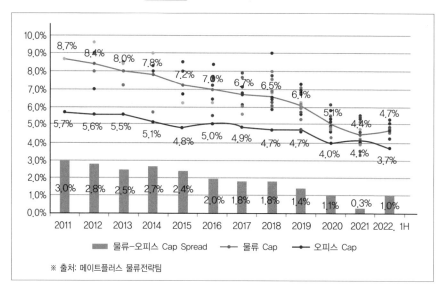

※ 출처: 메이트플러스 물류전략팀

물류센터는 어떤 입지에 어떤 스펙으로 지어져 있느냐가 상당히 중요합니다. 개발하는 물건의 임차 리스크를 감안하여 공격적으로 선매입할 수도 있지만, 임차 계약기간이 2~3년 남은 경우에도 매입을 긍정적으로 바라볼 필요가 있습니다. 그 경우 가장 우선적으로 봐야 할 것은 임차인의 재계약 여부이고, 계약이 만료되어 새로운 임차인을 쉽게 찾을 수 있는 입지인가가 중요합니다. 그래서 다양한 업종이 선호하는 입지일수록 대체 임차인을 찾기 훨씬 수월하지만, 몇 개의 업종만 선호하는 특색 있는 입지라면 대체 임차인을 찾기가 어려울 수도 있습니다. 그래서 어느 권역의 어떤 스펙으로 건설해야 할지 사전에 충분한 검토를 해야 합니다. 시장의 상황에 따라서 개발이 적절하게 이루어지지 않거나, 금리나 건설 공사비의 유동성으로 인해서 공급에 어려움이 있을 수 있기 때문입니다.

" 최근 물류센터는 PC 구조로 많이 건설되고
있기에 공기를 단축할 수 있는 장점이 있는 반면에,
원자재 가격이 많이 상승하면 공급이
쉽지 않다는 단점도 있습니다.
그래서 설계할 때 가장 중요한 것은
화주의 물류 활용성 또는 효율성, 물류비 절감에 대한
부분을 충분히 고려하여 설계해야 합니다. "

제3장
물류부동산 실전

Q1

물류센터 임대차 전략과 노하우

● JLL 코리아 우정하 상무

임대차 마케팅은 임대하기 위한 핵심사항으로 저자처럼 물류 회사에서 근무한 물류전문가들도 있지만, 일반 부동산에서도 제공합니다. 화주가 취급하는 아이템, 물동량, 설비 등 모든 게 다르기 때문에 저차처럼 오랫동안 물류 회사에 근무하면서 물류에 대한 장단점을 파악할 경우 일반 부동산보다는 전문화된 지식을 많이 제공할 수 있습니다.

3PL인지, 택배인지, 냉동냉장인지에 따른 맞춤 서비스를 제공합니다. 예를 들어 3PL 센터는 입출고 물량보다는 주로 대형 차량들이 많기에 보관 기능이 크고 많아야 하며, 택배 쪽은 주로 보관 기능은 없고 크로스도킹을 해서 도착하자마자 바로 싣고 나가야 하기 때문에 야드가 넓어야 합니다.

또한 물류 회사들이 가장 중요하게 보는 첫 번째가 위치입니다. 예를 들어 기존에 살던 집에서 5~10분 정도 거리 내로 이사할 경우, 그동안 누렸던 모든 것이 나의 생활 반경 내에 있기 때문에 편리합니다. 마찬가지로 물류센터도 가까운 곳이 아닌 먼 곳으로 이전할 경우, 인력 세팅부터 모든 시스템을 재구축해야 하는 불편함이 있습니다. 그래서 위치가 제일 중요합니다.

두 번째는 센터의 규모입니다. 설비를 예로 들자면, 5천 평 규모에 자동화를 할 경우 한 개 층에 자동화가 돼야지, 1,000평짜리 5개 층을 만들면 니즈에 맞지 않습니다. 그렇기 때문에 물류부동산 임대차 마케팅에는 물류 회사에서 오랫동안 마케팅 업무를 한 전문가가 더 많은 장점을 가지고 화주사의 니즈에 맞춘 제안을 합니다. 일반적으로 일반 부동산에서 10군데 물류센터를 소개한다고 가정할 경우 자세한 내역보다는 주소만 안내하는 경우가 많기에, 물류 회사 입장에서는 주소만 보고 10군데 모두를 직접 확인해야 합니다. 그렇지만 물류전문가라면 직접 확인한 후 장점이 많은 곳을 추려서 제안하기 때문에 화주 입장에서는 필요한 곳만 확인할 수 있습니다. 이처럼 물류전문가는 고객이 원하는 스펙과 자료, 컨설팅 보고서를 제공하면서 임차나 물류센터를 이전하는 등의 서비스를 제공할 수 있습니다.

✹ 교보리얼코 최문식 부장

물류부동산에서 가장 신경 써야 할 것은 수익성에 영향을 미치고, 매입·매각과도 연동되는 임대차입니다. 임대차 전략은 모든 부동산에 통용되는 얘기지만, 좋은 물건이 좋은 가격에 매물로 나왔다면 충분한 수요가 있습니다.

물류부동산이 신규 개발될 경우 임대료가 과하게 책정되는 경우가 간혹 있습니다. 그러다 보면 임차인을 구하기 어렵거나 장기계약이 어려워 이탈하는 경우가 발생합니다. 매각을 해야 할 개발자의 입장에서도 임차인을 구해야 좋은 가격에 매매가 성립되는데, 과한 욕심으로 인해 임대료를 높게 책정하면 매매가 성립되기 어렵습니다. 그래서 임대차와 매각을 같이 묶어서 본다면 물류센터를 계획하거나 개발 시에 적정한 임대료인지에 대한 타당성을 분석해야 합니다. 만약 시장가가 평균 100원 정도라면 90원 정도로 책정하는 것이 훌륭한 전략이라고 생각합니다. 물류센터를 개발하는 과정에서 인허가 문제나 건축 공정에 따른 단가 상승이나 추가 공사 등의 변수가 발생하여 비용이 올라가면 운영수익과 밀접한 임대료가 올라가게 되고, 이는 추후 매각 시 매각가와도 연동됩니다. 결국에는 매수자가 매입 시 심도 있게 보는 것은 임대료가 얼마로 측정 되느냐와 그 임대료를 지불할 수 있는 임차인 확보가 가능하냐에 따라서 매각가가 결정되기 때문에 임대료를 너무 과하게 책정할 경우 임차인을 확보하지 못할 수도 있습니다. 물류센터를 개발하는 것은 수익을 내려고 하는 것인데, 아무리 좋은 물류센터를 개발하더라도 임차인을 구할 수 없다면 아무런 의미가 없습니다. 예를 들어 강남의 고급 아파트나 주택은 수십억을 호가하는데, 이런 비싼 주택을 구입하려는 사람이 많지 않다면 고객이 한정되어 매매가 활성화되기 어렵습니다.

건축물 같은 부동산은 영원할 수 없기에 준공하면서부터 감가상각이 발생합니다. 물론 입지, 교통편, 선호도에 따라서 다르겠지만, 특히 물류센터는 산업시설이기 때문에 감가상각이 발생합니다. 그런데 너무 높은 임대료가 책정된다면 그 비용을 부담할 수 있는 테넌트의 범위가 줄어들어 결국은 그 비용을 감당할 수 있는 테넌트는 대기업밖에 없을 것입니다. 이러다 보면 모집시기가 늦어져 임대료에 따라서 매매가가 들쑥날쑥하게 되는데, 만약 매각 시점까지도 임대차가 완료되지 않아 입주율이 50% 이하일 경우 매각가는 매우 떨어짐니다. 그렇기에 가능하면 임대료는 평균 시장가 보다 조금 낮게 책정하는 것이 좋습니다. 물론 지가 상승이나 여러 가지 환경적인 요소로 인해 임대료를 조금 저렴하게 책정하기 힘든 지역도 많을 것인데, 이 경우 사업성 여부부터 따져보는 게 좋습니다.

저자가 근무하는 회사에서는 임대 형태의 마케팅보다는 임차 형태의 마케팅을 많이 하고 있으며, 임차자가 원하는 지역이나 창고 형태를 선별하여 제안하고 있습니다. 임대 형태의 임차인 위주의 마케팅을 했을 때는 임대료나 여러 가지 컨디션에 대한 카펙스(CAPEX · 설비 투자) 지원 등의 혜택을 더 받을 수 있도록 협의나 조율을 하고 있습니다. 그리고 그와 연동하여 매매 주관에 대한 업무도 진행하니 언제든 필요하다면 의뢰하시길 권장합니다.

◉ 메이트플러스 노종수 상무

첫 번째는 공급 방법입니다. 가장 안정적으로 임차에 대한 리스크가 없는 것은 BTS(Build to Suit, 맞춤 제작) 방식인 맞춤형으로 물류센터를 공급하는 방법입니다. 예를 들어 화주가 원하는 입지에 대한 정보를 미리 얻게 된다면, 그 입지에 맞는 토지를 찾은 후에 개발하면 임차에 대한 리스크가 전혀 없습니다.

두 번째는 우량 화주 유치입니다. 화주 신용도가 낮은 3PL 물류사 같은 경우, 영업이익이 1~2% 수준이다 보니 자칫하면 적자가 나거나 임대료 연체가 발생하는 경우가 발생할 수 있기 때문에 우량 화주를 유치하는 것도 중요합니다.

세 번째는 입지입니다. 물류센터를 개발할 때 개발하는 지역에 화주가 충분히 있는지를 선제적으로 검토해야 하기 때문에 임대차 전략과 노하우에서 가장 중요한 포인트는 입지입니다. 물류센터를 개발하는 시행사 입장에서는 어느 입지에, 어떤 스펙으로 짓느냐에 따라서 임차인을 구할 수 있는지의 여부가 결정되며, 임차인을 쉽게 구할 수 없다면 개발사업에 막대한 악영향을 끼치게 됩니다. 최근 공사비가 많이 상승하여 일반 상온의 경우 평당 400만 원 내외로 공사하고 있으며, 저온 같은 경우에는 평당 500만 원 정도입니다. 시공비는 상온 대비 저온이 1.5배 높은데 비해 임대료는 약 2배 정도 높기 때문에 저온의 임대가 가능한 입지의 경우 사업성이 좋다고 볼 수 있습니다. 어떤 입지냐에 따라서 상온 100%로 개발할 수도 있지만, 임대 수익 극대화를 위해서 저온까지 겸용하거나 저온 단독으로 개발할 수 있는 장점이 있기 때문에 무엇보다 임대차 전략에서는 입지가 가장 중요합니다.

네 번째는 스펙입니다. 전국적으로 물류센터들이 동시다발적으로 공급되고 있습니다. 건축 인허가를 받았거나 개발되고 있는 곳이 많습니다. 2020년에 79만 평, 2021년에 113만 평이 공급되었으며, 2022년 235만 평, 2023년에 약 469만 평 공급이 예정되어 있습니다. 개발자나 시행자의 입장에서는 입지가 굉장히 중요한데, 왜냐하면 공급되는 지역에 임차인의 니즈가 있는 곳이어야 하기 때문입니다. 또한, 공급하고자 하는 입지에 다른 경쟁 센터들이 우후죽순 개발된다면 아무래도 임대를 위해 상당 기간 시간이 소요될 수 있습니다. 그래서 물류센터를 개발할 때 주변에 공급되는 물류센터의 총량과 시기를 확인해 보아야 할 필요가 있습니다. 그리고 동시에 지어질 경우, 화주 입장에서는 공급되는 물류센터를 상호 비교한 후 화주의 니즈를 만족하는 물류센터를 선택하기에 경쟁력 있는 스펙을 갖춘 물류센터를 공급하는 게 무엇보다 중요합니다.

저자가 근무하는 회사에서 안성에 2만 평 규모의 물류센터를 공급하는데 인근에 경쟁 물류센터들이 있습니다. 비슷한 규모일 경우 물건 대비 얼마나 스펙이 좋은가에 따라 임차인의 선호도가 달라집니다. 예를 들어 실제로 안성 쪽에 공급되는 물류센터는 2만~10만 평입니다. 만약 10만 평을 공급하는 데 수요가 5만 평뿐이라면 나머지 5만 평을 임차하는 데에 많은 시간이 많이 걸릴 것입니다. 또한 스펙에는 접안 대수, 창고의 깊이(창고의 깊이가 깊을 경우 지게차의 동선이 길어져 효율성이 떨어짐), 램프의 형태, 층고 등이 중요합니다.

또 하나 언급하자면 상온 센터로 지을 건지, 하이브리드 형태로 지을 건지, 상저온 복합으로 지을 건지에 대한 것입니다. 상온 같은 경우 보관하는 물품의 대부분이 정해진 유통기한이 없지만, 저온 같은 경우는 정해진 유통기한이 있고, 특히 냉장 같은 경우는 크로스도킹을 해서 바로 출고하기에 보관을 목적으로 하는 경우가 많지 않습니다. 저온 시장이 30% 이상 성장하더라도 물류센터 수요면적이 30% 증가하지는 않습니다. 그래서 물류센터 같은 경우 첫 번째는 상온으로 검토하는 게 맞고, 두 번째는 상저온 복합을 검토하되 상온과 저온의 비율도 적정하게 검토해야 합니다.

🌐 한국물류개발 김태석 대표

물류창고를 개발하는 사업주나 시행사 입장에서는 물류창고를 개발할 때, 사전에 입주사가 있느냐 없느냐는 사업구조 면에서 상당히 중요합니다. 따라서 이에 대응하기 위한 단계별 마케팅 전략을 세워 체계적으로 추진해 오고 있습니다. (그림 3-1 참고)

단계별 마케팅 계획

■ Mass Target 유지프로그램

그림 3-1 단계별 마케팅 계획

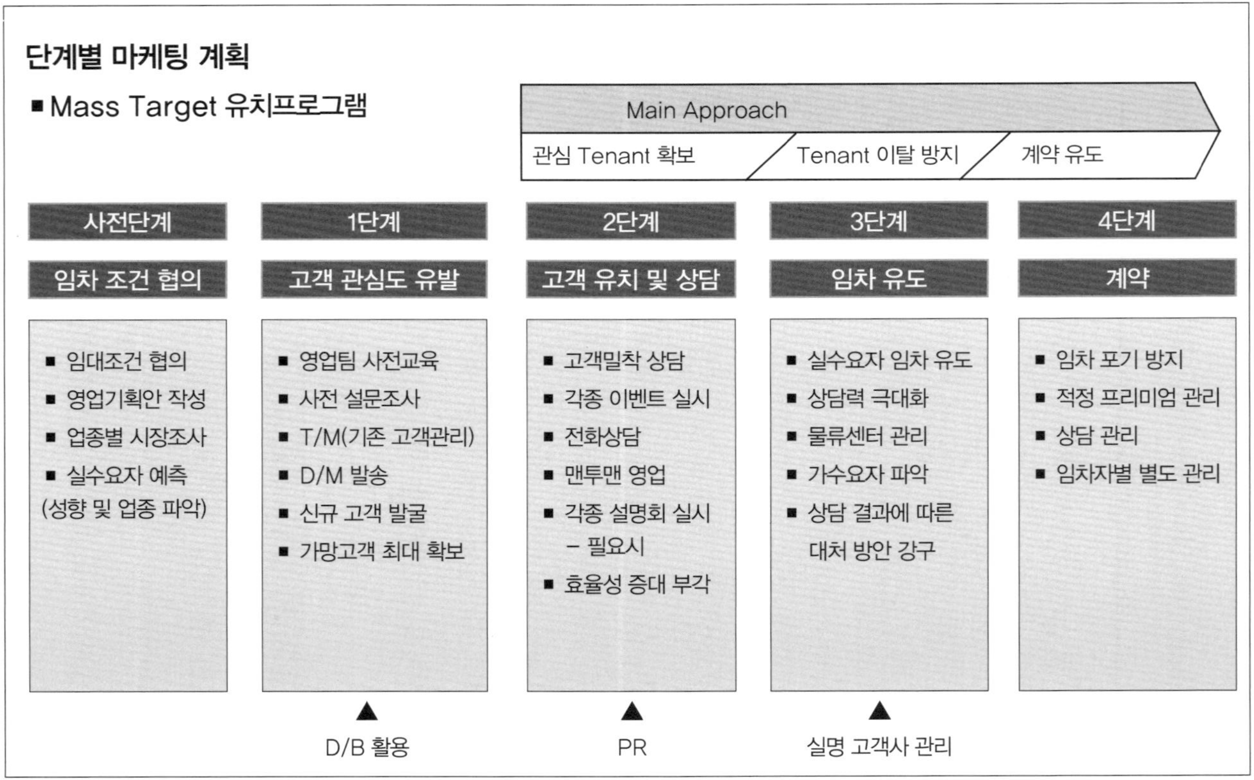

Main Approach			
관심 Tenant 확보	Tenant 이탈 방지	계약 유도	

사전단계	1단계	2단계	3단계	4단계
임차 조건 협의	고객 관심도 유발	고객 유치 및 상담	임차 유도	계약

사전단계 — 임차 조건 협의
- 임대조건 협의
- 영업기획안 작성
- 업종별 시장조사
- 실수요자 예측 (성향 및 업종 파악)

1단계 — 고객 관심도 유발
- 영업팀 사전교육
- 사전 설문조사
- T/M(기존 고객관리)
- D/M 발송
- 신규 고객 발굴
- 기망고객 최대 확보

2단계 — 고객 유치 및 상담
- 고객밀착 상담
- 각종 이벤트 실시
- 전화상담
- 맨투맨 영업
- 각종 설명회 실시
  - 필요시
- 효율성 증대 부각

3단계 — 임차 유도
- 실수요자 임차 유도
- 상담력 극대화
- 물류센터 관리
- 가수요자 파악
- 상담 결과에 따른 대처 방안 강구

4단계 — 계약
- 임차 포기 방지
- 적정 프리미엄 관리
- 상담 관리
- 임차자별 별도 관리

▲ D/B 활용   ▲ PR   ▲ 실명 고객사 관리

2022년 초까지만 해도 물류창고에 대한 투자를 긍정적으로 보고 있었기 때문에 화주를 사전에 유치하지 않고서도 물류창고의 위치가 양호하면 금융기관에서 PF를 긍정적으로 해주고 있었습니다. 사실 물류창고가 투자처로 각광받기 이전인 2000년도 초기만 해도 입주사를 사전에 유치하고, 투자자의 매입확약을 받은 후에야 물류창고에 PF를 하는 경우가 많았습니다. 그러나 최근에는 우크라이나와 러시아의 전쟁 및 인플레이션을 잡기 위한 미국의 계속된 금리 인상 등으로 인해 2022년 하반기는 물론 2023년 상반기까지 물류창고에 대한 금융시장은 꽁꽁 얼어 있어 미래를 예측하기 힘들며, 현재 PF가 완료되어 공사 중인 물류창고를 제외하고 약 1~2년간은 물류창고 공급에 공백이 예상되고 있습니다.

화주의 업종을 분류해 보면 크게 유통업, 제조업, 물류업으로 구분할 수 있으며, 이들이 물류창고를 이전하거나 신규로 선택할 때는 업종별로 입주 시기 결정 시에 기간의 차이가 많이 나고 있습니다. 특히 유통업과 제조업 같은 경우에는 대부분 자가 물동량이기 때문에 장기적인 계획하에 물류창고를 확보하는 경우가 많습니다.

저자의 경우 개발 시에 제일 많이 접촉하는 업종은 당연히 유통업체입니다. CJ대한통운과 같이 다수의 화주사와 물류 위탁을 주로 하는 물류전문기업(3PL)이기 때문에 계약기간이 보통 1년 단위로 이루어집니다. 그렇기에 화주기업과의 단가 경쟁이 치열하고 계약 유지에 대한 변동성이 많습니다. 따라서 규모가 작은 화주사는 문제가 없지만, 대형 화주기업의 경우에는 물류창고 확보에 크게 문제가 있으므로 통상적으로 물류기업은 물류창고 입주시점이 약 6개월에서 1년 전에 확보하며, 유통기업은 물류기업 보다 긴 1년에서 2년 전에 확보하는 경우가 많습니다. 또한, 제조업 같은 경우에는 보통 자가물류로 하는 경우가 많지만, 물류기업에 아웃소싱을 주는 경우도 있습니다. (그림 3-2, 그림 3-3 참고)

그림3-2 Core Target 파악

본 물류센터의 제반 입지여건과 물류시장 변화를 고려할 때, FMCG/CPG 제조 · 유통 중심의 아웃바운드 물류 유형의 가치사슬을 추구하는 화주기업 및 3PL 기업을 타깃 마켓으로 한다.

중점 업종별 물류 상품 수요 이해

산업 프로세스	대표 화주 기업	3PL 기업	물류센터 니즈	서비스 상품
유통 벤더 → 입하, 검품, 리벨링 PICK-PACK, 검별 SORT, 출하, 배송 → 매장	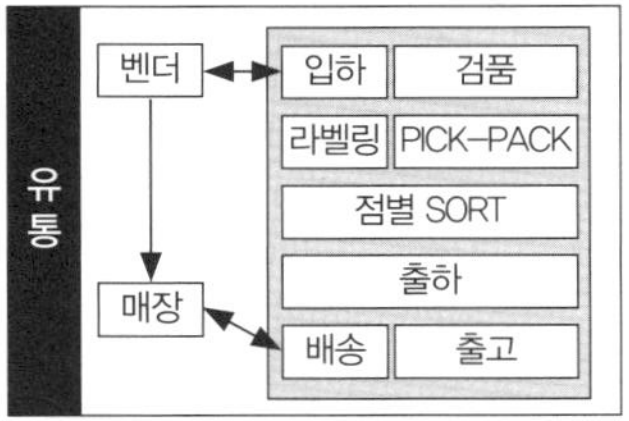 • GS retail • 이마트 • 이랜드 • 쿠팡 등 • 다양한 규모 및 성격의 소매점 형태로 존재 – 할인점, 편의점, 대리점 등 • 제품별 납기 빈도 및 보관 방식이 상이함 • Bargaining Power	• CJ대한통운 • 동원산업 • 동아, 세방 • 용마로지스 등	• 서울 및 경기 남부 소매점 접근 및 벤더 납품 용이한 입지 • 인력 수급 용이 • 다양한 제품의 재고 회전율 및 납기 빈도 고려	• 대향화 보관 효율 서비스 • 재고, 피킹, 리벨링, 분류 작업 서비스 공간 • 공동 인력 수급 서비스 • 최적 물류 동선 설계 지원
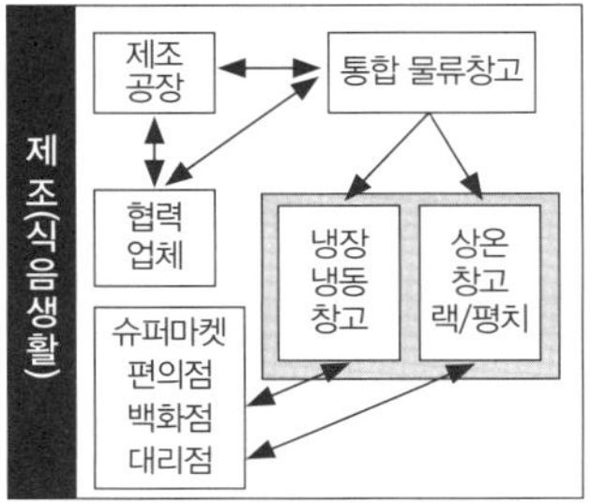 **제조(자입유통함)** 통합 물류창고, 제조공장, 협력업체, 상온창고 랙/평치, 냉장 냉동 창고, 슈퍼마켓 편의점 백화점 대리점	• 오뚜기, 볼무원 • 농심, 롯데 • 대상, 에버랜드 등 • 고객별/채널별로 상이한 유통 계획이 요구됨 – 대형 소매점: 소매점 물류센터로 배송 – 소형 소매점: 소매점으로 직배송 • 제품별 발주 · 납기 빈도, 회전율 다양함	• CJ대한통운 • 한진 • CJ프레시웨이 등	• 소매점 접근 용이한 입지 • 대향화로 보관 효율성 • 분류작업의 용이 • On Time Delivery 아웃바운드 배송	

그림3-3 Core Target 파악

역물류를 포함한 복합적인 After Market 혹은 신속한 Value Added 서비스를 요하는 제조업 회주기업을 2차 타깃 마켓으로 한다.

중점 영종별 물류 상품 수요 이해

산업 프로세스	대표 회주 기업	3PL 기업	물류센터 니즈	서비스 상품
제조 (완제품)	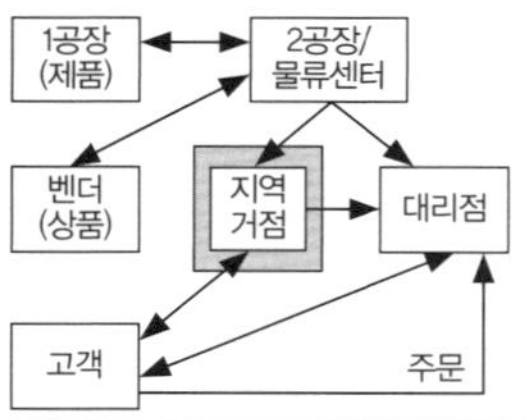 • 삼성전자 • LG전자 • 전자랜드 등	• CJ대한통운 • 영일물류 • 한전 등	• 서울 및 경기 남부 소매점 점근 및 벤더 납품 용이한 입지 • 대형 물류센터로 높은 보관 효율성 • 보관작업의 용이 • On Time Delivery 이웃반 운드 배송	• 최적 보관 효율성 서비스 • 재고, 피킹, 리벨링, 분류 작업 서비스 공간 • 공통 인력 수급 서비스 • 최적 물류 동선 설계 지원
제조 (부품)	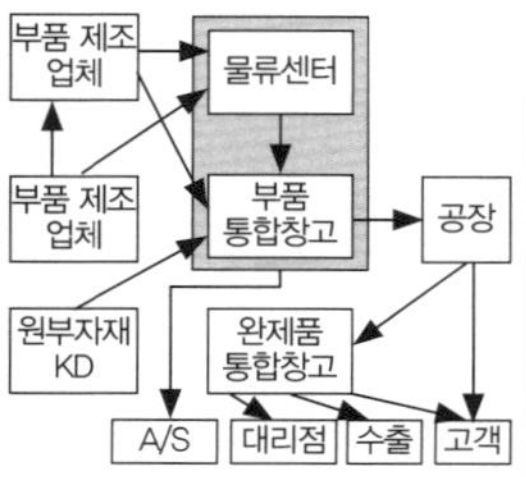 • 현대모비스 • 한국델파이 • 만도기계 등 • 조립 단계에 따라 3-tier로 구성 • Tier 2/3 부품업체의 경우 대부분 규모가 영세함 • 다수의 부품 업체 존재 • 물류 부문 전문성 확보 위해 이웃소싱 경향 뚜렷	• 현대로지스 • 천일모터프레이트 등	• 통합 창고 관리 – 부품세그먼트별 재고 관리 – 생산라인JIT/JTS 부품 보급 • 부품 조립 배송 계획 및 공동 운송 • After Sales 부품 유통 – 주문/재고/운송 관리 – DC 최적화	• 국제 물류 서비스 • 납품 일괄 대행 서비스 • 납품 대행 서비스 • 보관 유통 가공 서비스 • 수배송 서비스 • 공동 물류 서비스

물류센터 매각 및 매입 전략

교보리얼코 최문식 부장

매각하거나 매입하는 것은 같이 맞물려 들어가는 부분입니다. 요즘은 물류를 개발하고 난 뒤에 비싼 가격에 팔 수 있다는 분위기가 조성되어 있기에 물류를 개발하는 시행사나 금융사들이 높은 기대치를 가지고 사업을 구상하는데, 수익성만 쫓아가다 보니 동반되는 임대료 수준이 높아지고 있는 추세입니다. 이러한 추세가 장기화될수록 화주사는 자사 물류센터의 보유 욕구가 점점 커지거나, 임대료가 낮은 지역으로 지역 이탈화를 불러오기도 합니다.

너무 많은 차익과 개발이익을 원하면 매수자가 부담스러워하고, 반대로 매수자도 너무 싼 가격으로 이득을 보려 하면 무리가 따릅니다. 일반적으로 펀드나 리츠에서 매입할 때는 이런 경우가 적지만, 운용사들이 너무 낮은 가격에 매입하여 높은 차익을 가지려는 경향이 있습니다. 그래서 최근 들어 임대차까지도 본인이 직접 하려고 하는 운용사도 있는데 실질적으로 잘 운영되지는 않습니다. 왜냐면 운용사에서 직접 접촉할 수 있는 임차인은 대기업 몇 군데

외에는 사실상 없기 때문입니다. 또한 대기업과 협상하는 과정에서 이해관계가 맞지 않을 경우 임대차가 어렵습니다. 그렇기에 임대차 전략과 노하우에 대해서는 적정한 가격을 가져가는 것과, 매각과 매입 전략에 대해서는 개발이익과 매입에 따른 적정한 차익을 유지를 하는 것이 가장 중요합니다. 가장 중요한 포인트는 모든 것이 임대료에서 출발한다는 것이고, 임대료가 모든 매입 · 매각과 연동된다는 것입니다.

임대료가 높아지면 임차인이 이탈하는 부작용이 발생합니다. 더 싼 곳이나 더 먼 곳으로 이전하거나 또는 여력이 되는 회사는 자가물류로 전환을 많이 합니다. 그러다 보니 매각 같은 경우 본인이 매입했을 때 단가 대비 계획했던 추정액을 고려하여 너무 차이 나지 않는 적정가로 매각하는 것이 중요합니다. 하지만 이런 생각에 동의하는 분들은 거의 없을 겁니다. 예를 들어 100원에 매각하려 했지만, 지금 시세가 150원이라면 왜 100원에 팔아야 하는지 동의하기 어려울 겁니다. 매각을 하는 분들도 결국은 매입을 해야 하는데, 이 시장 자체가 혼란스럽고 교란되는 이유는 너무 과한 욕심을 부리기 때문입니다. 매입을 하는 측도 당연히 검토할 때 향후 엑시트(Exit) 할 수 있는 구조를 판단할 텐데 엑시트 할 수 없는 구조라면 당연히 매입이 안 됩니다. 그러면 결국 투자 시장 자체가 얼어붙게 되고, 매입 · 매각에 대한 활성화가 떨어지게 되고, 메리트가 떨어지는 겁니다. 이렇게 되면 물류부동산 시장이 앞으로 어느 정도는 성장할 수 있지만, 어느 순간 시장이 얼어붙고 가라앉는 현상이 발생할 수 있습니다. 매각하는 분들도 향후 매입자가 엑시트를 할 수 있는 구조로 팔아야 하고, 매입자도 너무 많은 수익을 바라면서 매입해서는 안 된다고 생각합니다.

물류센터 매각과 매입에서 가장 중요한 포인트 또한 입지입니다. 화주가 원하는 입지의 물류센터는 매각하기 유리합니다. 반대로 매입하는 입장에서도 나중에 엑시트 하거나 기존 임차인의 계약이 만료되어 나가더라도 입지가 좋다면 다른 임차인을 충분히 찾을 수 있기 때문에 입지가 정말 중요합니다. 입지가 정말 좋다고 판단되면 개발하고 준공 때까지 임차를 다 채우고 매각하는 것이 가장 많은 매각 차익을 실현할 수 있습니다. 입지가 불투명하다고 우려된다면 최근 자산 운용사들이 펀드 리츠 쪽에서 많이 매입하기 때문에 선매각 하는 것도 하나의 전략이라고 생각합니다.

작년에 본사에서 이천 단천리 물류센터를 매각했는데, 그곳의 경우 [그림 3-4]에서 보는 바와 같이 전국적으로 배송할 수 있는 거점이기에 다양한 화주들의 니즈가 있었습니다. 매각하는 입장에서 계약 기간이 1~2년 정도 남아 있었지만 충분히 대체 임차인을 찾을 수 있다는 판단하에 높은 가격에 매각했습니다. 그것처럼 매입하는 입장에서는 대체 임차인을 충분히 찾을 수 있는 입지인가를 판단해야 합니다. 매각 같은 경우 임차인이 없는 상태에서 매각하기는 어렵기 때문에 임차인 확보가 가장 중요합니다. PF가 일어나려면 자기 자본(equity)이 충분하거나, 임차인이 임차확약서 또는 임대차 계약이 체결되어 있거나, 선매입사가 선정되어 있는 게 아니면 PF가 어렵습니다. 서울과 가까운 도심형 입지의 경우 다양한 화주 니즈가 있기 때문에 충분히 매각하겠지만, 입지적으로 애매하거나 검증이 안 된 지역인 경우에는 위에서 언급한 3가지 조건에 충족되지 않으면 매각이 상당히 어렵습니다.

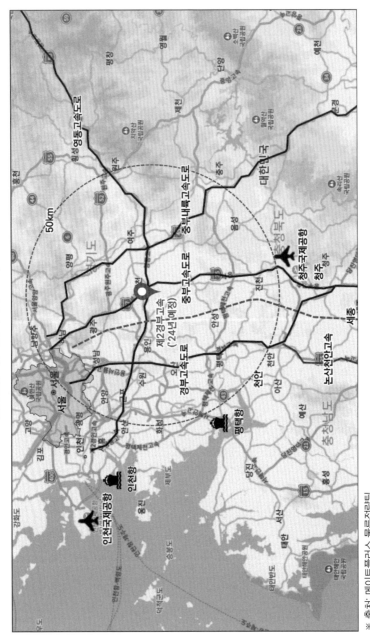

그림 3-4 이천 단천리 물류센터 광역 입지도

※ 출처: 메이트플러스 물류컨설팅팀

최근에는 토지비 상승, 공사비 상승, 인건비 상승 때문에 사업이익이 거의 없어 사업 자체를 매각하는 경우도 점점 많아질 것으로 보고 있기에 3가지로 매각 전략을 세우는 게 좋습니다. 사업 건을 양도하거나, 또는 50% 정도의 임차인을 채운 상태에서 매각하거나, 또는 임차인을 모두 채운 상태에서 비싼 가격에 매각하는 것이 제일 좋습니다. 또한, 지금은 상온이지만 나중에 저온까지 변경해서 가치를 높일 수 있는 물류센터인지, 또는 노후되어 건물 수선에 많은 비용이 발생하여 매각할 때 손해를 보는 부분이 있는지를 고려한 후 매각해야 합니다.

다음으로 매입 전략에 대해서 설명하겠습니다. 매입은 현재 임차인의 계약이 3~5년 정도 남았을 때 재계약 여부를 확인해야 하고, 선매입을 하는 경우에는 충분히 임차인을 찾을 수 있거나 채울 수 있는 입지인가를 확인해야 합니다. 최근에는 건설비가 많이 증가한 것에 반비례하여 사업 이익이 감소하였고, 임차인의 수요가 증가하다 보니 임대료가 10~20% 정도 상승했습니다. 그렇기에 1~3년 후를 보고 매입하는 것이 좋습니다. 개발하거나 매각하거나 매입하는 입장에서 가장 중요한 것은 매각 시점입니다. 안정화시켜서 매각하느냐 아니면 선매각 하느냐 하는 부분인데, 전략적으로 충분히 임차인을 채울 수 있다면 나중에 안정화시키고 매각하는 것이 좋습니다. 이럴 경우 물류뿐 아니라 다른 오피스나 리테일 쪽 시장성도 확인해야 합니다.

물류센터 매입과 매각 사례 두 가지만 예를 들어 보겠습니다.

첫 번째 사례로, 동남부 쪽으로 저자가 근무하는 회사에서 관리하던 이천 단천리의 물류센터가 있는데 면적은 1만 평 규모이고, 거래액은 600억 원 정도이며, 거래시기는 2020년 3분기에 거래됐으며 전통적인 물류의 코어 권역입니다. 동남권 같은 경우 물류센터가 한 개만 필요한 경우에는 동남권, 남부권에 위치해야 한다고 설명했는데, 계약이 만료되더라도 대체 임차인을 충분히 찾을 수 있는 그런 입지이기 때문에 경쟁적으로 매수인이 많았고 그 시기에 가장 낮은 캡으로 거래됐습니다. 이천 권역 내에 있고 국내 3PL 하는 회사인 태웅물류에서 장기 마스터리스 계약이 체결되어 있는 코어 물건이었습니다. 권역 평균 대비 낮은 임대료지만 안정적인 수입이 가능한 물건이었고, 포트폴리오 구성이 필요한 매수인 같은 경우에는 굉장히 중요한 물건으로 볼 수 있기 때문에 그런 매수인을 대상으로 저자가 마케팅을 진행한 사례가 있습니다.

두 번째 사례로, 수도권 서부 쪽으로는 화성 제이드 물류부지 매입 프로젝트를 진행했었습니다. 거래액은 약 700억 원, 거래시기는 2020년 4분기에 매각성 프로젝트를 진행했는데 화성 제이드 같은 경우는 오산 왼쪽에 위치합니다. 남부권역에는 물류센터 공급이 거의 없었고 대형 면적이었기에 임차인 확보가 충분히 수월하다고 판단해서 부지를 매각한 사례입니다. 사실 화성, 평택 쪽은 저평가 받는 남부권역 입지입니다. [그림 3-5]에서 보는 바와 같이 남부권역은 향후 희소성 때문에 충분한 수요가 있다고 판단됐기에 부지를 매각한 좋은 사례입니다.

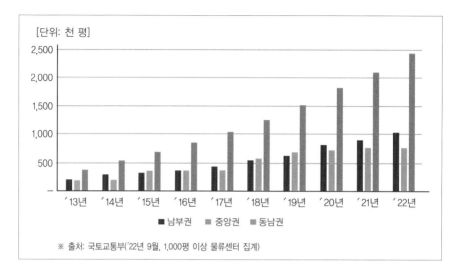

그림 3-5 수도권 권역별 물류센터 누적 공급량 추이

물류센터 건설 시 반영되어야 하는 사항은 다음과 같습니다.

❶ 최근 트렌드가 유통형 층고에 적합한 레이아웃을 가지고 있어야 합니다. 보관형 창고 같은 경우는 도크가 많이 없고 수직반송기나 수직이동 설비로 입출고합니다. 최근 물류센터 수요를 견인하고 있는 게 이커머스 업체 쪽이다 보니 유통형 창고로 레이아웃 설계가 이루어지고 있습니다.

❷ 40피트 컨테이너 트레일러까지 접안할 수 있도록 충분한 회전반경을 고려한 야드 폭과 램프 폭을 건설 시 반영해야 합니다.

❸ 저온 물류센터 같은 경우는 기계실이나 각 층 간의 단열에 대해서 많이 신경 써야 합니다. 최근 저자가 관리하는 물류센터도 결로에 대한 하자가 있어서 하자 보수를 한 적이 있었는데, 단열에 대한 부분이나 가끔 상온을 저온으로 변경하는 경우에도 단열을 신경 써서 공사해야 합니다.

❹ 저온까지 담을 수 있도록 어느 정도의 전기용량은 확보해두는 게 좋습니다.

❺ 상온 물류센터에서 저온 물류센터로 컨버전하는 경우도 있으므로 그런 가능성까지 고려하여 저온 운영에 필요한 설비 공간을 사전에 확보하도록 설계하는 것도 중요합니다.

Q3

물류센터 건설 시 반영되어야 하는 사항

🔵 교보리얼코 최문식 부장

지금은 층고 10m, 기둥 간격 11m, 램프가 들어가는 부분이라든지 차량이 접안 되는 디자인 등은 획일화되어 규칙처럼 간주되고 있습니다. 예전에는 1층에 차량을 접안하고, 상층부는 수직반송기나 화물 엘리베이터를 이용해서 물건을 이동시키고 보관하는 구조였다면, 지금은 한 층당 모든 차들이 접안 되어 더 빠른 배송이 가능하고 작업자들의 편의성을 고려하는 디자인이 필수가 되었습니다. 그래서 예전 형태의 건물 디자인으로는 현재의 물류센터들을 이길 수 없게 되었습니다.

🔵 메이트플러스 노종수 상무

물류센터 건설 시 화주의 니즈를 정확히 반영해야 합니다. 물류센터 화주마다 특성이 다르긴 하지만, 일반적으로 랙과 랙 사이의 간격, 지게차 통로 부분을 고려해서 물류센터 기둥 간격은 11 BY 11(11m)로 설계하고, 4단랙 보관을 위해서 유효고가 8.4m 내외가 되어야 하기 때문에 전부 10m로 건설합니다. 그리고 임차인에게 가장 중요한 것은 동선입니다. 원활한 동선계획과 지상이나 지하층의 차량이나 사람이 이동할 때 분리된 동선 확보가 가장 중요합니다.

두 번째는 접안 가능 여부로, 차량이 직접 접안할 수 있는지와 동시 접안 대수가 많은 것을 선호합니다. 즉 같은 면적을 사용하더라도 더 많은 차량이 접안할 수 있는 구조의 센터들을 선호합니다. 이 외에 차량 회전 반경 확보를 위한 넓은 차로, 하역장이나 야적장의 여유 공간 확보, 4단락 이상의 층고 확보가 중요합니다. 4단락의 경우 기본적으로 8.4m 이상의 유효고를 확보해야 합니다.

물류센터는 산지형과 자주식 램프를 이용한 물류센터로 구분하는데, 산지형 같은 경우는 특히 유리한 측면이 있습니다. 화주 입장에서는 산지용으로 지었을 경우, 도크 전면에 야드를 충분히 확보할 수 있는 장점이 있기 때문에 산지형으로 지을 때는 야드를 좀 더 확보할 수 있는 설계를 하는 것이 필요합니다. 또한, 물류센터는 대부분 생필품을 보관하지만 고가의 반도체도 보관하기에 누수에 대한 리스크가 상당히 많습니다. 창고가 워낙 넓다 보니 관리자들이 일일이 점검하지 못하기 때문에 지붕을 공사할 때 지붕 스펙을 충분히 고려해서 누수 방지를 위한 공사를 해야 합니다.

소방설비도 중요합니다. 물류창고 내에서 제품을 포장할 때 먼지가 많이 일어나다 보니 소방 감지기에 대한 이슈가 많이 있기에 어떤 소방 감지기를 설치할지도 중요합니다. 특히 냉동창고 같은 경우는 냉장실, 냉동실의 문을 개폐할때 습기가 많이 발생하면 비화재 보호가 발생하여 화재로 오인하는 경우도 있기에 감지기 선택에 신중을 기해야 합니다.

그리고 휴게 공간이라든지 사무실 부분도 상당히 중요합니다. 예전 2천 평짜리 규모의 물류센터에는 식당이나 샤워실 같은 휴게시설이 거의 없었는데, 최근에는 시설이 더 좋은 물류센터로 옮기는 근로자들이 많다 보니 편의시설을 갖추는 것이 중요하며, 사무실도 기왕이면 샌드위치 패널로 짓기보다는 더 고급스러운 내장재를 사용하는 것도 중요합니다.

◉ (주)컨펌 유강철 소장

물류센터는 크게 보면 영업용 창고와 자사용 창고로 구분합니다. 자사용 창고는 각 회사들의 자체적인 물동량이 정해져 있기 때문에 거기에 맞추어 설계하면 되므로 여기서는 입지, 토지, 시설, 야드를 중심으로 한 영업용 창고에 대해 설명하겠습니다.

❶ 입지는 물류센터가 어디에 위치하는지를 나타내는 것으로, 대도시를 배후로 가지고 있거나 고속도로 인터체인지와 가까울수록 가치가 높아집니다. 특히 수도인 서울에 가까울수록 화주들의 선호도는 높아진다고 볼 수 있습니다. 일반적으로 물류센터 가치 또한 서울에 근접할수록 더 높아진다고 할 수 있습니다. 입지에 따라서 화물차량의 2회전이나 3회전이 가능하기 때문입니다.

❷ 토지는 계획 관리지역이나 자연녹지, 공업지역 등으로 램프 확보 차원에서 어느 정도 경사도가 있는 토지가 유리합니다. 계획관리지역은 건폐율이 20%인 자연녹지보다 높아 40%로 동일 면적 대비 더 넓은 건물을 지을 수 있기 때문입니다. 공업지역은 일반적으로 공단지역으로, 사전에 토목공사가

완료된 경우가 대부분으로 경사지가 없지만 건폐율이 가장 높아 80% 수준 이므로 더 넓은 건물을 지을 수 있습니다.

❸ 시설적인 측면에서는 현재 4단 팔레트랙을 가장 많이 도입하고 있기 때문에, 4단 팔레트랙이나 3단 메자닌랙을 설치할 수 있도록 층고는 10m 이상 확보하는 것이 바람직하고, 팔레트랙을 설치할 때 통로에 기둥을 없애기 위해 11m 전후의 기둥 간격이 필요합니다. 또한 기사 대기실, 현장 사무실, 작업원의 휴게실, 수면실, 체육실, 식당 같은 지원 시설도 필요합니다. 그리고 동일 건물이라도 입주 화주가 다수 업체가 되면 층별로 사용자가 다를 수 있으므로 각 층에 화물차량이 접안할 수 있도록 경사램프나 원형램프를 설치하는 것이 임대인 확보에 유리합니다.

❹ 야드는 주로 트럭이 주차하고 대기할 수 있는 공간으로 유통형 물류센터일 수록 넓은 야드가 필요합니다. 야드가 부족하면 트럭 대기시간이 증가하고, 인근 도로까지 주차하게 되면 민원이 발생할 수 있습니다. 그래서 야드는 넓을수록 좋고, 승용 주차장과 트럭 주차장을 별도로 분리해서 건설하는 것이 바람직합니다. 특히 컨테이너가 진입할 수 있도록 도크 끝에서부터 40 피트 컨테이너가 회전할 수 있는 거리인 약 30m 정도는 최소한 확보되어야 합니다.

Q4

임차인이 선호하는 물류센터의 유형

● JLL 코리아 우정하 상무

물류센터가 지은 물류센터는 사용자 편의성에 초점을 맞췄고, 투자자가 지은 물류센터는 편의성보다 수익성에 초점을 맞췄기 때문에 용도에 차이가 있습니다. 여기서는 임차인 쪽에 초점을 맞춰 살펴보겠습니다.

첫 번째는, 접근성입니다. 물류센터는 서울에서 최대한 가까운 거점에 위치하는 것이 제일 중요합니다. 서울과 수도권에 가까우면 가까울수록 땅값도 비싸고 인허가도 어렵지만, 임차인의 입장에서는 활용하기 좋기 때문에 선호도가 높습니다.

두 번째는, 건물의 스펙입니다. 여기에는 다음과 같은 세 가지 중요한 요소가 있습니다.

❶ 도크 접안

도크에 차량들이 접안해서 물건을 싣고 빨리 나갈 수 있는 구조를 갖춰야 합니다. 만약 도크가 없다면 수직반송기나 엘리베이터를 이용할 경우 최소 30~40% 정도 업무 효율이 낮아지기에 도크를 선호합니다.

❷ 램프

전 층에 램프가 있어서 전 층 접안이 가능한 지가 매우 중요합니다. 최근에는 비싼 땅에 램프를 갖추기 어려워 램프 대신 엘리베이터나 수직반송기를 갖추려고 하는데, 만약 주변에 램프를 갖춘 좋은 물류센터가 들어서면 임차에 어려움을 겪을 수 있습니다.

❸ 층고 확보

층고로 10m를 확보해야 합니다. 그래야 4단랙 정도를 확보하여 최대한 많은 물건을 적재해야만 임차인들의 업무 효율도 올라가고 비용도 절감될 수 있습니다. 층고가 낮으면 임대도 어렵고 많은 문제가 발생합니다.

이와 같이 건물 스펙에서 도크 접안, 층고, 램프 이 세 가지가 제일 중요합니다. 이 중 한 가지라도 빠지면 어려움이 많습니다.

이 외에 건물 기둥이 얇을수록 좋습니다. 그래야 활동 범위가 좋은데 단층 구조라면 건물 기둥을 얇게 지을 수 있지만, 층고가 높은 건물의 저층은 어쩔 수 없이 기둥이 두꺼울 수밖에 없습니다. 고층을 선호하는 분들은 건물 면적을 최대한 활용할 수 있기 때문에 기둥 면적도 고려 대상입니다. 그리고 바닥하중은 2톤 정도를 감당할 수 있는 설계를 선호합니다.

결론적으로 임차인이 선호하는 물류센터는 크게 두 가지입니다. 서울과 수도권에서 가장 가까운 접근성으로 IC가 가깝고, 톨게이트가 가깝고, 고속도로를 이용하기 좋은 위치가 중요합니다. 두 번째는 건물 스펙으로 도크가 있고, 램프가 각 층마다 있고, 10m 정도의 층고를 확보해야 합니다. 하지만 위 두 가지만 강조하여 땅값은 비싸고 한정적인데 반해, 임차인이 선호하는 것에만 맞추다 보면 수익성이 나빠질 수 있으니 적절하게 혼합해서 맞추는 게 중요합니다.

◉ 교보리얼코 최문식 부장

배송 방식에 따라 다르겠지만 물류인에 대한 임차인의 형태는 배송을 위주로 하는 임차인이냐, 보관을 위주로 하는 임차인이냐에 따라 다릅니다. 보관을 위주로 하는 경우에는 창고가 넓을수록 더 선호하며, 배송을 위주로 하는 경우에는 보다 빠른 시간 안에 배송해야 하므로 60~80대 정도를 동시에 접안할 수 있어야 합니다. 또 물건의 분할이나 분리 작업을 빨리 하기 위해서 크로스 독(cross dock)이라는 형태를 선호합니다. 물건을 보관한다기 보다 물건을 대량으로 싣고 온 차들이 물건을 내려놨을 때 소규모 차량들로 빠르게 분배할 수 있는 컨베이어 벨트 등을 설치합니다. 그러므로 양쪽에 통로가 있고 차량 접안 시설이 양쪽에서 붙는 샌드위치 형식으로 재고가 쌓이지 않고, 그날 들어온 물건들이 바로 소진되도록 합니다. 때문에 배송 위주로 하는 경우에는 가장 지층에 가까운 층이나 차량 접안 대수, 그리고 빠른 이동 경로 등에 초점을 맞추고 있습니다.

요즘은 배송형 형태의 창고를 많이 짓기에 램프나 접안시설들을 많이 구성하게 되고, 동시에 많은 차량이 접안 될 수 있는 시설도 필요하지만 필수조건은 아닙니다. 즉 보관형 물류창고를 운영하는데 굳이 비싼 건축비를 들여서 램프 형태의 물류센터를 지을 필요는 없습니다. 다만, 대한민국 국토가 작다 보니 교통망이 좋아지면서 모든 게 일일생활권으로 묶이기에 대부분의 물류센터가 배송 형태의 설계로 짓고 있습니다. 그래서 될 수 있으면 각 층마다 접안 되거나 각 층마다 접안이 안 돼도 임대료를 싸게 한다면 임차인을 유치하는 좋은 전략이 될 것입니다. 대표적으로 예전에는 상온 창고와 저온 창고를 각각 개발했었는데, 이제는 대형화되어 각각의 공간을 함께 만드는 경우가 많습니다. 흔히 말하는 복합창고입니다. 그래서 한 건물 안에 저온 시설과 상온 시설이 같이 공존하게 되고, 또 그 공간을 동시에 쓸 수 있는 임차인들이 입주합니다.

● 메이트플러스 노종수 상무

두 가지로 나눠서 설명하겠습니다.

첫 번째는 입지인데, 업종에 따라 다르기는 하지만 물류비용 중에서 운송비가 70% 내외를 차지하고 있기 때문에 물류비가 가장 절감되는 입지에 물류센터를 건설해야 합니다.

두 번째는 스펙적인 부분인데, 도크가 많이 확보된 창고, 야드가 넓은 창고, 그리고 창고 내부에서 효율이 좀 더 나는 뎁스가 깊지 않은 창고, 휴게 시설과 편의 시설이 충분히 갖춰진 창고, 그리고 40피트 컨테이너가 원활하게 회전할 수 있는 폭을 확보한 창고가 임차인들이 선호하는 창고입니다.

물류센터 건립 시 임차인이 선호하는 입지, 토지, 시설, 야드 같은 반영 사항을 포함하여 건립해야 합니다. 이 외에도 물류센터의 확장성, 시설의 노후도, 인력 조달의 용이성을 추가로 설명하겠습니다.

첫 번째로 확장성을 살펴보면, 임차인이 입주하여 물류센터에서 운용하다 보면 물동량이 증가되어 추가 면적이 필요할 경우가 생기는데, 이럴 경우 동일 층이나 동일 건물에서 추가로 사용해야 하기에 규모가 큰 물류센터를 선호합니다. 따라서 물류센터 건물 중앙에 회전램프를 배치하여 건물이 양쪽으로 분리되는 경우에는 동일 업체가 사용할 때 작업장이 분리되므로 입주를 꺼리게 되어 아주 초대형 건물이 아닌 경우에는 원형램프는 측면으로 배치하는 것이 효율적입니다.

두 번째는 건물의 노후도와 관련 있는데, 최근에 지어진 물류센터일수록 더 선호하는 경향이 있습니다. 최근에 CBRE 코리아가 수도권 A급 물류센터 75개를 중심으로 임차인 현황 조사를 한 리포트가 있습니다. 자료에 따르면 준공연도 기준으로 5년을 초과하는 물류센터에서는 이커머스가 점유하는 비중이 9.5%밖에 안되지만, 5년 이내 지어진 자산 같은 경우는 이커머스 사용률이 32%로 증가하고 있어서 대형 규모의 최신 자산에 대한 이커머스 사용 수요자가 증가하고 있습니다.

세 번째는 인력 조달 측면입니다. 물류센터에서 작업하는 작업원들의 대부분이 비정규직이다 보니 이직률이 굉장히 높기 때문에 작업 인력 확보가 센터 운영에 큰 영향을 주고 있습니다. 그래서 주변에 주거지역이 많이 있어서 작업 인력 확보가 용이한 지역을 선호합니다. 또한 작업자의 편의를 위하여 휴게시설과 수면실, 체력단련실 등의 복지 시설도 지원시설로 설치하고 있는 추세입니다.

Q5

물류센터 운영 시 발생되는 시설, 운영상의 문제점

● 교보리얼코 최문식 부장

현재 물류부동산 시장에서 자가 형태로 본인들이 보유하고 있는 경우 이외에, 수익에 초점을 맞춘 임대형 창고들의 가장 큰 문제점은 관리 인력의 전문화가 부족하고, 그 인력에 대한 투자가 미비하다는 것입니다. 예를 들어 복합 물류창고 같은 경우에 상온을 관리하는 인력과 저온을 관리하는 인력이 별도로 있는 건 아니지만, 전기 관리자나 설비 관리자가 매일 관리를 해줘야 하고, 여러 가지 각종 기술자들이 상주하면서 시설에 대한 관리가 이루어져야 하는데, 매입을 하는 주체가 금융사이다 보니 수익에 굉장히 민감합니다.

그 수익을 많이 내기 위해서 관리 인력을 타이트하게 운용하고 있기 때문에 관리 인력들이 모든 면적을 커버하거나, 한 사람당 관리면적이 너무 넓어지다 보니 관리 자체가 조금 부실해지는 것이 현실입니다. 운영인력이 전문화되어 있고 운영인력들이 충분하게 공급되느냐에 따라서 운영이 잘 된다 못 된다고 따져볼 수 있고, 향후에 발생할 수 있는 리스크에 대한 헤지도 가능하다고 할 수 있습니다. 제대로 된 관리 인력과 단가는 풀어야 할 숙제입니다. 그런 인력에 대한 확보나 육성은 현실적으로 급한 문제입니다. 창고를 소유하고 있는 금융사든 소유주든 간에 창고 운영에 대해서 투자를 많이 해야 할 부분은 관리 인력입니다.

이는 요즘에 많이 발생하는 화재 사고와 연관되는데, 화재 발생 시 관리 인력이 많거나 인력이 잘 운영되는 창고 같은 경우에는 초동 대응이 빠르기 때문에 최소한의 피해로 막을 수 있지만, 관리 인력이 부족할 경우 그 피해는 막대합니다. 때문에 물류센터 화재 사고의 대부분은 인재인 경우가 많습니다. 자연발화보다는 관리 인력이 부족하거나 노후된 시설을 사용하다 보니 화재로 인한 피해액이 매우 커졌고, 이는 5년 전에 가입했던 화재보험의 단가를 거의 5배나 증가시켰습니다. 이렇게 물류센터에 투입되는 인력에 대한 투자보다 다른 비용들이 더 커지다 보니 장기적인 측면에서는 관리 인력에 대한 투자가 훨씬 경제적이라는 점을 다시 한번 강조합니다.

● 메이트플러스 노종수 상무

건물주(임대인) 입장에서 보자면 건설단계에서는 누수나 화재가 가장 큰 리스크입니다. 건축 공사 시에 누수가 되지 않는 자재를 쓰고 시공할 때도 품질을 지키면서 시공할 필요가 있습니다. 또한 저온과 상온 특성에 따라서 소방설비를 설치해야 합니다. 시설 부분에서 상온 창고를 저온 창고로 변경할 때 전기용량을 조금 더 여유롭게 확보할 수 있도록 변압기 용량을 여유 있게 확보해야 합니다. 그리고 운영 시 천장이나 벽에서 누수되거나 냉동 창고 내에서 결로에 의한 하자가 발생하는데, 대부분 단열에 의한 하자입니다. 이렇게 누수가 발생하지 않도록 해야 합니다. 시설적인 측면에서 보자면 감지기의 비화재보로 인해 임차인들이 불편함을 느끼는 경우가 많기에 공사 시 좋은 스펙으로 반영해야 합니다.

물류센터 운영에서 최신 건물은 범용화되고 최신식으로 건설되기 때문에 스펙적인 부분에서 크게 문제 되는 부분은 없습니다. 물류센터 운영에서 가장 유의할 점은 임대인(화주) 입장에서는 임차인 관리입니다. 임차인에는 중소기업도 있고 대기업도 있지만, 엔지니어가 없다 보니 물류센터에서 발생할 수 있는 누수나 화재 같은 대형사고에 대응할 만한 관리자가 없습니다. 그렇다 보니 전기시설을 설치하거나 개선하거나 보수할 때 기술적인 지식이 없어 잘 모르는 상태에서 공사를 하면, 각종 사고가 발생할 수 있기 때문에 임차인이 안전하게 공사하고 시설을 사용할 수 있도록 하는 게 중요한 포인트라고 생각합니다.

● (주)컨펌 유강철 소장

물류센터 운영 시 발생되는 시설이나 운영상의 문제점은 주로 면적 확장성의 부족, 인력 조달의 어려움, 트럭 접안 Berth 수의 부족, 동일 부지에 다수 임차인이 입주한 경우 타사의 차량 동선과 겹치거나 주차 면적 공유 등이 있습니다.

첫 번째, 확장성과 관련해서는 임차인의 물동량이 증가할 경우, 추가 면적 확보가 어려워 인근의 타 물류센터를 임차하여 분리 운영하는 경우가 발생합니다.

두 번째, 인력 조달과 관련해서는 물동량이 증가하거나 피크 시에 작업원을 추가로 구해야 하는데, 센터 주변에 아파트 단지나 주거시설이 많지 않은 지역은 인력을 구하기 어려울 수 있습니다. 일부 센터에서는 인접 도시에서 셔틀버스를 운행하여 인력을 조달하는 경우도 있습니다.

세 번째, 트럭 접안 Berth 수와 관련해서는 트럭의 회전율에 영향을 미치고 해당 물류센터의 출하 능력을 결정짓기 때문에, 화물 엘리베이터나 계단 등을 도크에 설치하지 않고 안쪽으로 설치하여 최대한 많은 Berth 수를 확보하려고 합니다.

네 번째, 대형 물류센터의 중앙 차량 통로를 공유하는 경우에는 타사의 트럭이 주차만 해도 접안 Berth를 사용하지 못하기 때문에 불편을 초래하는 경우가 있습니다. 또한 일부 승용차와 트럭의 동선이 겹치고 임시 주차까지 하는 경우도 있어 이에 대한 통제가 필요합니다.

Q6
물류센터 최신 건설 트렌드

◉ 교보리얼코 최문식 부장

최근의 건설 트렌드는 층고 10m에 기둥 간격 11m, 램프 형태 등이 정형화되었고 대형 부지에서 개발되고 있습니다. 최소 1만 평에서 1만 5천 평, 많게는 10만 평까지도 부지가 넓어졌습니다. 그리고 용적률이나 건폐율이 자연녹지지역보다 상향 조정된 계획관리지역을 선호하다 보니 이런 형태의 개발이 진행되고 있습니다.

개발 형태도 달라졌지만, 건설 트렌드 중에 가장 많이 바뀌었다고 생각하는 부분은 하중입니다. 예전에는 평당 바닥하중이 적게는 1.5톤에서 1.8톤이었고 5년 전쯤에는 2톤 정도였는데, 현재는 2.5톤에서 3톤까지 증가했습니다. 이런 요인들은 보관물품들에 따라서 달라지는 경우도 있지만 물류센터 자체가 빌딩처럼 고층화되어 가고 있기 때문입니다. 예전에는 기껏해야 2~3층 정도였는데 지금은 7~10층이다 보니 건물이 받는 하중 자체가 달라졌습니다. 이처럼 하중에 대한 부분이 많이 바뀌었고, 층수에 대한 부분이나 외관에 대한 디자인도 많이 바뀌었습니다.

최근 건설사들의 평당 단가가 많이 올랐습니다. 5년 전과 비교해 봐도 건설 단가가 약 70~80% 정도 올랐습니다. 평당 단가가 오르게 된 여러 가지 요인이 있겠지만 공급에 대한 부족 현상이 있다 보니 원자재 수요가 많이 증가했고, 배송 대란이 발생하다 보니 최저임금 등 인건비가 상승하고, 여기에 물가 상승으로 건설 비용이 많이 증가했기 때문입니다. 한 번 올라간 건설 단가가 5년 전처럼 떨어질 가능성은 적지만, 물류센터를 개발하거나 기획하는 입장에서는 건설 비용을 줄일 수 있는 다양한 방안을 검토해야 합니다. 즉 건설 시 사업성을 높이기 위해 필수적으로 어떤 공정과 어떤 구조로 어떤 과정을 통해서 가장 효율적으로 비용을 절감할 수 있고 높은 성능을 담보할 수 있는지를 고심해야 합니다.

● 메이트플러스 노종수 상무

코로나 이후 언택트에 대한 수요가 증가하고 있고, 그에 따라서 물류에 대한 수요도 동반성장하고 있습니다. 특히 빠른 배송에 대한 수요 증가로 인해 수도권에 라스트마일 딜리버리를 할 수 있는 도심형 물류센터 거점 구축에 대한 수요가 상당히 증가하고 있습니다. 위수탁형 창고보다는 유통형 창고 수요가 훨씬 많아졌습니다. 이커머스, 유통 업종들이 물류센터 거점 구축을 위한 장기 계획을 많이 수립하고 있고, 그에 따른 도크 접안 형태 등이 상당히 중요한 요소로 부각되고 있습니다.

그리고 창고가 대형화되고 있습니다. 쿠팡이나 네이버, O2O(Online to Offline) 형태로 운영하는 업체들이 3~5년 후 거점 구축을 위한 프로젝트

설계를 하고 있는데, 대부분 대형화된 창고를 설계하고 있습니다. 그래야지만 많은 자동화된 설비를 구축할 수 있어서 인건비와 물류비용을 절감할 수 있습니다. 이렇게 대형화된 창고에는 적절한 유효고, 적절한 창고 깊이, 그다음에 많은 차량이 접안 될 수 있는 도크 수 확보, 야드 확보, 그다음에 자주식 램프 또는 각 지형을 이용해서 층별로 올라갈 수 있는 산지형 구조로 건축되고 있습니다. 3년 전만 해도 한 층의 면적이 만 평을 넘어가는 경우가 흔하지 않았는데, 최근에는 10만 평 이상의 대형 물류센터가 많이 공급되고 있습니다.

시설도 사용자의 입장을 반영하여 짓고 있습니다. 임차인의 입장에서는 보관 효율성이 높은 고도 10m 이상을 확보해야 하고, 도크도 차량 접안이 원활하도록 충분히 확보해야 하고, 40대 컨테이너 트레일러가 원활하게 회전할 수 있는 회전 반경을 갖춰야 하기 때문에, 최근 평지에 짓고 있는 물류센터들은 도크 수를 최대한 많이 확보하고 땅의 모양도 직사각형 형태입니다.

또 하나 말하자면 토지의 용도에 따라서 달라집니다. 예전에는 공장을 물류센터 용도로 변경해서 개발했는데, 최근에는 계획 관리지역이나 지구 단위 개발이 많이 이루어지고 있습니다. 또한 산업단지에 일정 부분 물류센터 용도로 변경해서 개발하고 있습니다. 그리고 산지형 물류센터 같은 경우는 차량들이 지형을 이용해서 직접 접안하기 때문에 임대 전용률이 상당히 높고, 야드를 폭넓게 활용할 수 있는 장점이 있습니다. 그래서 화주가 가장 원하는 스펙은 평지에 짓는 자주식 물류센터보다는 산지형 물류센터라고 할 수 있습니다.

물류센터 같은 경우 과거에는 대형 물류센터가 많이 없었지만 최근에는 대형화, 복합화, 양극화, 고도화되는 추세입니다.

첫 번째로 대형화에 대해서 살펴보면, 우리 물류 기업이나 일반 기업 입장에서는 물류비를 절감하기 위해서 흩어져 있는 물류센터를 통합 시키는 통합화에 대한 니즈가 발생합니다. 그리고 통합하면 물동량이 증가하기 때문에 차량 접안 능력도 필요해지다 보니 물류센터가 대형화됩니다. 또한 물류센터를 매입하는 기관투자가의 자금이 주로 펀드 형태로 배당이나 셀다운(selldown, 재매각)을 효과적으로 실시하기 위해 보다 안정적인 임대 수익을 기대할 수 있는 대형 물류센터를 선호하는 것입니다.

두 번째는 복합화 관련인데, 최근의 이커머스 시장의 확대와 새벽 배송 등의 식품 배달 시장의 확대에 힘입어 신선 물류센터의 수요가 늘어나고 있습니다. 또한 신선 물류센터는 상온 물류센터 보다 임대료가 약 두 배 수준으로 높아 임대 수익률도 높습니다. 따라서 최근에 지어지는 물류센터는 일반 상온과 저온 물류센터를 혼합하여 건축하는 복합 물류센터가 증가하고 있습니다. 최근에는 저온 물류센터의 공급 비중이 크게 늘고 공실률이 커지면서 저온 센터 임대료는 하락하는 추세입니다. 상대적으로 상온 물류센터는 공급이 부족한 상황으로 상온 물류센터 임대료는 상승하면서 저온 물류센터 임대료와의 차이가 줄어들고 있습니다. 이런 상황이 당분간은 지속될 것으로 보이며, 여기에 금리까지 인상되면서 저온 물류센터에 대한 투자 심리는 줄어들고 있습니다.

세 번째는 양극화 관련인데, 물류센터의 대형화는 반대로 소규모 영세 물류 센터의 경쟁력 저하로 이어집니다. 임차인의 확장성이 큰 물류센터 선호 및 대형 물류센터에 대한 펀드 투자 선호 등으로 대형과 소형 센터 간의 양극화 및 재래식 센터와 최신식 센터 간의 양극화는 더욱 심화될 것으로 예상됩니다.

네 번째로 고도화, 첨단화 관련입니다. 보관형 물류에서 온라인 시장 성장에 따라 유통형 물류로 변화하여 화물차량의 입출이 증가하게 되고, 이는 물류센터 도크에서 확보할 수 있는 Berth 수의 증가로 이어집니다. 따라서 다층형으로 이루어지는 물류센터의 각 층에 화물차량이 이동할 수 있는 Ramp Way가 설치되고, 각 층에 화물차량이 접안할 수 있도록 물류센터가 현대화되고 있습니다.

Q7

물류센터 건설 시 사업성 여부 판단 기준

◉ 교보리얼코 최문식 부장

가장 중요한 것은 토지가이며, 토지가는 모든 것과 연동됩니다. 실질적으로 건축 단가나 평당 단가는 (물론 비딩 입찰로 하게 되면 회사들마다 차이는 있습니다) 절대적인 건축 단가를 넘어설 순 없습니다. 인건비나 원자재 상승분을 포함한 평당 단가는 건드리지 못하다 보니 임대료 등을 측정하기 위해서는 토지가가 저렴해야 합니다. 얼마나 저렴한 토지를 확보하느냐에 따라서 타 물류센터보다 저렴한 임대료를 제시하여 더 빠르게 임차인을 유입할 수 있는 전략까지 수립할 수 있습니다 그래서 개발 단계에서부터 개발 컨설팅을 하는 이유가 바로 이 부분 때문입니다. 선호하는 디자인이라든지, 연계되는 부분들도 지속적으로 컨설팅하지만 가장 중요하게 여기는 것은 토지가이며, 주변에 형성된 임대료 대비 신축 건물이지만 5~10% 정도 저렴하게 임대할 수 있는 여력이 되는지에 대해서 많은 조언을 합니다.

물류센터 건설 시 사업성은 크게 토지비, 공사비, 관리비, 금융비 등으로 구분하는데, 현재 물류센터를 상온으로 건설한다면 수익이 날 곳은 거의 없다고 보고 있습니다. 수도권 외곽 같은 경우는 건축 인허가가 난 이후 계획 관리를 할 때 평당 150만 원이 넘어가면 Cap Rate가 떨어져도 상온으로 건설했을 때의 수익이 거의 없다고 보고 있습니다. 그래서 상저온 복합 물류센터를 많이 건설하고 있습니다.

물류센터 건설 시 사업성을 판단하는 가장 중요한 기준으로 첫 번째는 저렴한 토지를 매입하는 것이 중요하고, 두 번째는 공사비입니다. 산지형과 자주식 물류센터 같은 경우 공사비가 거의 비슷합니다. 인천처럼 바닷가 근처인 경우에는 파일을 깊게 박아야 하기 때문에 기초 공사비가 많이 들어가는 단점이 있지만, 공사비가 비슷하더라도 전용률에서 차이가 많이 납니다. 일반 공업지역에 6천 평 정도의 물류센터를 지었을 때 건폐율이 70%, 용적률이 350% 정도이고, 전용률이 약 65~70% 정도입니다. 그런데 경사지에 똑같은 6천 평 규모의 물류센터를 짓는다면, 전용률이 90~95% 정도 됩니다. 즉 공사비는 비슷하지만 전용률이 높다는 것은 임대 수익이 많이 발생한다는 의미입니다. 그래서 동일한 임대면적에 물류센터를 지을 때 산지형으로 지을 것인지, 자주식 램프를 이용한 평지형에 지을 것인지가 중요합니다.

세 번째는, Cap Rate입니다. 입지에 따라서 지방과 수도권의 스펙이 동일하다고 가정하면 Cap Rate는 0.3~0.5% 정도 차이가 납니다. 그래서 지방의 물류센터를 공격적으로 개발할 것인지, 수도권 외곽에 있는 물류센터를 개발할 것인지는 중요합니다. 그리고 입지환경, 인허가 난이도, 사업비용, 시장 환경 등에 따른 수지 분석을 통해서 종합적인 상황 판단이 필요합니다.

첫 번째로 입지환경에 대해서 말하자면, 입지환경에는 다음과 같이 4개의 요인으로 구분할 수 있습니다.

❶ 입지환경

부지 형태에 따라 효율성에 차이가 나는데, 창고의 깊이가 깊거나, 도크의 접안 대수가 적거나, 야드의 확보가 안 되는 문제 등의 문제가 발생하지 않도록 해야 합니다.

❷ 사업 부지 지역 지구

계획관리지역이냐 자연녹지지역이냐 또는 산업시설구역 내에 있느냐에 따라서 개발할 수 있는 건폐율이나 용적률의 차이가 발생하기 때문에 사업성을 판단할 때 상당히 중요합니다.

❸ 광역교통 연결망과의 연결성

고속도로와 연계되어 있느냐, 지방국도와 연계되어 있느냐는 물류비용 중에 운송비와 연관되었기 때문에 중요합니다.

❹ 센터의 유형

RDC 센터로 쓸 수 있느냐, CDC냐, 아니면 TC 개념의 유형이냐에 따라서 임차 수요가 달라지기 때문에 중요합니다.

두 번째로는 인허가 난이도입니다. 쿠팡 물류센터에서 화재가 난 이후에 각종 규제가 심해졌습니다. 경기도에서는 2021년부터 대규모 개발행위 허가를 제한하고 있으며, 지구단위 계획으로 유도하고 있는 형편입니다. 또한, 자연녹지지역이나 산업시설구역 내에 있는 지역이냐에 따라서 인허가도 달라지며, 거주지에서 물류센터 200m를 이격해야 하는 등의 부지 인근에 대한 인허가 제한 부분이 있습니다. 인접지에 병원이나 학교가 있으면 각종 민원 이슈가 발생할 수 있습니다.

세 번째로는 사업비용입니다. 사업수지 분석에 가장 큰 영향을 주는 게 토지비, 건축비, 금융비인데, 가장 큰 비중을 차지하는 것은 금융비입니다. 최근에 지가, 원자재 가격, 금리가 상승하고 있기 때문에 사업비용에 절대적인 영향을 끼치고 있습니다.

네 번째는 시장 환경입니다. 즉 입지에 따른 상저온 구성 비율로, 개발 시점 또는 시장 상황상 상저온 수요 대비 어떻게 공급하면 좋을지를 확장하는 부분도 상당히 중요하고, 그에 따라서 임대차에 대한 리스크가 해소된다고 볼 수 있습니다.

정리하자면 입지환경과 인허가 난이도, 사업비용 그다음에 상저온에 대한 비율이 사업성을 판단할 때 반드시 고려해야 할 사항입니다. 사업성에는 매각도 포함됩니다. 그러다 보니 대체 임차인을 충분히 찾을 수 있는 프라임급 입지라면 엑시트 할 때 매각 차익을 남길 수 있는데, 가치가 좀 떨어지는 입지라면 대체 임차인을 찾기 힘들기 때문에 사업성이 떨어진다고 볼 수 있습니다.

물류센터 건설 시 입지가 이미 결정된 상황에서의 사업성 여부를 판단할 수 있는 기준에는 임차인의 신용도, 공실률, 임대료 수입, Cap Rate 등을 들 수 있습니다.

첫 번째, 신용도와 관련해서는 동일한 물류센터라도 임차인의 신용도에 따라서 해당 물류센터의 사업성이 크게 달라질 수 있습니다. 임차인의 신용등급이 최상위 우량등급이라면 임대료를 받지 못하는 리스크가 그만큼 줄어들기 때문에 해당 센터를 매입하려는 투자자는 더 안정적으로 믿고 투자할 수 있기 때문입니다.

두 번째, 물류센터의 공실률이 높아지면 그만큼 임대수익이 줄어들기 때문에 실사용자인 임차인을 많이 확보해서 공실률을 얼마큼 많이 줄이느냐가 관건입니다. 때문에 앞에서 언급한 좋은 입지, 시설, 야드, 전층 접안 등을 확보하려는 것입니다.

세 번째, 임차인의 신용도가 높아지고 물류센터의 공실이 줄어들면 임대료를 안정적으로 받을 수 있어 수익이 증가하고 사업성이 높아집니다. 그래서 보다 많은 임대료를 받기 위해 물류창고뿐만 아니라 지원시설이나 넓은 주차장 등을 확보하고, 신선 물류센터는 일반 물류센터보다 임대료가 약 2배 정도 높기 때문에 신선 물류센터를 건축하려고 합니다. 그리고 임차인이 상온과 저온을 같이 취급하는 경우도 있으므로 상온과 저온을 같이 취급하는 화주를 유치하려고 상온과 저온을 동시에 수용할 수 있는 복합 물류센터의 건립이 증가하고 있습니다.

네 번째, 임대료 수익에 근거하여 최종 사업성을 판단하는 기준으로는 여러 지표들이 사용되지만, 최근에는 Cap Rate라는 공식을 사용하여 판단합니다. 자본환원율, 즉 Cap Rate라고 하는 것은 감가상각이나 시점에 따른 현금 가치를 고려하지 않고 순 운영수익에 초점을 두고 평가하는 지표입니다. 임대수익에서 관리 비용을 제외한 순이익을 NOI(Net Operation Income)라고 표현하는데, Cap Rate=NOI/Market Value(매매가)를 뜻합니다. 자산의 임대수익에서 관리 비용을 제외하는 NOI를 자산의 매매가격으로 나누는 비율을 뜻하며, Cap Rate가 높으려면 매월 임대수익이 높거나 혹은 부동산을 싸게 사야 가능하다는 의미입니다. 그런데 건축주 입장에서는 반대로 높은 가격에 매각하고 싶어 합니다. 즉 임대료를 변동시키지 못하고 고정된다면 Cap Rate가 낮아질수록 매매가격은 높아지는 것입니다. 불과 2~3년 전에는 6~7% 수준의 Cap Rate가 최근에는 4~5%대까지 내려오고 있으며, 좋은 입지와 좋은 시설의 물류센터는 4%대 초반까지도 거래되고 있어 물류센터 가치가 최고 수준에까지 다다르고 있습니다. 그러나 우크라이나 전쟁과 미중 갈등 속에서 국제 공급망 부실로 공사자재 가격 상승, 금리 인상, 저온 물류창고 공급 과잉 등의 시장 상황으로 인하여 최근에는 Cap Rate가 다소 높아지고 있는 상황입니다.

물류 펀드, 물류 리츠 입장에서
선호하는 선매입 또는 실물의 기준

◉ 교보리얼코 최문식 부장

일단 수익성입니다. 신축 여부도 약간의 작용을 하겠지만 펀드나 리츠는 금융사들의 입장이기 때문에 중요한 것은 현재 임차인이 얼마의 임대료를 내고 있고, 그 임대료를 통해서 얼마의 수익이 발생하느냐입니다. 증권을 포함하여 모든 투자 사업에서는 얼마큼의 투자 가치가 나올 수 있는지가 제일 중요하며, 투자자에게 얼마큼 배분해 줄 수 있는지가 가장 큰 관건입니다. 현재 Cap Rate가 7%에서 4.3% 정도까지 내려가 있는 추세입니다. 이것을 평준화로 볼 수는 없지만, 4.3%로 내려가는 사례도 나타나다 보니 매각가가 많이 올랐습니다.

Cap Rate가 낮아질수록 매각가가 올라가는 현상들이 나타나는데, 결국에는 어느 정도 거품이 껴있다고 봐야 합니다. 실질적으로 금융사들이 모든 물류센터를 매입하다 보니 이런 부분들에 대해서는 별도로 설명하지 않겠지만, 수익성이 잘 나오는 모델이 최고라고 생각하면 됩니다. 특별히 물류센터의 외관이 예쁘거나 형태가 잘 나와서라기보다는 우량 임차인(대기업)들이 들어가 있는 센터들, 쉽게 얘기해서 임대료를 많이 받을 수 있는 물류센터들을 선호합니다.

요즘 유행하고 있는 선매입은 펀드사나 리츠사가 갖고 가는 것 중에 선점해서 좀 더 싼 가격에 매입하려는 게 목적입니다. 그렇게 매입하면 기존의 완성된 제품을 비딩을 들어가서 따내는 것보다 훨씬 더 많은 차익을 가집니다. 선매입이기 때문에 아직 건설되지 않은 물건에 대해서 투자하거나 약정하고, 그 부분에 대해서 사업자는 조금 더 싼 가격에 계약합니다. 하지만 선매입이나 선매각을 선호하는 것은 그렇게 좋은 방법이라고 볼 수 없습니다. 선매입과 선매각은 입지가 너무 좋아서 물류센터를 지었을 때 임차인의 수요가 많을 것으로 예상되어야 하는데, 그렇지 않다면 선매입이나 선매각이 힘듭니다.

그리고 선매입을 하는 선매입사 입장에서 봤을 때, 입지가 좋은 지역이 아닌 경우에는 물류센터를 개발했을 때의 장점이 뭔지를 찾아봅니다. 가장 큰 장점이 임대료입니다. 임대료가 낮으면 나중에 임대료를 높여서 수익을 더 낼 수 있다는 가능성을 보고 들어가는 것이지, 인허가가 나서 물류센터를 지었다고 무조건 매입하지는 않습니다. 그래서 선매각을 못해서 사업이 몇 년 동안 표류하거나 손실을 보는 사업자도 여럿 봐왔기 때문에, 선매각이나 선매입을 할 때는 초기에 계획해야 하고 반드시 전문가에게 자문을 구해야 합니다. 특히 소외된 지역이나 물류센터가 공급되지 않은 지역 중에 교통망이 확충될 경우, 물류센터를 지으면 활성화되겠지라는 막연한 희망에 토지를 매입해서 선매각이나 선매입을 요청하는 분들이 있는데, 입지에 대한 요소나 사업성을 간과하고 마구잡이로 사업을 벌이다 보니 결국에는 대부분 실패합니다. 임차인이 선호하지도 않는 지역을 토지가가 싸다는 이유만으로 대형 평수를 매입한 후, 물류센터 인허가까지 받아놓고 짓기만 하면 되니 선매각을 해달라고 하는 분들이 종종 있는데, 사업을 시작하기 전에 판단을 검토하되 본인들의 판단을 100% 믿지 말고 제3자에게 확인받는 것이 좋습니다.

사업성에 대한 기준은 아주 간단합니다. 사는 사람이든 파는 사람이든 모두가 수익을 남기기 위한 것입니다. 수익성을 낼 수 있는 물건인지가 판단 기준이므로 모든 것을 이 기준에 맞춰 검토해야 합니다. 그래서 물류부동산을 개발하는 분들이나 공급하는 분들이나 매입하는 분들도 수익성에 대한 검토를 해야 합니다. 최근에 운용사나 펀드들도 이런 경험을 축적했기에 예전보다는 신중하게 매입·매수를 하고 있습니다.

저자가 경험했던 사례를 들어 설명하자면, 서해안 바닷가 쪽에 토지가 싸다고 매입해서는 여기에 물류센터를 짓겠다는 분들이 있었습니다. 저자는 굉장히 위험하다는 생각이 들어 만류했음에도 불구하고 사업을 강행하는 분들도 있었습니다. 일반적으로 경부나 중부, 제2중부고속도를 메인 도로라고 하는데, 이런 메인 도로가 아닌 서해안 고속도로는 산업용 도로로서 효용성이 높지 않습니다. 그래서 서해안 고속도로를 이용하여 개발한다면 사업성을 담보할 수 없습니다. 심지어는 강원도 산간 지방에 물류센터를 짓겠다는 분들도 계셨습니다. 이런 분들도 나름 사업성을 따져봤겠지만, 앞에서 언급한 내용들을 참고하여 주의 깊게 검토하고 사업을 진행해야 합니다.

물류센터를 개발할 때는 내가 가지고 있는 토지에 물류센터를 지어 활용하는 경우가 있고, 자본이 있어서 특정한 입지를 구입하여 물류센터를 개발하는 경우가 있습니다. 일반적으로 후자보다는 전자 형태의 물건을 가지고 오는 분들이 많습니다. 미리 매입했거나 매입하기로 약정된 물건을 가져와서 물류센터를 개발했을 때, 임대료가 낮게 책정됐을 경우 왜 이렇게 임대료가 낮은지에 대해 항의하는 경우가 많습니다. 이는 앞에서 확인했어야 할 프로세스를 무시하고 진행했기 때문임을 명심해야 합니다.

◉ 메이트플러스 노종수 상무

펀드, 리츠가 물류센터를 선택할 때 고려하는 몇 가지 사항이 있는데, 첫 번째는 입지입니다. 즉 화주들이 선호하는 입지인가가 중요합니다. 그 이유로는 공실이 발생하지 않을 만한 위치인가, 대체 임차인을 찾을 수 있는 위치인가를 많이 고려하기 때문입니다.

두 번째는 스펙입니다. 같은 물류센터라도 하나는 층고가 8m이고 다른 하나가 10m라고 할 때, 임차인이 선호할 곳은 보관 효율이 좀 더 높은 10m 층고입니다. 또한 최근에는 저온 시장이 급속도로 성장하고 있는데, 상온으로 매입했지만 저온으로 바꿀 수 있는 물류센터인지도 고려 대상입니다. 임차인의 크레디트도 상당히 중요한데, 크레디트가 낮은 3자 물류 회사 같은 경우는 디폴트가 발생하는 경우가 종종 있기에 우량 화주인지, 계약기간이 긴지 등도 충분히 검토해야 합니다.

세 번째는 건물의 노후도입니다. 건물의 노후도에 따라서 유지관리비가 많이 들어가기 때문에 아주 오래된 물류센터를 매입할 경우, 매각할 때 매입에 대한 수요가 없어 매각이 어려워질 수도 있습니다. 물류 펀드나 물류 리츠 같은 경우 기관투자자가 물류센터 매입 시에 가장 중요하게 생각하는 것은 안정적인 수익 확보와 만기 시 재매각을 통한 매각 차익 확보입니다. 그렇기 때문에 임대수익이 안정적이고 매각 차익 확보가 가능한 물류센터의 경우에는 높은 자산 가치를 인정받을 수도 있고, 낮은 Cap Rate로 거래되는 것이 일반적입니다. 평택의 아디다스 물류센터 같은 경우 Cap 3.5%에 거래된 사례가 있습니다. 선매입 자산은 임대수익 안정화가 최우선이기 때문에 화주사의 시선에서 선호하는 기준과 똑같다고 보면 됩니다. 특히 최근 물류부동산 확보 경쟁이 활발한 이커머스나 유통 업체의 수요에 맞추는 것을 우선적으로 하고 있습니다. 구체적으로 보면 도심 인근의 고속도로 접근성이 좋은 입지 또는 전 층에 접안 되거나 넓은 연면적과 높은 층고, 야드가 확보되고 상저온 비율이 적절히 구성된 자산이 이커머스 화주사 입장에서는 유리하기 때문에 시장에서 높게 평가받고 있는 추세입니다.

한편 임대차 리스크가 해소된 실물 자산 같은 경우에는 우량한 임차인이 장기 계약하여 잔여 임차 기간 기간이 많이 남아 있을수록 투자자가 선호하며, 그에 따른 Cap Rate도 선매입한 것에 대비해서 낮게 나타납니다. 자산 매입 단계에서부터 재매각 시 대체 임차인 수요를 설득할 것을 고려하여 선호하는 입지와 구조 설계 등이 우수한 자산을 선호하는 편이고, 투자자의 성향에 따라서 밸류 애드를 통한 매각 차익의 극대화를 고려해서 전 층 및 저온으로 전환이 가능한 자산을 선호하고 있습니다.

물류센터를 주로 매입하는 물류 펀드나 물류 리츠 입장에서 선호하는 선매입 또는 실물의 기준은 우량 임차인이 사용하며, 공실률이 낮은 서울에서 가까운 입지에 있는 최근 건립된 시설의 물류센터입니다.

선매입의 경우에는 인허가가 완료되어 건축 전 시점이나 건축 중에 매입하는 것으로, 사전 임대차 계약이 없는 경우에는 매입하는 쪽에서 임차인을 유치해야 하는 리스크를 가지게 됩니다. 이런 리스크가 있음에도 선매입하는 이유는 임차인을 쉽게 유치할 수 있는 좋은 시설로서 판단하는 것도 있으며, 임차인이 없는 상태에서 가격을 낮게 지불할 수 있기 때문입니다. 즉 물류 펀드나 물류 리츠 입장에서 선호하는 실물은 보통 만 평 이상, 전 층에 접안할 수 있고 상온과 저온을 동시에 가지고 있는 복합 물류센터로서 고속도로 IC에서 가까우며 공실 우려가 적으며, 접안 Berth가 많고 야드가 넓은 최신 물류센터라고 볼 수 있습니다. 최근에는 저온 물류센터의 공급 과잉으로 인하여 저온 물류센터가 어느 정도 소진되기까지 당분간은 상온 물류센터를 더 선호하는 방향으로 바뀌고 있습니다.

Q9

국내 저온 물류창고(콜드체인 보관) 규모와 산업 동향

◉ (주)컨펌 유강철 소장

국민의 소득이 증가하고 삶의 질에 대한 수준이 높아지면서 식품의 신선도와 보관에 대한 관심이 점점 높아지고 있습니다. 온라인 주문과 새벽 배송의 급속한 성장과 신선식품 시장이 확대되면서 콜드체인 보관시설의 핵심인 저온 물류창고 건립도 증가하고 있습니다. 건조식품, 캔류, 계란, 가공식품 등 기존에 상온에서 보관하던 상품이 냉동냉장으로 전환되면서 콜드체인 물류창고 수요도 증가하고 있습니다. 일본의 경우 냉동냉장 취급 비율이 약 50%, 유럽은 약 65% 수준으로 상온 보관보다 더 높은 비율을 보이고 있습니다.

국토교통부의 국가물류통합정보센터에 의하면 물류시설의 개발 및 운영에 관한 법률(물류시설법), 식품위생법, 축산물위생법, 항만법 및 식품산업진흥법에서 규정하고 있는 저온 보관시설 규모는 [표 3-1]과 같이 약 2천486만 제곱미터 규모로, 전체 보관시설 규모 6천452만 제곱미터의 약 40% 수준으로 일본이나 유럽에 비해 상대적으로 낮은 비율을 보이고 있습니다. 한편 인천지역을 중심으로 저온 물류창고의 공급 증가와 코로나 사태와 전쟁 등으로 인한 국제 공급망 부실에 따른 저온품목의 수입 감소 등의 영향으로 현재는 저온 창고의 수요는 감소 상태에 있다고 할 수 있습니다. (그림 3-6 참고)

그림 3-6 **국내 저온 보관시설 면적 비율**

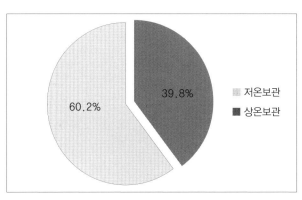

※ 출처: 국가통합물류정보센터(2022. 10. 21), [표 3-1] 기준

여기서 물류시설법에 의한 영업용 보관시설은 전체 바닥면적의 합계가 1천 제곱미터 이상인 보관시설 또는 전체 면적의 합계가 4천500백 제곱미터 이상인 보관 장소만을 등록 대상으로 하고 있어, 이보다 적은 영업용 물류창고와 자가 사용 창고는 제외되었습니다.

적용 법률에 의한 보관시설 규모는 [그림 3-7]과 같이 물류시설법에 의한 일반창고 비율이 가장 많으며, 다음으로 관세법에 의한 상온 및 저온 시설이 많은 비율을 차지하고 있습니다.

표 3-1 국내 저온 보관시설 면적 규모

(단위 : 천m²)

구분	물류시설법	식품위생법	축산물위생법	수산식품산업법	물류시설법	관세법	소계	물류시설법	물류시설법	물류시설법	관세법	유해화학법	소계	합계
	냉동냉장	냉동냉장	축산물보관	냉동냉장	항만창고(저온)	보세창고(저온)		일반창고	보관장소	항만창고(상온)	보세창고(상온)	보관저장업		
구성비	2.5%	6.3%	4.1%	4.6%	9.6%	12.6%	39.8%	21.7%	3.9%	9.6%	12.6%	12.3%	60.2%	100%
총합계	1575	3964	2547	2883	6009	7886	24864	13556	2460	6009	7886	7677	37587	62452
경기도	955	2153	1920	415	391	1878	7711	8247	230	391	1878	570	11315	19027
부산광	19	984	63	1457	1915	1662	6101	270	71	1915	1662	141	4059	10160
경상남	109	220	65	359	1301	632	2686	801	470	1301	632	448	3653	6338
전라남	34	20	56	159	893	82	1243	273	290	893	82	792	2330	3574
인천광	63	150	101	111	683	2016	3124	891	207	683	2016	133	3929	7053
경상북	69	80	42	104	346	40	681	428	67	346	40	525	1406	2087
울산광	10	12	15	7	348	368	760	137	50	348	368	4379	5281	6041
충청남	114	70	46	77	44	399	751	445	45	44	399	183	1116	1866
강원도	9	25	21	129	43	3	231	83	47	43	3		177	409
전라북	30	49	34	50	43	754	961	264	107	43	754	236	1403	2364
충청북	45	94	58			16	213	550	21		16	263	850	1063
광주광	44	24	39			2	110	253	2		2	4	261	371
서울특	43	25	25			21	113	329			21		350	463
대구광	10	23	11	14		2	60	116	30		2		149	209
제주특	14	11	23			1	49	78	16		1		95	143
세종특	2	15	16			5	37	201	390		5	5	602	639
대전광	6	10	11			6	33	190	416		6		612	645

※ 출처: 국가통합물류정보센터(2022.10.21.), 항만창고와 보세창고 중 저온 비율은 50%로 가정함.

그림 3-7 법률에 의한 보관시설 면적 비율

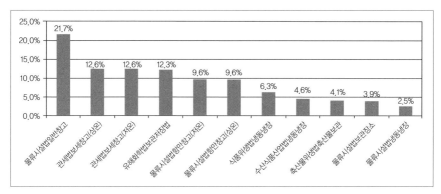

※ 출처: 국가통합물류정보센터(2022.10.21.), 항만창고와 보세창고 중 저온 비율은 50%로 가정함.

냉동냉장 보관시설 규모는 [그림 3-8]과 같이 경기도가 771만1천 제곱미터로 가장 많으며, 다음이 부산, 인천 순입니다. 전체 창고 면적 또한 경기도, 부산, 인천 순으로 나타났습니다.

그림 3-8 지역별 냉동냉장 보관시설 면적 규모

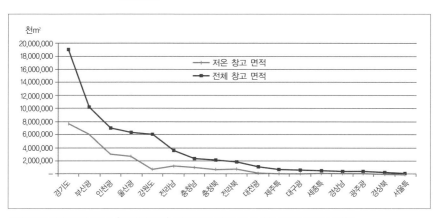

※ 출처: 국가통합물류정보센터(2022.10.21.), 항만창고와 보세창고 중 저온 비율은 50%로 가정함.

국내 저온 보관 서비스의 유형(구조)과 특성

❶ 냉동 및 냉장 보관 서비스

콜드체인 보관 서비스는 유통과정 중 유지 온도의 차이에 의해 냉장 유통과 냉동 유통으로 구분합니다. 일반적으로 냉장 유통 시에는 상품의 유지 온도를 빙결점대인 0~4℃로 보관하는데 반해, 냉동 유통에서는 동결 상태인 −18℃ 이하에서 보관 온도를 유지합니다. 냉장 유통의 경우 빙결점대에서 적정한 온도를 유지해야 효과적이며, 만약 온도가 지나치게 낮아지면 저온 장애(cold injury)를 입게 되어 상품가치가 손상됩니다.

또한 과일의 경우 작물에 따라 저온에 대한 내성이 다르므로 이 점을 고려하여 예냉이나 온도관리를 해야 합니다. 따라서 냉장 유통은 온도관리에 어려움이 따르므로 유통 보관비용이 냉동 유통보다 더 많이 소요됩니다. 반면 냉동 유통은 상품을 완전히 동결시킨 상태에서 보관 유통합니다. 따라서 온도 관리가 용이하고 냉장 유통에 비해 비용이 적게 들며, 저장 기간을 연장할 수 있습니다. 그러나 농수산물이 동결되면 조직이 파괴되어 상품의 질적 저하를 초래하는 부작용을 고려해야 합니다.

그리고 냉동 보관 서비스에 종사하는 작업자의 작업환경이 냉장 보관 서비스에 종사하는 작업자보다 더 열악한 환경이라고 할 수 있습니다. 냉동 보관의 경우 보통 −18℃ 이하에서 작업해야 하기 때문에 하절기에도 두꺼운 방한복과 방한화를 착용해야 하고, 냉장 환경과 냉동 환경 및 상온 환경을 번갈아 이동하기 때문에 작업성이 저하되기 쉽습니다.

이러한 열악한 작업 환경을 없애고 입출고와 보관을 자동으로 처리하며 관리와 제어를 전산화로 처리하는 정보시스템을 결합한 냉동자동창고도 운영되고 있습니다. 하지만 자동창고는 일반 수동창고와 달리 유연성이 낮아 물동량이 집중되는 피크 타임에 대응하기 어려운 단점이 있습니다. 반면 일반 수동창고는 인력과 장비를 보다 쉽게 조절할 수 있어 이러한 피크 대응에는 더 유리하다고 할 수 있습니다.

❷ 임대 및 수탁 서비스

콜드체인 임대 보관 서비스는 공간을 입주사에 빌려주는 임대 서비스와 물품을 맡아서 보관해 주고 보관료를 받거나, 입출고 서비스를 대행해 주고 하역료를 받는 수탁 서비스로 구분할 수 있습니다. 이 경우 건물주가 수탁 서비스를 직접 제공할 수도 있으며, 물류업체가 공간을 임차하여 수탁업무를 제공하는 경우도 있습니다.

공간 임대 서비스는 공간 임대료 외에도 건물의 유지 보수에 필요한 관리비를 별도로 지급해야 하며, 운영에 필요한 동력비 등도 사용자가 부담해야 합니다. 공간 임대를 하는 경우에는 임차인이 임차 공간을 이용하여 직접 사업을 운영하여 수익을 창출합니다. 반면 수탁 서비스는 수탁 서비스 제공사인 3PL사나 운영업체에 톤당, 팔레트당 또는 박스당 보관료와 입출고 수수료를 물품 화주사가 지불해야 합니다. 이 경우 보관료와 하역료를 포함하여 물품 취급액의 3~4% 정도의 요율제로 수수료를 지불하는 경우도 있습니다.

❸ VAL(Value Added Logistics : 부가가치물류) 서비스

콜트 체인 보관업에서도 홈쇼핑, 소셜커머스 등의 다양한 고객의 요구에 따라 필요한 박스를 분할하여 낱개 묶음 단위로 포장하는 소분 작업, 여러 가지 주문 상품을 모아서 고객별로 한 번에 모아 포장하는 합포장, 가격표 부착 등의 가공 · 조립 · 분류 · 수리 · 포장 · 상표 부착 · 판매 · 정보통신 등의 부가가치물류(VAL; Value Added Logistics) 서비스를 제공하고 있습니다.

부가가치 물류가 늘어나는 이유는 최근 급진전되고 있는 온라인화, 1인 세대 증가 및 다품종 소량 수용 증가 등 고객 요구의 다양화 · 차별화된 시장 변화에 효과적으로 대응하지 않으면 살아남기조차 어렵기 때문입니다. 이와 같은 부가가치 물류활동은 냉동제품보다는 냉장 품목이 더 많으며, 명절 시의 선물세트화 같은 소분 포장 및 택배까지 이루어지고 있습니다.

❹ 보세 서비스

보통 외국 물품이 국내에 반입되면 세관에 수입신고 후 관세 등의 세금을 납부해야 출고가 가능하며, 그때부터 법적으로 우리나라 물품이 되는 것입니다. 이때 보관하는 창고에 반입된 물품은 임의로 출고할 수 없으며, 그 창고에 있는 물건은 물리적으로는 우리나라에 위치하고 있으나 아직 세관에 수입신고를 하지 않아 세금이 보류된 상태이므로 이곳을 '보세구역'이라고 합니다.

보세구역은 지정보세구역, 특허보세구역, 종합보세구역으로 구분합니다. 지정보세구역은 지정 장치장 및 세관검사장으로 구분하며, 특허보세구역은 보세창고, 보세공장, 보세전시장, 보세건설장, 보세판매장으로 구분합니다. 보세구역은 대부분 입항지(부산항, 인천항 등)에 소재하고 있으나 필요나 목적에 따라서 내륙지에도 많이 위치하고 있습니다.

예를 들어 ICD(Inland Container Depot/Clearance Depot) 같이 항만 터미널과, 내륙운송시설과 연계가 편리한 산업 지역에 위치한 컨테이너장치장과, 컨테이너 화물에 통관 기능까지 부여된 컨테이너 통관 기지 역할을 하고 있습니다. 냉동냉장 보관 장소로서 보세창고 역할을 수행하고 통관 서비스와 보세 서비스를 수행하고 있습니다.

❺ 유통형과 보관형 물류 서비스

저온 창고는 그 사용 용도에 따라 유통형과 보관형 물류 서비스로 구분할 수 있습니다. 유통형 서비스는 주로 보관 기간이 짧고 회전율이 높은 상품을 보관하는 TC(Transfer Center) 또는 Cross Docking 기능을 수행합니다.

반면 보관형은 보관 기간이 길고 회전율이 낮은 상품을 보관하는 SC(Stock Center) 기능을 수행합니다. 특히 냉동냉장 자동창고(ASRS; Automated Storage & Retrieval System)의 경우에는 정해진 시간에 입출고할 수 있는 물동량이 정해져 있기 때문에 유통형과 보관형의 선택에 주의를 기울여야 합니다. 하지만 특정적으로 유통형과 보관형 창고 기능이 정해져 있는 것이 아니므로 처리할 수 있는 물동량 능력(capability)에 대한 설정이 더 중요하다고 볼 수 있습니다.

📝 국내 주요 식품 저온 보관 서비스(센터 운영) 기업의 동향

❶ 자동형과 수동형 보관 서비스

영업용 콜드체인 보관 서비스를 제공하고 있는 회사는 일반적으로 일반 수동창고 위주의 보관 서비스를 제공하거나 자동창고 위주의 보관 서비스를 제공하는 회사로 구분합니다.

먼저 자동창고 위주의 보관 서비스를 제공하는 회사로는 선일자동냉장, 서영주정, 삼진글로벌넷, 인천 콜드프라자, 동원산업, 서울 복합물류 및 한국초저온 등으로, AS/RS(Automated Storage & Retrieval System)라는 자동화 시스템으로 보관랙과 보관랙에 적재를 자동으로 수행하는 Stacker Crane에 팔레트 단위로 입출고를 연결해 주는 입출고 주변 장치로서 RGV(Rail Guided Vehicle) 또는 입출고 Conveyor 등과 이를 제어하는 소프트웨어로 구성되어 있습니다. 특히 서영주정은 영등포구, 서울 복합물류는 장지동에 위치하여 서울 시내에 있는 영업용 자동창고로 보관 서비스를 제공하고 있습니다.

특히 한국초저온은 LNG가 기화할 때 방출하는 냉열에너지를 사용하여 기존 일반 기계식 냉동설비를 사용한 저온 창고와 비교할 때, 전기 등 외부 에너지 사용량의 50~60%를 절감할 수 있을 것으로 기대되는 냉동자동창고와 일반창고를 건립하여 운영하고 있습니다. 자동화 창고를 운영하는 회사라도 대부분이 자동창고에 보관하지 못하는 화물에 대비하여 일반 수동창고를 병행해서 보관 서비스를 제공하고 있습니다.

일반적으로 보관 서비스의 대상이 되는 주요 품목은 축산물이 가장 많은 비중을 차지하고 있습니다. 특히 보관 서비스에서 가장 애로 사항 중에 하나는 축산물, 수산물, 농산물 등 다양한 물품의 각 보관 온도 차이와 독립적으로 보관해야 하는 문제입니다. 예를 들어 오렌지와 수산물을 같은 보관실에 보관하는 경우 상호 냄새가 스며들어 상품 가치가 없어집니다. 또한 에틸렌이 발생하는 사과, 복숭아, 토마토 등과 에틸렌이 발생하지 않는 당근, 호박, 고구마 등을 같이 보관하면 상하게 되어 독립 보관실을 확보해야 하기 때문에, 소규모 공간 단위로 구분하여 운영해야 하는 어려움이 있습니다.

❷ 임대형과 수탁형 보관 서비스

공간을 빌려주는 임대형 서비스는 상온용 보관 임대에 비해 냉동설비 관련 투자비가 증가하여 전체 건립비가 증가하기 때문에, 임대료도 일반 상온에 비해 거의 2배 수준으로 높은 편입니다.

국내 단일 건물로서 가장 큰 규모인 화성 동탄 물류단지 B동은 485,195m²로 냉동냉장이 약 40%이고 나머지는 상온 임대 서비스로 제공하고 있습니다. 화성 동탄 물류단지 C동은 연면적 102,472m² 규모로 수탁형 서비스를 제공하고 있습니다. 임대 서비스 위주의 물류센터는 오산 로지스틱스, JWL, SIG 남양주화도, 한라평택, 코리아냉장, 서안성 복합물류, 양지 SLC, 세방 안성, 양지 복합 물류센터 등이 임대형 서비스를 운영하고 있습니다.

반면 수탁형 물류는 HL홀딩스(구 한라홀딩스), 서진엘앤씨, 삼진글로벌넷, 신우냉장, 세종물류, 오로라CS 등이 수탁형 서비스를 제공하고 있습니다.

❸ 표준화, 정보화

국가 표준 팔레트 크기는 '1100×1100'과 '1200×1000' 두 개의 복수 표준이고, 그 외 다양한 크기의 팔레트가 사용되고 있습니다. 실제 보관시설의 표준화와 설계가 미흡한 경우, 입하되는 팔레트 그 자체로 입고하지 못하고 보관시설에 맞는 크기의 팔레트에 이적하는 환적 작업을 별도로 실시해야 하는 경우도 있습니다.

또한 농산물의 경우는 축산물에 비해 포장 표준화가 어렵고 폐기율이 높아 상대적으로 HACCP(Hazard Analysis Critical Control Point; 위해요소중점관리기준) 또는 ISO 22000(식품안전경영시스템) 인증비율도 낮은 상태로, 축산물의 경우 산지에서부터 소비자에 이르기까지 HACCP 제도가 마련되어 있으나, 농산물의 경우 유통단계에, 수산물의 경우 전 단계에 아직 기준이 마련되어 있지 않습니다.

따라서 앞으로 냉동냉장 보관 서비스의 경쟁력을 높이기 위해서는 바코드 부착을 비롯한 포장 표준화와 IT 기술을 접목한 정보화율을 높여야 할 것으로 보입니다. 이러한 기반 위에 상품의 품질 보증을 높이기 위한 콜드체인은 물론 HACCP나 ISO 22000 인증 같은 품질안전경영시스템 등의 정보화적인 개선도 필요할 것으로 보입니다.

📝 식품 콜드체인(냉동냉장) 기업 보관 서비스의 수준

❶ 국내 종합물류기업의 매출 규모 수준

물류산업총람(물류신문사, 2022)에 의하면 물류업무를 위탁받아 보관 서비스와 기타 물류 서비스를 수행하는 종합 물류기업으로 2021년 매출(선박, 항공기 운항을 제외한 3PL, 운송, 보관, 하역, 택배 등을 포함) 1조 원 이상 기업은 현대글로비스 17.5조 원, CJ대한통운 7.7조 원, 삼성SDS 4.9조 원, LX판토스 4.5조 원, 롯데글로벌로지스 2.7조 원, 지오영 2.5조 원, 한진 2.2조 원, 삼성전자로지텍 1.9조 원, 동원로엑스 1.1조 원 등으로 1조 이상 대형 물류 회사 수는 9개 사밖에 되지 않고, 매출 1,000억 원 이상의 종합 물류기업도 75개밖에 되지 않으며, 전체 국내 종합물류기업의 수는 약 310여 개 사로 나타났습니다.

2021년 기준으로 세계적인 글로벌 기업인 DHL supply chain & global forwarding의 약 50조 원, 퀴네엔드나겔 약 48조 원, DSV Panalpina A/S는 약 33조 원, CH로빈슨 약 28조 원, NX홀딩스 약 23조 원 등의 규모에 비해 국내 상위 물류기업들도 크게 성장하고 있는 상황으로 조금 더 국제적인 경쟁력 향상이 필요해 보입니다.

❶ 국내 냉동냉장 물류기업의 보관 서비스 수준

위탁 물류업무 서비스 중에서 가장 기본은 보관 서비스이지만, 여기에는 필연적으로 입출고 하역이나 배송 서비스가 필요합니다. 냉동냉장 보관 서비스의 수준을 결정짓는 중요한 요소는 온도관리, 재고 정확도, 실시간 재고 정보

제공, 재고 로스율, 안전성 등입니다. 그 외 입고 시간, 출고 시간, 검수 시간, 차량 대기 시간 등이 있습니다.

한국교통연구원과 한국해양수산개발원 컨소시엄으로 통합되어 운영되고 있는 우수물류기업인증센터(2021. 08. 31 기준)로부터 종합물류서비스 기업 분야에서 16개 사, 물류창고기업 분야에서는 18개 사가 우수 물류기업으로 인증을 받은 상태입니다. 그러나 이러한 우수 물류기업으로 인증하는 심사 내용에는 냉동냉장 물류시설에 대한 평가 내용이 없어, 실제 우수 물류기업이지만 냉동냉장에 대한 서비스 수준이 어느 정도인지는 자세히 알 수 없는 상황입니다.

냉동창고의 보관 온도는 모든 공간에서 일정한 것이 아니라 공간별로 상당한 편차가 존재하므로, 실제 보관 온도와 설정 온도의 편차를 고려할 때 −18℃ 이하의 온도로 식품을 보관하기 위해서 설정 온도는 최소 −21℃ 이하에 맞춰야 합니다. 즉 식품공전에 명시된 냉동식품 보관 온도는 −18℃ 이하인데, 한국식품위생안전성학회지(2019.05)에 따르면 보관 온도가 −18℃ 이상인 냉동창고의 비율이 20.4%로 조사되어 적정 보관 온도를 지키지 못하고 있는 실정입니다.

또한 국내 냉동냉장 보관 서비스 수준 향상을 위해서는 보관 온도 관리뿐만 아니라 시설과 장비의 개선도 함께 이루어져야 합니다. 아직도 수동형의 수탁 서비스를 제공하고 있는 일부 기업들은 단지 보관 물량을 늘리려고 보관설비를 설치하지 않고, 바닥에서부터 차곡차곡 쌓는 재래식 보관 방식을 취하고 있어 상품 품질 유지의 어려움 및 보관 시 제품 손상 등의 우려가 상존하고 있는 실정입니다.

"

코로나 이후 언택트에 대한 수요가
증가하고 있고, 그에 따라서
물류에 대한 수요도 동반성장하고 있습니다.
특히 빠른 배송에 대한 수요 증가로 인해
수도권에 라스트마일 딜리버리를
할 수 있는 도심형 물류센터 거점 구축에
대한 수요가 상당히 증가하고 있습니다.

"

제**4**장
물류부동산
미래 예측

Q1
물류부동산 수요 공급 분석

⊛ JLL 코리아 우정하 상무

국내 물류센터는 계속적으로 증가하고 있습니다. 국내 물류센터는 연면적이 총 1,200만 평 정도이고 이 중 70% 정도가 수도권에 집중되었습니다. 우리나라 인구의 70% 정도가 수도권에 집중되었고, 물류도 수도권 위주로 움직이기에 물류센터 시행사나 투자자가 수도권을 선호할 수밖에 없습니다. 문제는 부지가 부족하다는 것인데, 최근에는 영남권, 천안, 충주, 음성, 대구, 구미 등의 지방에서 개발이 진행되고 있습니다. 특히 저자는 영남권을 긍정적으로 보고 있습니다. 회사 내부 조직에 부산지점을 개설할 정도로 부산, 양산·김해 지역을 긍정적으로 보고 있으며, 특히 수도권 다음으로 큰 마켓인 영남지역이 향후 수도권 다음으로 크게 성장하고 발전할 것으로 예상하고 있습니다. 아울러 상온센터는 계속적으로 임대수요가 많은 바, 저온센터는 최대한 작은 비율로 진행하는 게 좋을 듯합니다.

e커머스 시장은 20% 이상 성장하고 있고, 택배 시장도 15% 이상 급성장하고 있습니다. 즉 물류센터는 계속 개발되고 있으나 수요에 비해 부족한 편입니다. 다만, 수도권에 한정하자면 2~3년 내에 공급이 끝날 것 같습니다. 그 후로는 세종이나 천안 등의 지방에 공급이 늘어날 것으로 예상합니다. 간혹 이들 지역에 투자하려는 분들이 "쿠팡이 이곳에 들어왔는데, 어떨까요?"라고 문의합니다. 이는 임대형 물류부동산과 자사 센터를 혼동하기 때문입니다. 쿠팡은 자사 센터이기에 자신들의 물량을 소화하기 위해 짓는 것이고, 임대형 물류센터는 임대 수요가 있을 법한 곳에 짓는 것입니다. 수도권은 인구가 많기 때문에 물류센터를 짓더라도 수요와 공급이 원활히 이루어질 수 있는데, 지방 쪽은 제한적이기에 대부분 자사 센터가 많습니다. 그렇기 때문에 임대형 센터가 들어가기 어렵고 공실에 대한 리스크를 조심해야 합니다. 정리하자면 쿠팡은 자사 센터로서 지방에 필요한 물류센터가 없기에 직접 지은 것이고, 임대 수요를 위한 것이 아니기에 지방에 투자할 때는 이런 부분을 면밀히 검토해야 합니다.

조사한 바에 따르면 남부권역의 화성 인근, 평택 쪽에 8~9만 평 정도로 많이 공급되었고, 동남권의 용인, 이천 쪽도 7~8만 평 정도 공급되었다고 합니다. 향후에는 남부 쪽인 평택, 안성, 화성에 많은 공급이 진행될 것으로 예측합니다.

◉ 교보리얼코 최문식 부장

삼성증권에서 2019년에 조사한 자료를 보면, 우리나라는 1인당 물류시설 면적이 0.4제곱미터 정도입니다. 일본 같은 경우 4.1제곱미터, 중국도 우리나라보다 훨씬 늦게 물류시장에 진입했지만 0.7제곱미터 정도 됩니다. 주변

국가들의 1인당 공급면적과 비교해 봐도 저조한 수준이기에 국내 수요는 아직까지 여력이 있다고 봅니다.

현재 국내나 전 세계적으로 퍼져 있는 콜드시장도 그렇고 코로나 사태로 인해 물류가 폭발적으로 늘었습니다. 그러다 보니 e커머스 업체들이 탄력을 받아 폭발적으로 확장하기 시작했습니다. 물류의 공급 시장 자체는 수요를 예측할 수 있기에 거시적인 부분만 보고 투자에 대해 너무 낙관하는 경우가 많습니다. '어떤 지역이던 물류센터만 지으면 이 정도 수준의 임대료를 받을 수 있을 거야', '어차피 공급 시장 자체가 부족하니까 수요자들은 몰려올 거야'라는 생각을 할 수 있는데, 절대 그렇지 않습니다. 요즘은 수도권에서도 선호하는 지역이 한정되었습니다.

쿠팡 등의 소셜 커머스 업체나 대형 유통사 및 홈플러스, 이마트, GS리테일로 대표되는 온오프라인 업체 등도 대형 물류센터의 안착은 올해 초에 거의 완료됐다고 봐야 합니다. 나머지 수요로는 캠프 형태의 물류창고가 있습니다. 지금은 물류 개발을 대형화로 개발하지만, 소규모 물류창고의 개발도 괜찮습니다. 소규모 물류창고가 필요한 지점에 필요한 수요자가 확인되었을 때 개발이나 투자하는 것이 중요합니다.

전반적으로 물류 수요시장은 아직까지는 공급보다 줄지는 않았다고 볼 수 있습니다. 그러나 일부 과하게 공급되는 지역들이 있는데, 대표적으로 인천지역을 꼽을 수 있습니다. 특히 인천지역 내에서도 저온시설이 많이 공급되었는데, 왜 이렇게 많이 공급되었는지는 필자도 알 수 없습니다. 아마도 언론사의 정보를 맹신했거나, 저온 물류의 성장세가 강하다는 정보를 들었거나, 토지가 대비 수치로 수익성을 따져 저온 센터를 짓지 않으면 수익성이 나오지 않아 부득이 저온 센터로 개발한 영향이 아닐까 짐작합니다. 반대로 인천지역 내에 상온 시설은 많이 부족합니다. 하지만 상온 시설조차도 지가가 올라가니 단가도 당연히 올랐습니다. 이렇게 몇몇 회사들만 지불할 수 있는 단가임에도 물류센터를 개발하는 분들이 있습니다. 현재는 공급이 부족하지만 분명히 과잉 공급이 될 것을 명심하고 검토해야 합니다. 이것은 인천에만 국한된 것이 아니고 안성, 여주, 남양주, 구리 모두 마찬가지로 수요 대비 공급이 많아지면 단가가 떨어질 수밖에 없습니다.

아직도 물류 수요가 몰릴 것으로 예상되는 곳은 남부지역입니다. 그리고 수도권 지역은 공급 대비 수요가 아직은 많지만, 수요가 수도권 내에 한정되었기 때문에 인천이나 북부지역에 이루어지고 있는 공급에 대해서는 장담하기 힘듭니다. 그리고 현 단계에서 어느 정도 공급되는 것은 괜찮지만 향후 계속 공급된다면 수도권 인근의 물류센터들도 영향을 받습니다. 예를 들어 김포 고촌 물류센터가 처음 개발될 때는 단가가 굉장히 높았기에 많은 테넌트들이 들어갔습니다. 그러다 단가가 엄청 치솟았고 그 단가를 감당하지 못해 일부 테넌트들이 빠져나와 남부지역으로 이동하였습니다. 자가 물류창고 외에 임대형 창고에 있던 테넌트들은 대부분 빠져나와 많은 공실이 발생하였습니다. 요즘 선호하는 김포조차도 과거 몇 년 동안은 공실 사태를 겪었던 지역이었음을 꼭 기억하고 공급 계획을 세우길 바랍니다.

인천지역은 하나의 사례일 뿐이고 인천지역이 안 좋은 지역이라는 애기는 아닙니다. 공급과 수요가 맞게 측정되어야 하는데, 개인적으로 저온 센터가 과하게 공급되었다고 생각한다는 점을 참고하시기 바랍니다.

수도권의 인구 밀도가 증가하면서 라스트 마일 딜리버리를 하기 위한 물류센터 수요도 증가하고 있습니다. 한국은 인구 밀도가 전 세계 23위 정도 되며, 아시아 태평양 국가 중에서는 5위 정도입니다. 우리나라는 5G 인프라 구축이 상당히 앞서 있기에 전 세계적으로 e커머스에 최적화된 환경을 보유하고 있습니다. 통계청 자료를 보면 수도권 인구수가 2030년까지 약 2,600만 명까지 증가할 것으로 예상하고 있는데, 수도권 인근 물류센터 수요도 2030년까지 계속해서 증가할 것으로 예상합니다. 쿠팡이 선제적으로 중장기 물류 거점을 확보했고, 다른 e커머스 업체들과 유통 업체들도 거점 구축 전략을 세우고 있기에 최소 3~5년 이상 거점을 구축하게 됩니다. 그렇기 때문에 온라인 성장과 맞춰서 거점에 대한 구축 전략도 최소 5년에서 10년까지 갈 것으로 예상합니다.

메이트플러스에서 자체적으로 조사해 보니 온라인 거래액이 1조 정도 늘어나면 물류센터가 1.5만 평 정도 필요합니다. 실질적인 물류센터 수를 보자면 물류센터가 2020년에 82만 평 공급됐고, 2021년에 102만 평 정도 공급됐습니다. 그런데 2022년 96만 평으로 공급이 줄었으며, 이후 2023년까지 공급 예정 물량은 350만 평이므로 공급이 최근 3년 평균 공급 물량을 훨씬 초과하지만, 최근 지가 상승, 공사비 상승, 금리 상승 등의 영향으로 예정되어 있는 공급 물량이 예년 수준(매년 100만 평 내외)으로 줄어들 것으로 판단합니다. [그림 4-1]에서 보는 바와 같이 건축 인허가는 받았지만, 착공에 들어가지 못해서 사업을 포기해야 하는 경우가 2021년부터 급증하고 있으며, 당분간 공급 감소 분위기가 이어질 것으로 보입니다.

2024년 이후에는 공급 자체가 어려워지기 때문에 물류센터 공급과 수요는 적절하게 균형을 맞춰 가지 않을까 생각합니다.

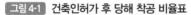

그림 4-1 건축인허가 후 당해 착공 비율표

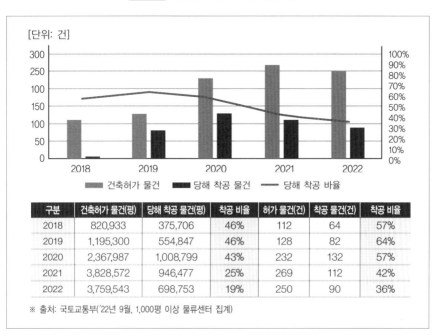

구분	건축허가 물건(평)	당해 착공 물건(평)	착공 비율	허가 물건(건)	착공 물건(건)	착공 비율
2018	820,933	375,706	46%	112	64	57%
2019	1,195,300	554,847	46%	128	82	64%
2020	2,367,987	1,008,799	43%	232	132	57%
2021	3,828,572	946,477	25%	269	112	42%
2022	3,759,543	698,753	19%	250	90	36%

※ 출처: 국토교통부('22년 9월, 1,000평 이상 물류센터 집계)

그리고 1인 가구 수가 증가하고 있고 소비 패턴도 변하고 있습니다. 빨리 배송받고 싶어 하는 소비자의 니즈가 증가하고 있기 때문에 소규모 근거리 택배가 증가하고 있으며, 물류부동산 시장에서 보면 라스트 마일에 대한 중요성이 극대화됐다고 보면 될 것 같습니다. 또한, 인구 구조도 많이 바뀌었습니다. 1인 가구 비중이 2020년 말 기준으로 8.1% 수준으로 증가했고 최근 5년간 연평균 성장률은 약 5% 정도 증가했습니다. 이처럼 1인 가구의 증가가 소량 품목에 대한 소비 증가를 동반하고 있습니다.

RD 센터는 e커머스로 대표되는 라스트 마일 화주사들의 지역 거점인데, RD 센터의 수요도 촉진시킵니다. 배송 시간을 단축하고 1회 이상 다회전 배송을 하기 위해 도심 인접지역에 물류센터 지역 거점을 확보하는 것도 상당히 중요합니다. 여기에 인구의 고령화로 인한 인력 확보의 어려움 또한 도심이기에 어느 정도 극복할 수 있는 이점이 있습니다. 그리고 인허가 규제가 심해서 대형 물류센터가 들어올 수 없는 서울 인근 같은 경우에도 도심형 물류센터의 확장이 예상됩니다. 사례로 메쉬코리아도 강남권 중심의 유통 목적으로 MFC(Micro Fulfillment Center, 도심형 물류센터)를 운영 중에 있으며, 경쟁사인 바로고도 MFC 사업을 추진할 예정입니다.

반대로 공급자 측면에서 보면 주거지역의 확장으로 인해서 도심지역 신규 공급이 제한되고 있습니다. 도심의 인구가 증가하기에 초과 수요가 발생되었고, 그로 인해서 도심 인근 물류센터의 자산 가치 상승이 불가피합니다. 임대료도 당연히 올라갑니다. 도심 인근에 자산을 보유한 기관투자자들은 소유권 이전 대신에 쉐어딜(share deal), 수익증권거래를 선호할 것으로 전망합니다.

또한, 베이비붐 세대의 인터넷 이용이 증가하여 택배 물량 증가로 이어지고 있는데, 인터넷 쇼핑을 이용하는 비율이 50대가 약 60.2%, 60대가 31%이며, 50대의 경우 약 16%, 60대는 10.6% 증가했습니다. 이처럼 최근 50~60대가 새로운 소비 세대로 떠오르고 있습니다.

여기서 잠깐! 쉐어딜(share deal)이란 대규모 프로젝트를 다수의 금융기관들이 나누어 투자하거나 이미 투자된 프로젝트의 수익권을 재거래하는 것을 뜻합니다.

장바구니에 담는 품목 수도 다양화되고 이용 빈도도 점점 많아지고 있는데, 온라인 시장의 큰 손이 부모 쇼퍼라고 합니다. 베이비붐 세대의 높은 이용률 증가에 따른 택배시장의 물동량 증가도 주요 원인이라고 볼 수 있습니다. 그리고 소비 트렌드와 유통구조의 변화에 따른 수요 공급의 변화에 대해서 말하자면, 과거 물류가 비용 절감과 생산성 증대에 초점을 맞췄다면, 이제는 물류 자체가 핵심 경쟁력을 가지는 전략적 역할을 담당하고 있으며, 물류센터는 이런 물류 영향에 유동적으로 대응할 수 있도록 변화하고 있습니다.

최근 트렌드를 보면 온라인 채널이 오프라인을 능가하고 있습니다. 오프라인 매장에서는 물건을 단순히 쇼룸으로 보고 실제로는 가격비교를 통해서 온라인으로 구매하는 쇼루밍(showrooming) 현상도 대두되고 있습니다. O2O 서비스도 성장하고 있고 오프라인과 온라인을 모두 영위하는 업체도 생겼으며 라스트 마일 배송이 계속 성장하고 있습니다.

끝으로 물류시설 자동화와 고도화에 대한 요구도 당연히 증가하고 있습니다. 이렇게 온라인에서 다품종, 소량, 저빈도 상품에 대한 신속 정확한 처리가 가능한 고효율의 물류센터의 필요성이 지속적으로 커지고 있고, 수배송의 규모도 확대되고 있기 때문에 물류시설의 처리능력 상승도 필요합니다. 임금이 상승하고 지가도 상승하고 있기 때문에 물류센터도 자동화, 고도화되고 있다고 볼 수 있습니다. 그리고 유통환경 변화가 물류에 미치는 영향을 분석해 보면, 물류 운영이 굉장히 복잡해졌습니다. 상품관리 및 배송 품질에 대한 중요성이 증가하였고, 그에 따른 효율성과 생산성을 겸비한 스마트 물류센터의 필요성도 증대되었습니다.

물류창고 공급 측면에서 볼 때 관심 있는 사람들의 한결같은 얘기가 "물류창고가 남아돌지 않고 아직도 부족합니까?"라는 질문입니다. 저자의 입장에서는 "상온 창고 기준으로 현재 공실률이 약 5% 정도로 자연공실 밖에는 없으며 저온 창고는 "공급이 더 많습니다"라고 답변합니다. 특히 공실이 있는 물류창고는 과거 2000년대 이전에 지어져서 물류창고의 기능적인 면이 많이 떨어지거나 지방에 있는 경우가 많습니다. 또한 저온 창고 공급 과잉의 원인은 토지비와 공사비의 상승으로 상온 창고로는 사업성이 떨어져 어쩔 수 없이 사업성을 높이기 위해 지하층 또는 일부 층을 수요와 관계없이 저온으로 준공한 경우입니다. 아울러 최근에 대형화와 규모화된 추세에서 지어진 물류창고는 거의 공실이 없습니다.

공급된 물류센터의 정확한 수치를 집계한 자료는 별로 없지만, 국토부에서 운영하고 있는 국가물류통합정보센터에 창고업 등록을 기준으로 집계한 자료가 있습니다. 그렇기 때문에 창고업 등록을 안 한 자가 물류창고 같은 경우는 제외됐습니다. 여기서 감안해야 할 것은 한 곳의 물류창고에서 3PL 기업들이 임대를 5개 했다면 등록 수는 5개가 됩니다. 국가물류통합정보센터에서 조사한 물류단지 현황, 물류시설법으로 개발한 물류단지 현황, 물류신문사에서 보도한 자산운용사가 보유하고 있는 물류창고 현황 자료와 당사에서 물류창고의 공급면적을 집계한 자료 등을 가지고 설명하겠습니다. (표 4-1 참고)

표 4-1 국가물류통합정보센터 / 지역별 물류창고업 등록현황(2021. 3. 10 기준)

소재지	합계	물류시설법		항만법	관세법	유해화학법	식품위생법		축산물위생법	식품산업진흥법
		창고업(개)	창고업(%)	항만창고	보세창고	보관저장업	냉동냉장(개)	냉동냉장(%)	축산물보관	냉동냉장
합 계	4,600	1,452	100.0%	225	698	175	621	100.0%	695	734
서울특별시	111	37	2.5%	0	20	0	8	1.3%	46	0
부산광역시	401	29	2.0%	19	102	11	74	11.9%	43	123
대구광역시	59	25	1.7%	0	8	0	8	1.3%	12	6
인천광역시	348	106	7.3%	27	108	16	32	5.2%	32	27
광주광역시	80	36	2.5%	0	4	1	18	2.9%	21	0
대전광역시	38	20	1.4%	0	3	0	8	1.3%	6	1
울산광역시	96	25	1.7%	13	20	26	5	0.8%	4	3
세종특별자치시	36	18	1.2%	0	3	1	7	1.1%	7	0
경기도	1,513	609	41.9%	18	238	56	249	40.1%	279	64
강원도	146	46	3.2%	17	5	0	19	3.1%	18	41
충청북도	155	72	5.0%	0	20	9	26	4.2%	27	1
충청남도	210	67	4.6%	1	31	8	30	4.8%	34	39
전라북도	143	41	2.8%	4	26	6	16	2.6%	32	18
전라남도	270	67	4.6%	45	13	17	17	2.7%	25	86
경상북도	251	71	4.9%	13	21	6	36	5.8%	45	59
경상남도	584	162	11.2%	68	73	18	52	8.4%	50	161
제주특별자치도	159	21	1.4%	0	3	0	16	2.6%	14	105

표 4-2 국가물류통합정보센터 / 면적별 물류창고업 등록현황(2021. 3. 10 기준)

소재지	합계					1,000~2,000 미만		2,000~5,000 미만		5,000~10,000 미만		10,000 이상	
	업체수	비율(%)	(면적합계㎡)	면적합계(평)	비율(%)	업체수	(면적합계㎡)	업체수	(면적합계㎡)	업체수	(면적합계㎡)	업체수	(면적합계㎡)
합 계	1,452	100.0%	15,348,303	4,642,862	100.0%	252	371,049	481	1,619,345	313	2,213,938	406	11,143,972
서울특별시	37	2.5%	376,040	113,790	2.5%	12	17,995	10	31,625	5	35,023	10	291,397
부산광역시	29	2.0%	233,486	70,653	1.5%	7	9,777	9	25,726	6	43,203	7	154,780
대구광역시	25	1.7%	139,422	42,189	0.9%	5	7,046	11	36,126	5	29,289	4	66,960
인천광역시	106	7.3%	786,475	237,987	5.1%	18	26,904	44	148,272	19	134,907	25	476,392
광주광역시	36	2.5%	303,284	91,774	2.0%	3	3,990	12	42,868	10	75,964	11	180,462
대전광역시	20	1.4%	619,510	187,464	4.0%	1	1,322	2	8,079	6	45,553	11	564,556
울산광역시	25	1.7%	160,707	48,630	1.0%	3	4,509	14	46,468	4	26,773	4	82,958
세종특별자치시	18	1.2%	620,313	187,707	4.0%	1	1,624	6	22,865	5	38,519	6	557,305
경기도	609	41.9%	8,202,610	2,482,110	53.4%	66	97,085	167	567,039	153	1,086,021	223	6,452,466
강원도	46	3.2%	192,729	58,320	1.3%	17	22,176	19	60,058	6	36,609	4	73,886
충청북도	72	5.0%	455,083	137,708	3.0%	14	20,376	29	104,278	16	114,580	13	215,849
충청남도	67	4.6%	557,728	168,769	3.6%	16	22,471	23	78,307	13	93,010	15	363,940
전라북도	41	2.8%	328,738	99,476	2.1%	10	14,731	12	44,209	7	51,871	12	217,927
전라남도	67	4.6%	669,904	202,713	4.4%	8	11,583	23	68,394	14	92,659	22	497,267
경상북도	71	4.9%	504,292	152,599	3.3%	19	29,045	22	75,883	14	102,967	16	296,396
경상남도	162	11.2%	1,117,793	338,244	7.3%	48	74,031	66	218,351	25	173,982	23	651,430
제주특별자치도	21	1.4%	80,187	24,265	0.5%	4	6,384	12	40,796	5	33,009	0	0

첫 번째로, 국가물류통합정보센터에서 집계한 지역별 물류창고업 등록 현황입니다.

크게 물류시설법, 항만법, 관세법, 유해화학법, 식품위생법, 축산물위생법, 식품산업진흥법으로 구분하였는데, 주의 깊게 봐야 할 것은 물류시설법입니다. 물류시설법을 보면 전체 등록된 업체 수가 1,452개로 이 중에서 경기도가 609개로써 41.9%, 2위는 경상남도에 162개로 11.2%, 3위는 인천광역시가 106개로 7.3%입니다. 특히 식품위생법을 보면 신선식품이나 e커머스에서 배달되고 있는 물품을 기준으로 경기도가 621개 중 249개로 40.1%, 2위가 부산광역시의 74개로 11.9%, 3위가 경상남도의 52개로 8.4%입니다.

면적별 물류창고업의 등록 현황(표 4-2 참고)을 보면, 전체 면적 4,642,862평 중에 경기도가 2,482,110평으로 53.4%, 2위가 경상남도의 338,244평으로 7.3%, 인천시가 237,987평으로 5.1% 순으로 나타났습니다.

물류시설법으로 개발한 물류단지 현황은 [표 4-3-1, 2]와 같습니다.

표 4-3-1 물류단지 현황(2021년 3월 10일 기준)

구분	순번	물류단지명	시행자	사업비(억원)	사업위치	전체면적 ㎡	평	특징
운영안	1	서울동남권물류단지	SH공사	8,418	서울서울특별시송파지구 875	560,694	169,610	단 지 준 공 2015년 6월
	2	경인아라뱃길인천물류단지	한국수자원공사	3,270	인천시서구오류동 1544-3	1,145,026	346,370	단 지 준 공 2011년 4월
	3	광주초월물류단지	현대F&G	593	경기도광주시도척면산이리 1004-1	278,016	84,100	단 지 준 공 2009년 4월
	4	광주초월물류단지	미래로지텍	1,383	경기도광주시초월읍신월리 794	264,529	80,020	단 지 준 공 2014년 12월
	5	김포고촌물류단지	한국수자원공사	4,432	경기도김포시고촌읍전호리 781	894,454	270,572	단 지 준 공 2016년 6월
	6	부천오정물류단지	LH공사	2,496	경기도부천시오정동 442-12	457,856	138,501	사 업 기 간 2008~2017
	7	안성미양물류단지	농협물동조합	1,035	경기도안성시미양면대천리 407	136,554	41,308	사 업 기 간 2014~2018
	8	안성원곡물류단지	경기도시공사	2,107	경기도안성시원곡면대지리 924	682,398	206,425	단 지 준 공 2014년 12월
	9	여주대신물류단지	신세계사이먼	478	경기도여주시상가동 460	264,242	79,933	단 지 준 공 2010년 4월
	10	이천패션물류단지	한국패션물류	2,459	경기도이천시마장면표교리 712	796,706	241,004	단 지 준 공 2013년 12월
	11	평택물류단지	평택시	724	경기도평택시도일동 1170-1	486,062	147,034	단 지 준 공 2008년 3월
	12	화성향남물류단지	한라지에스	2,957	경기도화성시동탄면신리신192-1	460,670	139,353	사 업 기 간 2010~2017
	13	강릉물류단지	위아엔디	552	강원도강릉시구정면제비리 792	174,236	52,706	사 업 기 간 1999~2018
	14	인동물류단지	LH공사	196	경북영천시금성산로길 800-1	225,411	68,187	단 지 준 공 2007년 12월
	15	남대전종합물류단지	대전도시공사	1,568	대전시동구구도동 366	558,868	169,058	단 지 준 공 2013년 6월
	16	대전물류단지	대전도시공사	1,590	대전시유성구대정동 300-1	463,887	140,326	단 지 준 공 2013년 9월
	17	부산진해물류단지	원양이엔셜	3,761	부산신시가가남읍죽동 620-29	206,408	62,438	단 지 준 공 2015년 6월
	18	울산진장(반계)물류단지	LH공사	1,102	울산시북구진장동 282-1	453,436	137,164	단 지 준 공 2007년 10월
	19	울산진장(오계)물류단지	울산도시공사	1,071	울산시북구진장동 111-3	206,429	62,445	사 업 기 간 2011~2018
	20	전주송천물류단지	LH공사	258	전북전주시덕진구동 1054-2	189,151	57,218	단 지 준 공 2008년 1월
	21	천안물류단지	LH공사	1,518	충남천안시백석동 1112	451,182	136,483	단 지 준 공 2011년 11월
	22	영동황간물류단지	영동군	240	충북영동군황간면매신리 720	263,179	79,612	단 지 준 공 2015년 2월
	23	음성물류단지	LH공사	382	충북음성군대소면오류리 798	283,934	85,890	단 지 준 공 2007년 7월
소 계						9,903,328	2,995,757	

표 4-3-2 물류단지 현황(2021년 3월 10일 기준)

구분	연번	물류단지명	운영사	소재지	면적			구분	일자
공사중	1	광주오포물류단지	오포물류	경기도광주시오포읍문형리산64-125	1,035	189,597	57,353	사업기간	2016~2019
	2	광주직동물류단지	세진인베스트먼트	경기도광주시직동신간	2,684	571,410	172,852	사업기간	2016~2021
	3	남여주물류단지	여주시	경기도여주시연라동 659-1	369	207,399	62,738	사업기간	2016~2019
	4	무돌물류단지	진흥개발	경남교성군거류면옹산리산5	371	273,799	82,824	사업기간	2013~2020
	5	김해생송물류단지	지안엔	경남김해시상동면대감리산164-1	420	97,745	29,568	사업기간	2018~2020
	6	울산삼남물류단지	메가마트	울산시울주군삼남면교동리 617	1,650	137,227	41,511	사업기간	2014~2020
	7	군산물류단지	운암개발	전북군산시개사동 924	838	329,452	99,659	사업기간	2016~2021
	8	익산국가물류단지	익산국가물류단지	전북익산시왕궁면광암리 805	855	434,085	131,311	사업기간	2013~2021
	소 계					2,240,714	677,816		
준공통과	1	광주초월물류단지	골드코아	경기도광주시초월읍물한리산54-1	464	190,528	57,635	준공통과	2018.9.17
	2	광주곤지물류단지	로지스힐	경기도광주시곤지암동신21-1	391	214,190	64,792	준공통과	2016.7.14
	3	광주도척물류단지	남이	경기도광주시도척면율하리산164	529	179,861	54,408	준공통과	2017.9.28
	4	광주곤지물류단지	지엘로지엔씨	경기도광주시곤촌면도수리산39-10	969	302,088	91,382	준공통과	2018.9.17
	5	김포고정물류단지	리드에프지스	경기도김포시고촌동 477-10	304	78,510	23,749	준공통과	2018.6.15
	6	안성대덕물류단지	빌드디딤	경기도안성시보개면복리산8	2,420	726,581	219,791	준공통과	2014.12.4
	7	용인지곡로40물류단지	용인중심	경기도용인시처인구고림동산28-6	2,794	968,411	292,944	준공통과	2017.12.14
	8	용인서부물류단지	예레포지스	경기도용인시처인구남사면독리산89-1	1,636	495,483	149,884	준공통과	2020.6.24
	9	용인양지물류단지	하나야로지3	경기도용인시처인구양지면평창리산86-1	124	81,922	24,781	준공통과	2016.7.14
	10	용인스마트물류	용인스마트물류	경기도용인시처인구영성용축등리산79	2,575	673,426	203,711	준공통과	2020.9.25
	11	용인물류단지	글로하임로3	경기도용인시처인구유방동산27-1	344	121,968	36,895	준공통과	2018.3.29
	12	용인로스마트물류단지	디동	경기도용인시처인구독립유원지계리 46	138	178,203	53,906	준공통과	2019.9.20
	13	이천마장(MLC)물류단지	덕평SLC	경기도이천시마장면장암리산45-5	875	294,289	89,022	준공통과	2019.6.25
	14	이천PO물류단지	바나포지스틱스	경기도이천시마장면장암리산96	322	141,180	42,707	준공통과	2019.6.25
	15	개성곤대복합물류단지	개성곤대복합물류단지	경기도파주시탄현면성동리 164-8	806	212,227	64,199	준공통과	2018.6.15
	16	화성장안물류단지	코리아2000	경기도화성시장안면어은리산77-1	1,082	328,830	99,471	준공통과	2016.9.29
	17	독고(C)물류단지	미래산업개발외 11	경북군포군군산면독두성리 56	436	113,695	34,393	준공통과	2016.12.26
	18	익산송촌물류단지	대신물류스	전북익산시송촌동 655	610	359,460	108,737	준공통과	2017.6.9
	19	당진송악물류단지	당진송악물류단지	충남당진시송악읍부곡리 880	1,622	712,416	215,506	준공통과	2017.3.23
	소 계					6,373,268	1,927,914		
합 계						18,517,310	5,601,486		

일반적으로 이렇게 개발하는 방법을 공공개발이라고 합니다. 따라서 법적 요건에 충족하면 토지 수용도 가능합니다. 물류단지로 실제 공급되어 운영 중인 물류시설 면적이 전국적으로 2,995,757평이고, 그중에서 물류시설 용지는 1,183,817평 정도 공급됐습니다. (표 4-4 참고)

현재 물류단지를 공사 중인 곳이 약 8개로 전체 면적은 677,816평입니다. 물류단지는 보통 토목공사 기간이 약 1년 이상 소요되고, 그것이 끝나면 1년 반 정도 이상 건축공사를 합니다. 공사 중인 물류단지는 올 연말이나 내년에 물류센터 입주가 가능할 것 같습니다. 마지막으로 검증을 통과한 물류단지는 19개로, 이 중에서 물류단지 면적은 1,927,914평이 공급되었습니다. 이것은 실수요 검증을 통과했기 때문에 각 지자체의 승인 지정을 받고 나면 공사를 통해서 운영이 가능한 상태입니다. (표 4-5 참고)

전체적으로 현재까지 국토부가 준 토지면적을 보면 약 560만 평이 물류단지로 공급되었습니다. 이것도 상당한 양으로 앞에서 알려드린 창고업이 등록제로 된 곳은 절반 정도 중복된 곳이 있고, 절반 정도가 물류단지로 개발되지 않은 개별 개발행위로 본다면 공급된 내용을 유추할 수 있습니다. 우리나라의 물류창고 개발이 약 2000년대 초부터 대형화되고 첨단화되어 대형 물류단지가 공급되었습니다. 자산운용사가 가지고 있는 물류단지는 2021년 10월 말 현재 146개, 면적으로 보면 약 3,004,935평을 보유하고 있습니다. 따라서 약 70% 정도를 자산운용사가 보유하고 있는 것으로 보입니다. 자산운용사의 순위를 보면 켄달스퀘어가 압도적으로 많이 보유하고 있으며, 이지스자산운용, ADF 등의 순입니다.

표 4-4 국가물류통합정보센터 / 운영 중인 물류단지 현황(2021. 3. 10 기준)

순번	물류단지명	전체면적		물류시설용지		상류시설용지		지원시설용지		공공시설용지	
		㎡	평	㎡	평	㎡	평	㎡	평	㎡	평
1	서울동남권물류단지	560,694	169,610	147,112	44,501	70,166	21,225	160,322	48,497	183,094	55,386
2	경인아라뱃길인천물류단지	1,145,026	346,370	498,811	150,890	10,511	3,180	224,995	68,061	410,709	124,239
3	광주도척물류단지	278,016	84,100	127,408	38,541	0	0	14,190	4,292	136,418	41,266
4	광주초월물류단지	264,529	80,020	174,956	52,924	0	0	17,204	5,204	72,369	21,892
5	김포고촌물류단지	894,454	270,572	266,730	80,686	157,599	47,674	97,656	29,541	372,469	112,672
6	부천오정물류단지	457,856	138,501	153,933	46,565	74,719	22,602	40,876	12,365	188,328	56,969
7	인성미양물류단지	136,554	41,308	87,764	26,549	0	0	18,361	5,554	30,429	9,205
8	인성원곡물류단지	682,398	206,425	396,226	119,858	0	0	12,616	3,816	273,556	82,751
9	여주철시물류단지	264,242	79,933	56,228	17,009	53,548	16,198	37,017	11,198	117,449	35,528
10	이천패션물류단지	796,706	241,004	215,441	65,171	113,386	34,299	93,459	28,271	374,420	113,262
11	평택도일물류단지	486,062	147,034	293,098	88,662	0	0	55,237	16,709	137,727	41,662
12	화성동탄물류단지	460,670	139,353	226,844	68,620	0	0	44,310	13,404	189,516	57,329
13	강릉물류단지	174,236	52,706	57,529	17,403	21,388	6,470	35,304	10,679	60,015	18,155
14	안동물류단지	225,411	68,187	53,654	16,230	77,570	23,465	29,526	8,932	64,661	19,560
15	남대전종합물류단지	558,868	169,058	208,454	63,057	0	0	126,218	38,181	224,196	67,819
16	대전물류단지	463,887	140,326	235,052	71,103	0	0	104,235	31,531	124,600	37,692
17	부산감전물류단지	206,408	62,438	126,872	38,379	0	0	17,613	5,328	61,923	18,732
18	울산진장(1단계)물류단지	453,436	137,164	157,267	47,573	147,772	44,701	32,715	9,896	115,682	34,994
19	울산진장(2단계)물류단지	206,429	62,445	57,380	17,357	68,781	20,806	34,096	10,314	46,172	13,967
20	전주장동물류단지	189,151	57,218	63,780	19,293	48,507	14,673	40,797	12,341	36,067	10,910
21	천안물류단지	451,182	136,483	117,029	35,401	97,641	29,536	56,898	17,212	179,614	54,333
22	영동황간물류단지	263,179	79,612	91,255	27,605	14,174	4,288	70,239	21,247	87,511	26,472
23	음성물류단지	283,934	85,890	100,622	30,438	26,469	8,007	72,886	22,048	83,957	25,397
	소 계	9,903,328	2,995,757	3,913,445	1,183,817	982,231	297,125	1,436,770	434,623	3,570,882	1,080,192

표 4-5 국가물류통합정보센터 / 공사, 검증통과 중인 물류단지 현황(2021. 3. 10 기준)

구분	순번	물류단지명	전체 면적 ㎡	전체 면적 평	물류시설용지 ㎡	물류시설용지 평	상류시설용지 ㎡	상류시설용지 평	지원시설용지 ㎡	지원시설용지 평	공공시설용지 ㎡	공공시설용지 평
공사중	1	광주오포물류단지	189,597	57,353	122,469	37,047	30,137	9,116	2,480	750	34,511	10,440
	2	광주직동물류단지	571,410	172,852	204,444	61,844	79,876	24,162	54,828	16,585	232,262	70,259
	3	남여주물류단지	207,399	62,738	153,041	46,295	0	0	1,913	579	52,445	15,865
	4	무등물류단지	273,799	82,824	168,379	50,935	0	0	16,776	5,075	88,644	26,815
	5	김해상동물류단지	97,745	29,568	0	0			0	0		
	6	울산삼남물류단지	137,227	41,511	59,264	17,927	36,337	10,992			41,626	12,592
	7	군산물류단지	329,452	99,659	102,977	31,151	61,000	18,453	77,765	23,524	87,710	26,532
	8	익산왕궁물류단지	434,085	131,311	232,406	70,303	0	0	44,316	13,406	157,363	47,602
		소 계	2,240,714	677,816	1,042,980	315,501	207,350	62,723	198,078	59,919	694,561	210,105
검증통과	1	광주봉헌물류단지	190,528	57,635			0	0	0	0	0	0
	2	광주중대물류단지	214,190	64,792			0	0	0	0	0	0
	3	광주하동물류단지	179,861	54,408			0	0	0	0	0	0
	4	광주퇴촌물류단지	302,088	91,382			0	0	0	0	0	0
	5	김포검정물류단지	78,510	23,749	62,303	18,847	0	0	5,894	1,783	0	0
	6	인성보개물류단지	726,581	219,791			0	0	0	0	0	0
	7	용인국제물류4.0물류단지	968,411	292,944			0	0	0	0	0	0
	8	용인서남부물류단지	495,483	149,884			0	0	0	0	0	0
	9	용인양지물류단지	81,922	24,781			0	0	0	0	0	0
	10	용인스마트물류단지	673,426	203,711			0	0	0	0	0	0
	11	용인물류단지	121,968	36,895			0	0	0	0	0	0
	12	용인포곡스마트물류단지	178,203	53,906			0	0	0	0	0	0
	13	이천마장(IMLC)물류단지	294,289	89,022			0	0	0	0	0	0
	14	이천BPO물류단지	141,180	42,707			0	0	0	0	0	0
	15	개성공단복합물류단지	212,227	64,199			0	0	0	0	0	0
	16	화성장안물류단지	328,830	99,471			0	0	0	0	0	0
	17	동고평IC물류단지	113,695	34,393			0	0	0	0	0	0
	18	익산정족물류단지	359,460	108,737			0	0	0	0	0	0
	19	당진송악물류단지	712,416	215,506			0	0	0	0	0	0
		소 계	6,373,268	1,927,914	62,303	18,847	0	0	5,894	1,783	0	0
		합 계	18,517,310	5,601,486	5,018,728	1,518,165	1,189,581	359,848	1,640,742	496,324	4,265,443	1,290,297

한국물류개발에서 직접 조사한 데이터를 보면 영업용 창고를 기준으로 건축 연면적을 천 평 이상 정도로 했을 때 수도권에 약 686개의 물류창고가 있으며, 540만 평 정도가 공급되어 운영되고 있는 것으로 파악하고 있습니다. 여기서 자산운용사가 약 300만 평을 보유하고 있습니다. (그림 4-2 참고)

그림 4-2 **자산운용사 물류센터 보유 현황(2020. 10월 기준, 물류신문사 기사)**

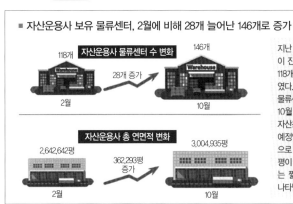

■ 자산운용사 보유 물류센터, 2월에 비해 28개 늘어난 146개로 증가

자산운용사 물류센터 수 변화
118개 — 2월
28개 증가
146개 Warehouse — 10월

자산운용사 총 연면적 변화
2,642,642평 — 2월
362,293평 증가
3,004,935평 — 10월

지난 2월 자산운용사들의 보유현황은 개발이 진행 중이거나 예정이었던 것을 포함해 118개 물류센터에 연면적 2,642,642평 규모였다. 8개월이 지난 10월 기준으로 이러한 물류센터의 숫자와 면적이 크게 늘어났다. 10월 시장 정보를 바탕으로 조사한 결과 자산운용사가 보유하거나 개발 또는 개발 예정인 물류센터는 총 146개 3,004,935평으로 2월과 비교해 28개 물류센터 362,293 평이 증가한 것으로 나타났다. 8개월이라는 짧은 시간을 감안하면 상당한 변화가 나타난 것으로 보여 주목된다.

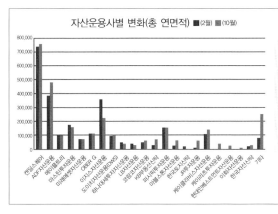

자산운용사별 변화(총 연면적) ■(2월) ■(10월)

마스터투자운용은 1개의 물류센터가 증가했지만 연면적은 17,740평이 줄어든 것으로 확인됐다. 이는 BLK 평택 물류센터가 페블스톤자산운용으로 넘어가면서 생긴 변화로 보인다. 마스틴투자운용은 경기도 이천과 경남 창원의 물류센터를 매입했지만, 두 개의 면적이 BLK 평택 물류센터보다 적은 것으로 확인됐다.

■ 한국물류개발컨설팅 수도권 물류센터 현황(2020년 12월 기준)

• 산정기준 : 영업용 창고, 건축연면적 1,000평 이상
• 물류센터 수 : 686개, 건축연면적 약 540평

Q2

주목해야 할 입지 및 지역

● JLL 코리아 우정하 상무

앞으로 주목할 입지로 인천 쪽은 이미 충분히 설명했기에 넘어가겠습니다. 용인, 이천, 광주 쪽은 인허가가 안 나고 센터 공급이 어렵다 보니 여주, 안성, 평택, 음성, 진천, 쪽을 많이 보고 있습니다. 이 지역에는 물류센터 부지가 많고, 땅값은 올랐지만 다른 지역에 비해서는 그나마 땅값이 조금 저렴하기 때문에 물류에 적합하다고 판단됩니다.

아울러 영남권을 주목해야 합니다. 수도권 다음으로 인구가 많은 부산, 양산, 김해, 울산 등 영남권 지역이 향후 주목해야 할 지역으로 판단하고 있습니다. 그리고 위에서 언급한 여주, 안성, 평택, 진천, 음성 지역은 지역적으로 멀기 때문에 배송 거점으로는 어려움이 있는데, 그런 부분들은 유통이나 물류 회사에서 내부적으로 풀어야 할 과제입니다. 메인 센터는 여주, 안성, 화성, 평택에 두고 서브 센터를 수도권 쪽에 작게 만들어 배송 거점으로 하는 등의 시스템 변경이 있을 것 같습니다.

● 교보리얼코 최문식 부장

물류센터는 수도권 인근에 위치하는 것이 좋은 것은 당연하고, 수도권에서 다소 멀어지더라도 경부와 중부 라인을 벗어나면 안 됩니다. 경기도, 천안지역까지도 많이 보는데, 경부고속도로와 중부고속도로, 특히 IC와 가깝고 빨리 올라탈 수 있고, 토지가 저렴한 지역에 개발 계획을 검토하는 것이 가장 중요합니다.

향후에 주목해야 할 지역으로 몇 군데 추천하자면, 북부지역의 지가가 많이 상승하기는 했지만, 아직은 공급량이 많지 않기에 지가가 조금 저렴한 지역에 공급을 늘려도 좋을 것 같습니다. 북부지역은 몇 군데 안되니까 어느 지역이라고 굳이 말하지 않아도 될 것 같고, 북부지역 이외에는 이천이나 용인지역이 주목해야 할 입지라고 봅니다. 중부지역인 천안, 세종, 청주, 대전 쪽도 기존에 물류센터가 공급되었지만, 공급량이 적었기 때문에 향후 인구가 유입되고 도시가 커지면 개발을 해도 좋을 것 같습니다. 또한, 지방 쪽도 물류센터가 더 공급될 것으로 보며, 특히 경남지역과 중부지역을 잘 살펴보시기 바랍니다.

요즘 수도권의 남쪽 지역에 규제가 강화되고 지가가 상승하다 보니 포천, 의정부, 양주 쪽의 제2외곽순환도로가 돌아가는 부분에 개발을 많이 합니다. 이들 지역에 임차인 마케팅을 진행하려면 적당한 임대료와 적당한 수준의 서비스를 제공할 수 있는 것이 중요합니다. 수도권 북부 쪽과 남부 쪽의 계획관리지역이라든지 수도권에 한 시간 안에 들어올 수 있는 지역을 추천합니다. 어느 지역이든 상관없지만 조심해야 할 사항으로 지가가 높은 지역은 절대 금물입니다. 서쪽에 물류 부지가 꽤 많이 나와 있지만, 항만 주변 등은 지가가 높아 수익성이 떨어집니다.

2010년 이전에는 경부고속도로나 중부고속도로 상에 물류센터가 많이 공급되었습니다. 그 이후에 유통, 이커머스가 2011~2012년에 사업을 시작하면서 용인, 이천, 안성 쪽에 물류센터가 많이 개발되었지만, 최근에는 개발이 조금 어려워졌습니다.

수도권 북쪽의 남양주 같은 경우에는 3개의 신도시가 들어설 예정이라 인구가 많이 늘어나고 있기에 물류센터도 같이 공급되어야 합니다. 최근에는 소비자들이 가격이 낮은 것보다는 빨리 배송받는 것을 선호합니다. 여기에 라스트마일 딜리버리가 부각되면서 e커머스나 유통 쪽의 회사들은 입지가 정말 중요하게 인식되었습니다. 다만, 남양주라든지 서부권, 고양, 일산 쪽에도 필요하지만 인허가도 어렵고, 개발 제한으로 묶여 있는 땅도 많기 때문에 공급에 어려움이 있는 것은 사실입니다.

동남권, 남부권의 경우 이미 공급량이 많지만 충분한 수요가 있을 것으로 판단하고 있으며, 동부권이나 서부권도 마찬가지입니다. 수도권 쪽으로 보면 수도권 서쪽의 인천 권역이나 화성 서부는 경부나 중부고속도로 축에서 벗어나 물류비용이 더 증가하지만 공급이 많아지고 있습니다. 필자가 주의깊게 보는 것은 물류비용이 절감되는 입지가 아니기 때문에 수요가 그렇게 많지 않을 것으로 보지만, 최근의 트렌드를 고려하면 잠재된 수요가 있기 때문에 공급이 발생하면 충분히 수요가 있을 것으로 봅니다. 그래서 주목해야 할 수도권 권역으로 인천 권역은 저온 공급이 좀 많고 공실도 많이 있지만, 서남권(화성, 평택)을 주목해 볼 필요가 있습니다. 최근 화성이나 남양주는 e커머스 시티로 지정되었기에 본격적으로 물류센터가 공급될 것이고, 소비자의 트렌드를 맞추려면 북쪽에 물류센터가 많이 필요하기에 그쪽에도 많이 공급될 것 같습니다.

특히 주목해야 할 지역은 지방입니다. [그림 4-3]에서 보는 바와 같이 기존에는 수도권을 중심으로 공급이 이뤄졌지만, 수도권 외 지역과 서울 다음으로 인구가 제일 많은 부산 인근인 양산, 김해 쪽에 물류센터가 많이 공급될 예정이고, 기장이나 양산 쪽도 향후 입지 측면에서는 좋은 지역입니다. 하지만 김해는 수요 대비 공급이 지속적으로 이루어질 것으로 보여 임차에 필요한 기간도 상당 기간 소요될 것으로 봅니다.

그림 4-3 전국 지역별 물류센터 연도별 누적 공급량 추이

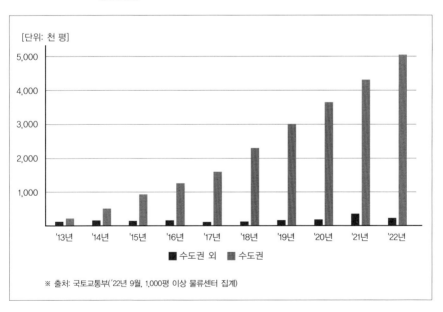

세종시는 세종 구리 간 고속도로가 2025년도에 완공될 예정입니다. 그쪽에도 인구가 많이 늘어날 것이고 국가 산업단지도 들어갈 예정이기 때문에 도심지에 가까운 물류센터의 니즈가 많을 것으로 봅니다. 천안 쪽에도 많이 공급되었는데, 과연 천안이 충청 권역을 커버할 수 있는 RDC 개념의 입지인가는 고민해 봐야 합니다. 그래서 천안 쪽은 공급이 많지만 얼마나 빠른 시일 내에 채워질 수 있느냐도 중요한 포인트입니다.

끝으로 그동안 소외되었던 전라도 지역, 광주는 공급이 거의 없기에 30만평 규모 정도로 공급되어도 충분한 수요가 있을 것으로 봅니다.

✹ 한국물류개발 김태석 대표

앞에서 언급했듯이 수도권의 동남부 지역은 ABCD 4단계로 거점을 평가할수 있고, 서남부는 6곳에 물류거점이 로컬로서 분포되었는데, 특히 동남부 지역의 경우 이미 검증된 자리가 제일 좋은 곳(A 권역)이고 항만, 공항, 고속도로, 국도, 수배송지 등의 종합적인 인프라를 통해 자연스럽게 물류벨트화된 것입니다. (그림 4-4 참고)

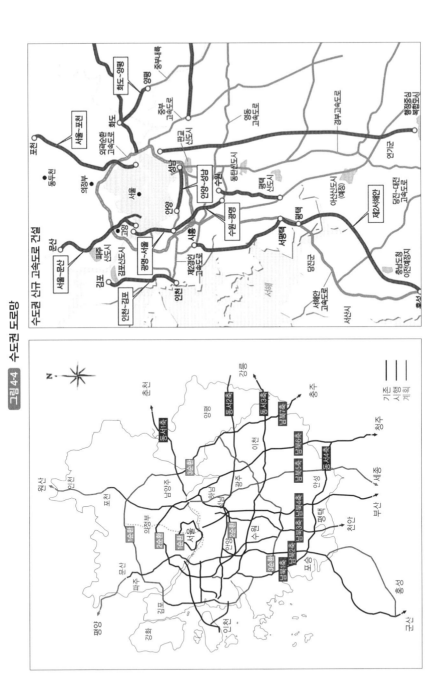

그림 4-4 수도권 도로망

하지만 이렇게 양호한 입지에는 개발 가능한 토지가 거의 없는 게 현실입니다. 따라서 앞으로 물류창고 개발 가능성이 있는 입지는 결국 도로망을 기준으로 고려해야 합니다. 물류는 도로망을 이용해서 수배송이 이루어지다 보니 도로망이 새로 개통되거나 계획되어 있는 곳을 중점적으로 봐야 하며, 특히 필자가 눈여겨보는 고속도로는 성남-장호원 간 고속도로입니다. (그림 4-5 참고)

그림 4-5 **성남~장호원 간 자동차 전용도로(운영구간)**

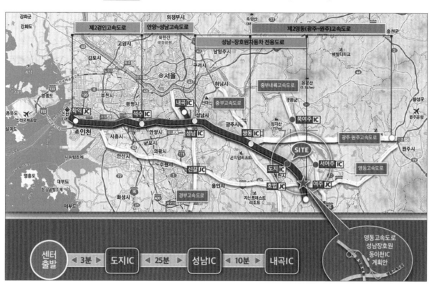

여기에 영동고속도로와 만나는 곳에 동이천 IC가 새로 생기는데, 거기까지는 이미 개통되어 있고, 동이천 IC 아래로 장호원까지는 단계별로 개통될 예정입니다. 여기서 한 번 더 부언하자면, 성남-장호원 간 고속도로 구간에서 신규로 생기는 동이천 IC 아래로 장호원까지의 구간은 6-1공구와 6-2공구로 나눠서 단계별로 개발합니다. 현재 6-1공구는 2021년에 착공해서 2023년에

준공 예정입니다. 6-2공구는 2022년에 착공해서 2024년에 준공 예정입니다. 그래서 성남-장호원 간 고속도로에서 사람들이 유심히 보는 지역이 자석 IC, 이황 IC, 송라 IC이며, 이미 3개의 IC를 중심으로 물류창고 개발을 하기 위한 토지 매입 경쟁이 치열합니다. (그림 4-6 참고)

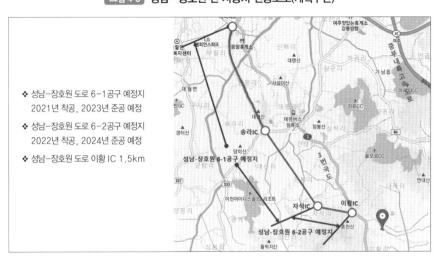

그림 4-6 성남~장호원 간 자동차 전용도로(계획구간)

❖ 성남-장호원 도로 6-1공구 예정지
2021년 착공, 2023년 준공 예정
❖ 성남-장호원 도로 6-2공구 예정지
2022년 착공, 2024년 준공 예정
❖ 성남-장호원 도로 이황 IC 1.5km

또 하나는 세종-포천 간 고속도로가 있습니다. 세종-포천 간 고속도로는 단계별로 개발하지만, 이미 포천에서 하남까지는 도로가 개통되어 운영하고 있습니다. 그다음에 하남에서 안성까지 먼저 개통하고, 안성에서 세종까지 2단계로 개통될 예정입니다. 세종과 포천을 중심으로 아직 개발되지 않은 지역에 포천과 양주가 있습니다. 양주 아래로는 이미 도시화되어 있기 때문에 개발할 수 있는 땅이 없지만, 양주와 포천은 중요한 지역으로 봅니다. 그리고 그 아래 안성지역도 IC가 생기는데, 이곳을 중심으로 개발 호재가 있을 것으로 봅니다. (그림 4-7 참고)

그림 4-7 세종~포천 간 고속도로

그리고 마지막으로 경부고속도로 같은 경우 안성까지는 정상적으로 개발할 수 있는 땅이 거의 없습니다. 그래서 서안성 밑으로 봤을 때는 북천안 IC가 있는데, 북천안 IC와 서안성 IC 사이에 물류센터 개발을 위한 경쟁이 매우 치열합니다. 그 중에서도 입장 IC 같은 경우 파주 축구센터가 천안 입장휴게소 인근으로 이전이 확정되어 약 14만 평의 부지에 공사를 진행하고 있으며 2024년 6월 말 완공 예정입니다. 또한, 입장휴게소 옆으로 논스톱 하이패스가 생깁니다. 그래서 입장 IC와 북천안 IC까지의 인근 구간에 약 30만 평 이상 토지 인허가가 완료되었고, 계속해서 많은 땅들이 물류창고 개발용으로 검토되고 있습니다.

Q3

냉장/냉동 물류센터 수요 변화 및 전망

◉ JLL 코리아 우정하 상무

현재 저온 물류센터에 대한 수요와 공급은 매우 빠르게 늘고 있습니다. 특히 상·저온 복합센터가 많은데, 그 이유로는 신선 식품 센터가 많아지기 때문입니다. 신선 물류는 온도 관리가 중요하기에 유통과정 중에 품질과 안전을 보장해야 하며, 주로 식품류가 많습니다. 음료, 식품, 농축산물, 의약품 등이 온도에 따라서 다양하게 있으며 신선 안에서 구분됩니다. 저온은 냉장과 냉동 두 가지로 구분되는데, 코로나 백신도 초저온으로 들여오듯이 바이오나 제약, 의약품 쪽으로는 신선 물류 쪽으로 각광받고 있습니다.

필자가 내부적으로 검토한 결과 1인 가구는 약 30%, 맞벌이 가구는 거의 50%에 육박하다 보니 필요한 제품은 주로 모바일로 주문하는 간편식 시장이 커지고 있습니다. 간편식 시장의 제품 대부분이 신선 제품으로, 간편식이나 신선 식품은 매년 30~40% 이상 성장하고 있습니다. 주로 자사 마켓을 활용하는 새벽시장 규모를 보면, 2015년에 100억 정도 되는 시장이 2019년 1조, 2020년

1.5조, 2021년에는 2조가 될 정도로 2015년 대비 성장률이 거의 8,000% 이상 커질 정도로 급성장하고 있습니다. 그러다 보니 새벽 배송과 관련된 헬로네이처, 컬리, 쿠팡 로켓 프레시 등의 물류와 택배 서비스 회사들이 굉장히 많아졌습니다. 가정 간편식 시장조차도 연평균 30% 이상 성장하여 약 3조 원 시장 규모로 성장하였습니다. 초창기 때만 하더라도 투자자들은 화재 발생의 위험성으로 인해 저온 센터에 대해 부정적인 의견이 많았지만, 신선식품이 각광받으면서 저온 센터가 주목받고 있습니다. 현재는 신선식품과 가정 간편식 시장이 각광받으면서 새벽 배송시장을 움직이는 전문 업체들이 많아지고, 저온 창고에 대한 니즈가 많아 굉장히 빠르게 공급되고 있습니다.

하지만 서두에 말한 것처럼 저온 센터의 핵심은 위치입니다. 제품을 수도권에 빠르게 배달해야 하는데, 위치가 좋지 않다면 원활한 배송 서비스가 어렵습니다. 가까운 지역에 있어야 1일 2배송, 3배송, 4배송이 가능한데, 먼 지역에 위치하고 있다면 하루에 1배송 내지 2배송 정도만 가능하여 수요를 내기 어렵습니다. 그래서 저온 센터를 검토할 때는 반드시 위치를 중요하게 봐야합니다. 2013년에서 2014년까지는 저온 센터가 연평균 2~3개 정도 공급됐습니다.

그런데 2019년부터는 5개, 2020년은 8개, 2021년은 20개가 공급될 정도로 저온 센터가 폭발적으로 늘고 있습니다. 결국에는 위치, 편의시설 등이 잘구비되어 있느냐에 따라 임대가 수월하게 될 수도 있고 안 될 수도 있습니다. 저온 시장과 신선식품 시장은 빠르게 성장하고 있고 중장기적으로 커지는 것은 맞습니다. 그렇기에 저온 식품 시장이 커지는 것과 저온 물류센터가 커지는 것의 밸런스가 맞아야 임대가 잘 이루어지는데, 거꾸로 저온 시장이나 신선식품 시장이 커지는 것보다 저온 물류센터 개발이 많아지면 그만큼 공실이 발생할 수 있기 때문에 저온 센터의 위치가 무엇보다 중요합니다.

물류센터를 개발할 때 상온과 저온의 비율을 어떻게 나누는 것이 좋은지에 대한 질문을 가장 많이 받습니다. 필자가 많은 미팅과 상담을 통해 조사한 바에 따르면 7:3으로 나누는 것이 가장 좋다는 판단입니다. 이는 필자가 업계에서 가장 처음 주장한 것으로 신선식품 시장이 커지면 비율이 바뀔 수도 있습니다. 그리고 외곽지역은 저온보다는 상온 위주로 하는 것이 안전합니다. 계속적으로 저온 시장은 늘겠지만 사업성이나 높은 땅값 때문에 저온을 최대한 낮은 비율로 넣기를 추천하고, 최근 급격한 저온 공급이 증가하여 공실이 증가하는 분위기입니다. 결론적으로는 신선식품 시장은 계속적으로 커질 것이고 이와 관련된 물류 회사도 공동 성장하기 때문에 저온 시장은 중장기적으로도 긍정적으로 보고 있으나, 2021~2023년까지 저온센터의 공급이 급증하여 수요가 공급을 따라가기 어려운 시기라 판단하여, 저온센터 신규 개발은 다소 보수적으로 보는 게 적합할 거 같습니다.

◉ 교보리얼코 최문식 부장

1인 가구의 증가로 소비 트렌드 자체가 바뀌었기 때문에 택배 물동량이 많이 늘어났습니다. 코로나 사태로 인해 집에 있는 시간이 많아지고 외부 환경의 영향을 많이 받다 보니 예전엔 구매하지 않았던 품목이나 여러 가지 소비 형태들이 모두 온라인 형태로 바뀌는 추세입니다. 이런 소비시장 자체가 변화되는 부분에는 모든 것이 인터넷상에서 이루어지다 보니 IoT, 페이먼트 지불 방식, 전자 화폐도 여기에 연동되어 수요가 폭발적으로 늘어났습니다. 예전엔 전통 시장이나 오프라인 매장에서 직접 구매했던 육류나 농수산물 등이 배송 시스템의 획기적인 변화로 인해 온라인 구매가 증가하면서 콜드 시장이 차지하는 비중이 증가하였습니다. 그래서 소셜커머스가 중점적으로 하고 있는 사업 투자가 바로 저온 시장입니다. 이 저온 시장은 수도권 인근 주변으로 많이 포진될 것으로 전망하며, 향후에는 지방으로 조금 더 확대될 것으로 봅니다.

냉동·냉장 물류센터에 대해 말하자면, 아직은 상온 창고를 선호합니다. 저온 창고 수요가 워낙 적었던 시장이었기에 지금의 성장세가 폭발적으로 증가한 것처럼 보이지만, 상온 창고나 상온 물량 대비 저온 물량이 폭발적으로 증가한 것은 아닙니다. 전체 물량을 놓고 봤을 때 상온 물량이 80%, 저온 물량이 20% 정도 됩니다. 그래서 저온 물류센터를 너무 많이 공급하거나 계획하는 건 금물입니다.

콜드 시장도 마찬가지지만 물류센터의 임대료 등과 연동되기 때문에 물류센터를 수도권 인근에 짓는다고 해서 좋은 게 아니고, 저렴한 임대료에 창고를 지어서 가까운 곳에 배송할 수 있는 위치가 가장 중요합니다. 소비시장에 대한 거시적인 전망을 가늠하기는 힘들지만 매년 증가할 것으로 보이며, 길게는 10년까지도 증가할 것으로 전망합니다.

● 메이트플러스 노종수 상무

　냉동, 냉장 같은 경우는 예전부터 계속 수요가 증가했습니다. 2020년 기준으로 1인 가구가 약 30% 정도인데, 1인 가구가 증가하면서 직접 오프라인 마트에 가서 음식을 사 먹는 경우가 많이 줄어들었고, 특히 코로나로 인해 언택트 구매를 상당히 많이 하고 있습니다. 최근의 여론조사를 보면 언택트로 구매한 물품이 약 25% 정도 되며, 언택트 시장이 1.6배 정도 활성화될 것으로 조사되었습니다. 여론조사대로라면 저온 신선식품 시장은 점점 커질 것 같습니다. 그에 따라서 컬리가 제일 앞서 나가고 있지만 쿠팡이라든지 오아시스, 신세계 등도 공격적으로 저온 시장을 확대하려는 움직임이 있습니다. 단, 기존 공급된 권역보다는 공급이 안 된 권역으로 공급이 이루어져야 할 것입니다.

　동남권이나 남부권의 수요가 계속 늘고 있지만, 임차인을 구하기 어렵기 때문에 공실률도 함께 늘고 있습니다. 하지만 향후 1~2년 내에 공실률은 감소할 것으로 예상합니다. 그리고 토지가와 공사비가 상승하여 개발 비용이 증가하였기에 그만큼 수익률이 낮아졌습니다. 물류시설법에 등록된 저온 센터의 신규 공급면적이 2020년도에 약 32만 평으로 비율이 증가하는 추세입니다. 2017년부터 2019년까지 공급된 평균 면적을 보면 저온이 약 12만 평으로 2.7배 증가했습니다. 수도권의 경우 신도시가 생기고 확장하면서 인허가 규제가 심해졌기에 도심지보다 외곽 쪽으로 신규 저온 공급이 많아졌는데, 공실을 얼마나 빨리 채울 수 있는지가 관건입니다. (표 4-6 참고)

| 표 4-6 | 각 법에 따른 저온 물류센터 등록현황(2021.02.16 기준) | | | | | |

분류 기준	창고업 등록 수	총합	물류시설법	식품위생법	축산물 위생법	식품산업 진흥법
전체	2,323	2,838,573	340,562	1,124,753	386,518	986,740
330m² ~1,000m²	332	74,376	9,343	20,145	11,849	33,039
1,000m² 이상	893	2,417,718	327,379	1,039,786	151,207	899,346

※ 출처: 물류신문 "Part 1. 등록제로 본 저온 물류센터 현황"

온라인 신선식품 거래액이 연평균 33% 정도 성장하고 있고, 물류 냉장 같은 경우 보관에 대한 니즈는 많이 없지만, 저온 물류센터에 대한 수요를 견인한다고 봅니다. 오프라인 유통 업체 같은 경우도 신선식품 비중을 많이 높이고 있고, 콜드체인 같은 경우도 식품류나 의약품에 대한 수요가 많기에 연평균 5% 이상 성장하고 있습니다.

이처럼 주요 소비지에 물류 인프라가 지속적으로 공급되면 수요도 상승할 것으로 예상됩니다. 라스트 마일 배송이 어려운 지역일수록 보수적으로 접근해야 하며, 특히 수도권에서 저온 같은 경우 1시간 이상 떨어진 곳은 수요가 많지 않다고 보면 됩니다. 이런 곳에서 사업 타당성을 검토할 때 저온은 넣지 않고 상온으로만 검토하는 게 좋습니다. 저온에 대한 수요가 계속 증가한다고 봤을 때, 도심 내 또는 도심과 인접한 물류센터 신규 공급에 대한 적정한 저온 비율은 20% 내외가 적당할 것 같습니다.

Q4

총량제 폐지와 실수요 검증제 전환에 대한 평가

◎ 교보리얼코 최문식 부장

총량제나 실수요 검증제는 일장일단이 있습니다. 총량제 같은 경우 난개발을 막는 요소로 작용하였고, 개발자들 입장에서는 오히려 편했던 부분이 있었습니다. 연초에 각 시도마다 사업 신청을 통해서 받아오는 물량에 대해서만 개발하면 됐지만, 총량제가 없어지고 실수요 검증제로 넘어가면서 실수요 검증에 대한 문턱을 넘기가 어려워졌습니다. 원래 실수요 검증제라는 게 중소기업이나 국내 대기업 외에 자생하고 있는 기업에게 많은 배려를 하기 위한 제도였지만, 제조 및 판매를 하는 회사들의 신용도가 그다지 높지 않고 대출에 대해서도 민감한 부분이 있다 보니 많은 혜택을 받지는 못하는 실정입니다.

오히려 총량제를 할 때는 개발업자가 짓든 본인이 신청하여 싼 가격에 지으면 됐는데, 실수요 검증제로 넘어가고 난 뒤에는 그런 문턱을 넘어야 하는 부분들로 인해 개발업자나 실수요자에게 여러 가지 문제가 발생하는 혼동기라고 봅니다. 물론 법적인 부분도 4차까지 개정이 진행되고 있기에 아직 보완해야 할 부분이 많은 것 같습니다. 실수요 검증제는 실수요자가 물류센터를 이용해야 한다는 의도로 시작한 것인데, 물류센터를 지을 수 있는 여력이 있는 회사가 그렇게 많지 않기 때문에 임대형 창고 공급이 어느 정도 이루어져야 하며, 이런 부분들이 실수요 검증제의 발목을 잡는 요소입니다. 이런 요소를 해소할 법제의 변화가 있어야 할 것입니다.

◉ 한국물류개발 김태석 대표

2014년 3월 26일 국토부에서 물류단지 시도별 총량제를 폐지한다는 발표가 있었습니다. 그 당시 수도권의 경우 물류 수요가 많다 보니, 특히 경기도 지역에 집중적으로 물류단지가 개발되었습니다. 그 외에도 시도지역에 따라 총량을 초과하는 물류가 발생하자 총량에 관계없이 실수요 검증을 통과시켜 달라는 많은 민원이 있었고, 이런 요구사항을 반영하여 2014년에 총량제가 폐지된 것입니다.

그 이후 실수요가 있는 지역, 특히 수도권을 중심으로 한 물류단지가 다수 공급되고 있습니다. 2014년 3월에 총량제가 폐지되고 2014년 이후에 개발된 물류단지들을 보면, 현재까지 전체 토지면적 560만 평 중에 절반 이상이 신규 실수요 검증을 통과했습니다. 이러한 정책은 실수요가 있는 지역에 물류단지를 공급했다는 긍정적인 면이라고 볼 수 있습니다. (그림 4-8 참고)

그림 4-8 물류단지 시도별 총량제 폐지(국토부 공문)

그림 4-8 물류단지 시도별 총량제 폐지(국토부 공문)

		보 도 자 료	넓게 듣겠습니다 바르게 알리겠습니다
국토교통부 Ministry of Land, Infrastructure and Transport	배포일시	2014. 3. 26(수) 총 5매(본문3, 붙임2)	
담당 부서	물류시설정보과	담 당 자	• 과장 이정훈, 사무관 손창호, 주무관 이승엽 • ☎ (044)201-4006~8
보 도 일 시		2014년 3월 28(금) 조간부터 보도하여 주시기 바랍니다. ※ 통신·방송·인터넷은 3. 27(목) 15:00 이후 보도 가능	

물류단지 시도별 총량제 폐지⋯개발문턱 낮아져
실수요 있는 곳에 적기 건설 가능, 일자리 창출에도 기여

□ 지역별 물류단지 수요를 정확히 반영하지 못해 민간투자 활성화의 걸림돌로 인식돼온 **물류단지 시도별 총량제가 폐지**되어 실수요만 인정받으면 원하는 곳에 **물류단지를 건설할 수 있게 된다.**

○ 서승환 국토교통부 장관은 27일 물류단지(평택 도일) 현장을 방문해 관계자의 애로사항을 청취하고, 시도별 물류단지 공급량을 정하고 있는 **물류단지 공급상한(총량제)을 폐지**하기로 최종 결정 하였다.

그리고 한 가지 덧붙이자면 과거에는 실수요 검증을 국토부에서만 진행했는 데, 현실적으로 시도지사가 자기 지역의 물류현황과 특성을 가장 잘 알고 있 기에 실수요 검증 업무를 진행해야 한다고 요청하였고, 이를 받아들여 현재는 "물류시설법"이 개정을 통해 물류단지 실수요 검증 업무를 국토부 장관 또는 시도지사가 실시하고 있습니다. (그림 4-9 참고)

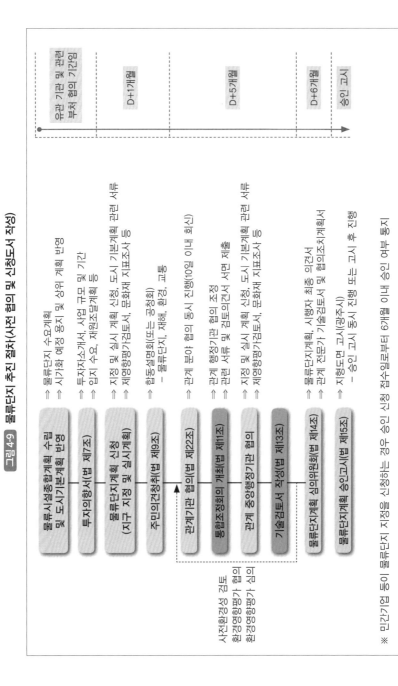

그림4-9 물류단지 추진 절차(사전 협의 및 신청도서 작성)

절차	내용	기간
물류시설종합계획 수립 및 도시기본계획 반영	⇒ 물류단지 수요계획 ⇒ 시가화 예정 용지 및 상위 계획 반영	유관 기관 및 관련 부처 협의 기간임
투자의향서(법 제7조)	⇒ 투자자소개서, 사업 규모 및 기간 ⇒ 입지 수요, 재원조달계획 등	
물류단지계획 신청 (지구 지정 및 실시계획)	⇒ 지정 및 실시 계획 신청, 도시 기본계획 관련 서류 ⇒ 제연항평가검토서, 문화재 지표조사 등	D+1개월
주민의견청취(법 제9조)	⇒ 합동설명회(또는 공청회) - 물류단지, 재해, 환경, 교통	
관계기관 협의(법 제22조)	⇒ 관계 부처 협의 동시 진행(10일 이내 회신)	
통합조정회의 개최(법 제11조)	⇒ 관계 행정기관 협의 조정 ⇒ 관련 서류 및 검토의견서 서면 제출	D+5개월
관계 중앙행정기관 협의	⇒ 지정 및 실시 계획 신청, 도시 기본계획 관련 서류 ⇒ 제연항평가검토서, 문화재 지표조사 등	
기술검토서 작성(법 제13조)		
물류단지계획 심의위원회(법 제14조)	⇒ 물류단지계획, 시행자 최종 의견서 ⇒ 관계 전문가 기술검토서 및 협의조치계획서	D+6개월
물류단지계획 승인고시(법 제15조)	⇒ 지정도면 고시(광주시) - 승인 고시 동시 진행 또는 고시 후 진행	승인 고시

사전환경성 검토
환경영향평가 협의
환경영향평가 심의

※ 민간기업 등이 물류단지 지정을 신청하는 경우 승인 신청 접수일로부터 6개월 이내 승인 여부 통지

Q5

도심 물류센터와 풀필먼트 서비스 현황 분석

◉ 교보리얼코 최문식 부장

풀필먼트(fulfillment)는 이제 필수 서비스가 되었습니다. 풀필먼트 서비스에 가장 먼저 진입했던 업체는 소셜커머스이고, 그다음이 전통적인 온오프라인 업체인 홈플러스나 이마트 같은 회사였으며, 가장 늦게 진입한 업체는 3PL입니다. 3자 물류를 하는 회사들의 경우 처음에는 고객 요청에 의해서 필요시마다 창고를 알아보고 거기에 임대차를 얻어서 업무를 봐주는 형태였는데, 지금은 워낙 빠르게 진행되다 보니 본인들이 미리 창고를 확보하지 않으면 서비스에 대한 어려움이 발생하기 시작했습니다. 그래서 부동산에서 흔히 얘기하는 마스터리스 개념의 임대차 방식이 생기기 시작했고, 그런 부분에 대해서 3PL이나 4PL 회사들이 여러 가지 풀필먼트 서비스를 준비하고 있습니다.

풀필먼트 서비스는 도심형 물류와 접목되는 부분입니다. 예를 들어 도심에는 항상 일정량의 소비재가 필요하고, 이를 빠르게 공급하기 위해서 근처에 일정 물량을 비치한 후 도심으로 하나둘씩 배송하다 보면, 일정 물량에서 비게 되는 수치만큼 계속 채우는 서비스라고 볼 수 있습니다. 대표적으로 편의점 도시락은 매일 일정량을 신선한 상태로 공급해야 하는데, 소비되는 만큼 재고량을 채워 원활하게 공급하는 서비스를 풀필먼트 시스템으로 볼 수 있습니다. 언론에서 집중적으로 도심형 물류센터 풀필먼트 서비스에 대해 소개하고 있는데, 너무 과대포장되거나 과해석되어 도심형 물류라고 말하는 분들이 있습니다. 도심형 물류는 쉽게 얘기해서 배송 물류입니다. 배달 물류라고도 하며, 배달업체들이 사용하는 물류센터(흔히 얘기하는 물류센터의 개념이 아닌 물류창고)로 마이크로 센터라고 부르기도 하는데, 마이크로 센터의 도심형 물류가 각광받을 예정이지 도심 내에 물류센터 형태의 구조가 들어간다든지, 화물차가 대량의 물량을 취급하는 것은 사실상 어렵다고 봅니다.

요즘 많이 하락한 리테일 시장에서 주목해야 할 부분도 있는데, 1층이나 주차장에 부지가 확보된 건물 같은 경우 도심형 물류의 소형 마이크로 센터를 구비하면 좋을 것 같습니다. 변형 상품으로 확대되면 리테일 상가와 맞물려 새로운 부동산 상품이 탄생할 것 같습니다. 이렇게 도심 곳곳에 포진하게 되면 풀필먼트 서비스가 조금 더 발전할 것이고, 라이더 배달에도 변화가 일어날 것으로 봅니다. 물론 지금도 쿠팡에서 도보 배송, 자전 배송 등을 응용하고 있는데, 도심형 물류센터라고 해서 대단하게 변화하거나 우리가 흔히 보는 물류센터의 형태로 나타날 것 같지는 않습니다. 그래서 이 부분에 대해서 너무 과신하거나 과대 해석하는 것은 피해야 합니다.

최근 소비 패턴이 많이 변했는데 무엇보다도 온라인에서 구매한 제품을 빨리 받고 싶어 합니다. 그에 따라 MFC가 확대될 것으로 봅니다. 구매력 있는 연령층이 점점 고령화되고 있는데, 예전에는 오프라인 매장에서 1주일에 한 번 내지 2주일에 한 번 구매했다면, 최근에는 온라인을 통해서 자주 구매하는 쪽으로 소비 패턴이 바뀌고 있습니다.

그리고 도심 외곽지역에는 대형 풀필먼트 센터가 많이 건설되고 있지만, 소비자와 가까운 도심지역에는 여러 가지 이유로 대형 물류센터가 들어오기 어렵기 때문에 100~500평 내외의 초소형 물류센터, 일명 마이크로 풀필먼트 센터들이 속속 등장하고 있습니다. 특히 마이크로 풀필먼트 센터 같은 경우는 라스트 마일을 선점하기 위해서 도심 가운데 자리를 잡고 고객이 주문하면 최단 시간 내에 배송이 가능한 소형 센터가 필요합니다.

국내 물류시장의 MFC는 다음과 같이 3가지로 구분할 수 있습니다.

❶ 신규진입형으로 기존의 외곽지역에 물류센터를 보유하고 있는 기업이 당일 배송, 새벽 배송을 넘어서 30분 배송을 하기 위해서는 소비자와 최대한 가까운 곳에 물류센터가 위치해야 하므로 도심 곳곳에 진입하는 유형입니다.

❷ 주유소나 상업시설 주차장 용지에 공공용지를 이용하거나 공유해서 물류센터를 활용하는 유형입니다.

❸ 도심 내 오프라인 매장인 마트를 지역형 물류 거점으로 활용하는 창고입니다. 소비자가 직접 창고에 가서 물건을 받거나 피커(picker)가 직접 상품을

포장해서 배송까지 하는 마이크로 풀필먼트 센터의 기능이 점차 확대될 것으로 봅니다.

신규진입형 같은 경우는 메쉬코리아와 바로고 같은 회사들이 운영하고 있고, 주유소나 상업시설 및 공공시설을 이용하여 물류센터를 활용하는 것은 쿠팡과 오일뱅크, 메쉬코리아와 GS칼텍스가 협업하고 있습니다. 그리고 도심 내 오프라인 매장을 활용하고 있는 곳은 롯데마트와 이마트입니다. 배민의 B마트 같은 경우 2018년 12월에 1호점을 개점했고 2019년에 14개의 지점을 추가했습니다. 도심의 소비자들은 빠른 배송을 원하기 때문에 도심형 물류센터가 필요합니다. 소비자와 가장 가까운 곳에 상온과 저온 물류센터가 필요하지만, 차량 운행에 따른 소음과 공해로 인해 인허가를 받기 어렵습니다.

그리고 건설적인 측면에서 보자면, 물류센터에는 1톤 정도의 차량도 운행하지만 11톤 이상의 차량들도 운행합니다. 그런데 도심은 큰 부지의 물류센터를 확보하기 어렵기 때문에 수직 이송형으로 올릴 수밖에 없고, 램프를 설치하려면 건물을 높게 지어야 하는데, 주변 아파트의 민원으로 인해 물류센터를 짓기 어렵습니다. 만약 도심에 물류센터를 짓는다면 크로스 도킹 개념의 물류센터가 가능할 것 같습니다. 보관 목적이 아닌 쿠팡의 캠프 개념의 물류센터로 지을 가능성이 상당히 높습니다. 하지만 11톤 이상의 차량이 운행하려면 11m 이상의 회전 반경을 확보해야 하는데, 도심지 내에 기둥 간격을 11m 이상 확보하기 어렵습니다. 그렇기에 도심형 물류센터를 짓는다면 지하에 구축할 수밖에 없지만, 그것도 한정적일 것으로 봅니다.

Q6

2023년 및 중장기 전망/ 주목해야 할 키워드

⚙ JLL 코리아 우정하 상무

2021년에 인허가가 나서 개발되는 물류센터는 향후 2~3년 내에 대규모로 공급될 예정입니다. 신규로 개발되는 물류센터는 용인, 이천, 광주가 아닌 여주, 평택, 화성 쪽으로 점점 많아질 것으로 예상됩니다. 앞으로는 외곽 쪽에 물류센터들이 집중적으로 늘어날 것으로 전망하지만, 지방권인 영남권과 충청도, 전라도 쪽에도 물류센터들의 수요가 있을 것으로 봅니다.

필자에게 가장 많이 하는 질문은 "앞으로 물류부동산의 미래를 어떨까요?", "물류센터가 어떻게 바뀔까요?"입니다. 이에 대해 필자는 물류부동산은 이제 시작이라고 보고, 그 이유는 다음과 같습니다.

❶ 4차 산업 혁명으로 인한 물류 서비스의 중요성

예를 들어 소비자가 사용하는 세제나 식품 등이 부족할 때쯤 DB를 통해 소비자에게 정보를 전달하고, 소비자가 주문하여 바로 공급할 수 있도록 인공지능, 사물 인터넷, 빅데이터 등을 활용한 서비스가 가능할 것이고, 그만큼 물류의 중요성은 커질 것입니다.

❷ 생산기지의 해외 이전

국내의 인건비가 상승하면서 생산기지의 해외 이전이 증가하고 있습니다. 국내 인건비보다 $\frac{1}{5} \sim \frac{1}{8}$ 정도 저렴한 중국, 베트남, 라오스 등으로 공장을 이전하였고, 이곳에서 생산한 제품을 다시 국내로 들여오고 있습니다. 이처럼 외국에서 생산한 제품을 물류 서비스를 통해 국내로 들여오는 것이 생산성도 좋고 비용도 저렴하여 수익성이 좋기에 앞으로도 물류는 점점 증가할 것입니다.

❸ 물류는 불황에 강한 산업이다

3자 물류는 물류비를 절감하기 위해 위탁하는 시스템인데, 경기가 어려울수록 물류를 제3자에게 맡겨 비용을 절감할 수밖에 없습니다. 그렇게 되면 물류를 맡기는 업체는 물류비를 절감하고 서비스의 질을 높이면서도 연구·생산·제조에 집중할 수 있기에 불행에 강하다고 생각합니다. 온라인 시장, 택배산업, 3자 물류산업은 경기가 어려우면 어려울수록 오히려 성장하고 맷집이 강해지는 산업으로 보고 있기에 코로나가 끝나더라도 지금의 성장세가 유지되거나 더 커질 것으로 예상합니다. 또한, 시장이나 마트에서 같은 제품을 구매했을 때 e커머스보다 저렴할 순 없습니다. 오프라인 매장에서 제품을 확인하고 인터넷으로 검색해 보면 훨씬 저렴합니다. 게다가 인터넷으로 주문하면 직접 집으로 배송해 주기에 필자의 경우 오프라인 매장에서 맘에 드는 제품을 구입한 후 두 번째부터는 품질이 보장되면서도 가격이 더 저렴하기 때문에 온라인으로 구매합니다. 일반적으로 같은 제품을 더 저렴하게 구입하려는 소비자의 의지가 있기에 경기가 어려울수록 e커머스를 통한 제품 구매는 더 증가할 것이고, 특히 경기가 어려울수록 기업이 이용하는 3PL 사업과 개인 소비자가 이용하는 e커머스 사업은 더 성장할 것으로 봅니다.

그리고 필자에게 "지금은 물류부동산이 호황인데, 언제까지 유지될지", "조만간 불황의 늪에 빠지는 것은 아닐지" 등을 문의합니다. 필자는 중장기적으로는 긍정적으로 보고 있습니다. 작년부터 올해 초까지는 물류센터의 공급과잉이라 포화상태라는 말을 듣는데, 실제로는 그렇지 않습니다. 필자는 그 당시에도 e커머스, 전자상거래, 4차 산업혁명의 핵심인 물류산업은 앞으로도 계속 성장할 것으로 예측한 바 있으며, 이런 예측에 대해서는 단호하게 전망합니다.

한 번 인터넷이나 전자상거래나 3PL을 경험해 보면, 가격의 저렴함과 편리함으로 인해 계속 이용할 수밖에 없습니다. 뉴스에도 보도됐지만 40~60대가 모바일을 이용하여 제품을 구매하는 금액이 굉장히 커졌습니다. 모바일로 처음 구매하는 것이 어렵지만, 계속 이용하다 보면 익숙해지기에 오프라인 매장보다는 온라인으로 제품을 구매하게 됩니다. 그렇기에 물류 시장은 계속 성장할 것이고, 중장기적으로 굉장히 긍정적으로 보고 있는 게 필자의 생각입니다. 물류부동산은 앞으로도 계속 성장할 것이고 물류센터는 계속 공급될 것입니다. 지금 있는 물류센터 자체도 공급과잉이라 보지 않고 오히려 상온 물류센터는 상당히 부족합니다. 현재도 하루에 10건 이상 상온 센터의 위치 관련 문의를 받고 있을 정도로 앞으로도 공급이 더 필요합니다. 반대로 저온 센터 문의는 거의 없습니다.

앞으로도 4차 산업혁명으로 각종 기술의 발달, 인공지능, 사물인터넷, 빅데이터를 통해서 물류의 중요성은 계속 높아질 것입니다. 더욱이 택배 서비스에 대한 소비자의 만족도가 높기에 이러한 물류산업은 계속 성장할 것입니다.

우리나라 물류업은 혁신적이고 고객만족을 위한 서비스를 만들어가고 있습니다. 이런 서비스를 통해서 고객만족도가 높아지고 3자 물류를 하는 기업들의 만족도도 높아지기 때문에 물류는 우리의 모든 직업에 핵심이 될 것으로 봅니다. 그렇기에 대기업들도 물류에 투자하여 물류산업을 가지고 있기 때문에 물류부동산 시장도 함께 성장할 것입니다. 물류산업의 중장기 비전은 밝고 계속 성장할 산업이기 때문에 물류부동산에 대한 투자는 계속적으로 이루어지는 게 맞다고 생각합니다.

● 교보리얼코 최문식 부장

홈플러스처럼 오프라인 매장 형태로 운영하다가 온라인 소비 시장으로 전환되면서 오프라인 시장이 저조해졌기에, 오프라인 매장의 공간 활용도를 찾던 중 매장 면적을 줄이고 그 공간에 온라인 배송센터를 만들기 시작했습니다. 여기에 발맞춰 이마트에서 EOS 매장을 운영하게 됐습니다. 도심에 더 가까운 지역에서 더 빨리 배송하려다 보니 소규모 도심형 물류센터에 대한 활용도가 부각되었고, 이런 새로운 공간을 본인들이 임차하거나 확보했던 공간에 코너 개념으로 늘리기 시작했습니다.

즉 외부에 있는 대형 창고를 축소하여 도심에 위치시키는 개념으로 생각하면 됩니다. 이런 도심형 물류센터가 많아질수록 배달 서비스 활동이 원활해집니다. 즉 배달의 민족이나 심부름 서비스들도 창고에 대한 니즈가 많기에 도심의 소규모 물류창고에 대한 수요가 더 확대될 것입니다. 가장 중요한 화두는 풀필먼트입니다. 풀필먼트 형태의 유통망을 갖고 있는 회사나 테넌트들이 확보된다면 마스터리스 형태의 임대차나 대형 물류센터에 대한 임대차 등이 빠르게 해소될 수 있습니다.

그리고 소비 시장에 불고 있는 여러 가지 변화 가운데 옴니채널이나 페이먼트 방식도 많이 달라졌습니다. 지금은 백화점에 직접 가지 않아도 가상공간을 활용하여 백화점의 상품을 구입할 수 있는데, 이런 마케팅은 예전 VVIP 고객을 대상 마케팅으로 활용하였지만 이제는 보편화된 서비스입니다. 결제 역시 휴대폰을 이용하고 있고, 소비자가 필요하면 현장에서 바로 구매하는 소비 형태를 보이기에 이러한 소비자의 형태 자체가 물류 시장에 커다란 영향을 끼칩니다. 이런 옴니채널이나 페이먼트가 변화되는 것들을 보면 스타트업이 보이기 시작할 것이고, 그 스타트업에 대해서 유통을 시작하는 업체들이 보입니다. 그렇게 되면 테넌트들과 합작하여 물류창고 개발 등이 가능할 것으로 예상됩니다. 실제로 그렇게 하고 있는 업체들이 있고 성공 사례로는 컬리가 있습니다.

프로비스랑 프롭테크가 있는데 용도가 틀리긴 하지만, 프로비스는 서비스화된 상품 개념이고 물건의 배송 시스템까지도 포함하고 있는 용어입니다. 일일배송, 이일배송, 새벽 배송, 사배송 등이 프로비스 영역 안에 있는 서비스 형태입니다. 프롭테크는 물류센터에서 전반적으로 이루어지고 있는 변화이기도 한데, 창고 형태의 개념보다는 그 기본에 충실하지만 거기서 일하는 노동자나 사용자에 대해 편의성을 조금 더 고려한 개념입니다. 이런 서비스나 편의시설을 어떻게 부동산 상품과 결합할 수 있을까를 고려합니다. 즉 물류센터가 외곽 지역에 있다 보니 물류센터 내에서 모든 것들이 이루어질 수 있도록 구내식당,

소규모 메디컬 시스템, 샤워시설, 휴게실, 수면실 같은 시설을 구축해야 합니다. 이런 시설을 관리해 주는 서비스와 부동산이 묶인 것으로 이해하면 됩니다.

풀필먼트, 4PL, 옴니채널, 페이먼트, 프로비스, 프롭테크라는 단어가 나오는 기사나 정보를 관심 있게 보는 것이 좋습니다. 정부에서 시행하고 있는 도시첨단물류라도 하나의 프롭테크라고 볼 수 있습니다. 그리고 과도한 임대료나 수익성에 대해서는 경계할 필요가 있으며, 판단이 안될 때는 전문가의 자문을 구해 판단하기 바랍니다. 또한 수익성에 대해서 과도한 광고나 포장을 하는 경우도 많은데, 주관을 가지고 기조를 세워서 사업 계획을 짜는 게 좋습니다.

덧붙여 몇 가지 사항을 예측할 수 있습니다.

첫 번째는 임대시장의 환경 변화가 있을 것입니다. 컨버전이라고 하는데, 공급자가 개발하거나 개발을 계획하는 분들이 과다 개발로 인해 저온 창고의 장기 공실이 발생할 것입니다. 상온 창고 같은 경우에도 수도권 근처는 계속 상승하다 보니 일부 사용자들이 조금 더 싸게 임대료가 형성된 지역으로 이탈할 가능성이 점점 커질 것입니다.

두 번째는 수도권 지역에 대한 배송망의 개편이 이뤄질 것입니다. 쉽게 얘기해서 네트워크 체인지가 이뤄지는데, 제2외곽순환도로와 포천 세종 간 고속도로 등으로 배송시간의 변화가 생길 것입니다. 이런 내용들이 북부지역에 대한 개발을 부추기는 요소입니다. 북부지역의 임대료가 그다지 높지 않지만, 계속 공급되면 임대료 단가에 따라서 배송 체계도 바뀔 것입니다.

세 번째는 물류센터 개발사업에 대해서도 변화가 있을 것입니다. 수도권 외곽이나 지방에 물류센터 개발만 하는 것들이 아니라 복합개발이 물류센터와 함께 이루어질 것 같습니다. 교통망이 좋아진다는 의미는 배송 관련 교통망만 좋아지는 것뿐만 아니라 생활권 자체도 멀어진다는 의미입니다. 신도시가 확장되면 물류센터에 다른 시설물이 들어간 복합개발이 진행됩니다. 일례로 지식산업센터와 물류센터가 복합적으로 개발된 사례가 몇 건 있습니다.

네 번째가 언급하기 조심스럽지만 지금 개발하는 분 중 금융시장에 대한 리스크 헤지에 대한 준비가 없는 것 같습니다. 이는 필수적으로 알아야 할 내용입니다. 대출을 끼고 개발 프로젝트를 진행하게 되는데, 금리가 상승하면 개발 시장에 어떤 여파를 미칠지 모릅니다. 단순히 금리가 상승하여 사업성이 악화하는 것보다도 투자심리가 위축될 수 있고, 기관이나 투자자들이 물류센터보다는 다른 물건에 관심을 가질 확률이 높아집니다. 그래서 금리 인상과 더불어 기존의 오피스 시장으로 리턴할지, 아니면 증권이나 예금 금융상품으로 자금이 흘러 들어갈지 예상하기 어렵기 때문에 개발 계획 시 금융시장 리스크 헤지에 대한 준비가 있어야 합니다. 갑자기 투자자들이 외면하는 시장으로 변한다면 개발 시장의 전망이 어두울 것이고, 금리가 인상되고 사회적으로 미치는 파장이나 소비 위축이 있을 수도 있다는 점을 미리 감안해야 합니다.

◉ 메이트플러스 노종수 상무

최근 소비 트렌드 자체가 코로나 영향도 있긴 하지만, 오프라인에서 구매하는 것보다 온라인에서 구매하는 경우가 많습니다. 쿠팡이 공격적으로 서울을 제외한 타지역에 약 100만 평 규모의 물류센터를 공급하겠다고 발표했습니다. 소비자에게 최적의 품질로 빨리 배송하려면 거점이 상당히 중요하기에 쿠팡이 공격적으로 물류 거점을 확보하고 있습니다.

비대면 언택트 시장이 활성화되고 이런 소비 패턴이 굳어지고 있습니다. 그런 트렌드가 급부상하면서 물류센터에 대한 수요도 지속적으로 늘어날 것으로 전망되는데, 신규 등록 물류센터 수를 보면 2016년에 176개, 2018년에 254개, 2020년에 729개로 계속 증가하고 있습니다. 수도권과 영남권 순으로 많이 집중되고 있는데, 지난 2~3년 동안 빠른 속도로 증가한 물류센터의 공급과잉이라는 목소리가 많은 것도 사실입니다. 그렇지만 앞으로도 소비자의 트렌드 변화가 물류센터 수요를 꾸준히 상승시킬 것으로 봅니다. 또한 소비 습관은 한 번 길들면 쉽게 바뀌지 않기에 코로나로 인해서 변화된 소비 트렌드가 지속될 것이고, 그런 비대면 소비 패턴이 장기적으로 굳어질 경우에 마이크로 풀필먼트 센터나 대형 풀필먼트 센터 같은 기능을 하는 물류센터가 점점 더 많이 필요해질 것입니다.

소매시장은 오프라인과 온라인으로 구분하는데, 온라인 시장이 급성장하고 있고 쿠팡이 공격적으로 시장을 선도하고 있습니다. 여기에 위기의식을 느끼고 있는 게 네이버입니다. 사실 네이버가 전자상거래 플랫폼의 최강자인데, 네이버에서 주문하면 대한통운 등의 택배 대행을 통해 배송하다 보니 시간이 오래 걸리는 편입니다. 그래도 네이버가 대한통운과 협업을 맺어 대한통운의 택배 거점과 메가허브터미널까지 구축한 상태이기에, 거점을 활용한다면 좀 더 빨리 소비자에게 배송할 수 있을 것이고, 대한통운은 안정적인 매출을 확보할 수 있는 장점이 있습니다. 네이버뿐 아니라 11번가는 아마존과 협업하고 있고 카카오 같은 경우도 물류시장에 진출하려고 합니다. 이처럼 온라인 시장을 누가 선점하느냐를 놓고 경쟁을 벌이고 있기에 다양한 경제 변수에 따라서 다를 수 있지만, 물류센터 거점 확보를 위해 지속해 노력할 것으로 보고 있습니다.

소비자 측면에서 봤을 때는 라스트 마일 딜리버리가 상당히 중요해지고 있습니다. 1인 가구가 늘어나고 있고, 코로나 때문에 콜드체인 부분(신선식품)도 커지고 있기에 물류산업이 성장할 수 있는 계기가 될 것으로 전망합니다. 물류비 절감을 위해서 흩어져 있는 물류센터들에 대한 통합 거점도 필요하기에 물류센터가 좀 더 대형화되고, 도심과 가까운 쪽에 라스트 마일 딜리버리를 위한 물류센터 수요도 상당히 많아질 것으로 전망합니다.

그리고 중장기 전망에 대해서 말하자면, 물류부동산 공급 측면에서 2023년 이후 어떤 곳에 공급하느냐가 중요합니다. 일부 지역의 경우 공급량이 과다한 경우도 있기에 소비자나 화주가 원하는 입지에 물류센터를 구축하는 것이 상당히 중요합니다.

주목해야 할 키워드는 쿠팡입니다. 쿠팡이 현재까지 건설한 물류센터의 상당 부분을 임차하고 있고, 앞으로 공급될 물류센터의 상당 부분도 임차하고 있습니다. 쿠팡의 이런 전략은 당연히 네이버와 같은 이커머스 기업이나 유통 대기업들도 영향을 받을 수밖에 없기에 물류부동산 시장 자체도 좀 더 성장할 것으로 전망합니다.

최근 유통업계에서 떠오르고 있는 D2C(Direct To Customer)의 부상으로 물류센터가 더 필요하게 되었습니다. D2C는 물류전문 기업의 유통망을 거치지 않고 자사 몰이나 직영 매장을 통해서 소비자에게 직접 판매하는 방식으로 소비자와 직접 교류하거나 가격 경쟁력 측면에서 중요하게 여겨집니다. 한국 야쿠르트나 한성 같은 다수의 기업들이 D2C 비즈니스를 하고 있으며, 자사몰 물량을 전담하는 물류센터나 소비자와 가까운 도심 물류센터를 자체적으로 구축하려는 움직임이 지속해 이어질 것으로 전망합니다. 주민들의 민원이 증가하여 수도권 물류센터의 인허가 규제가 강화되고 있지만, 풀필먼트 센터 서비스가 지방 주요 도시로 확대되고 있으며, [그림 4-10]에서 보는 바와 같이 물류센터도 지방 주요 도시로 분산되고 있습니다. 과거에는 3PL 기업들이 서울과 접근성이 좋으면서 상대적으로 저렴한 임대료가 장점인 광주, 용인, 이천 지역을 선호하였는데, 최근에는 e커머스 업체들이 신속한 배송을 위해 서울과 가까운 김포, 남양주, 파주 지역을 선호하는 추세입니다.

그림 4-10 주요 3사 물류센터 분포 현황

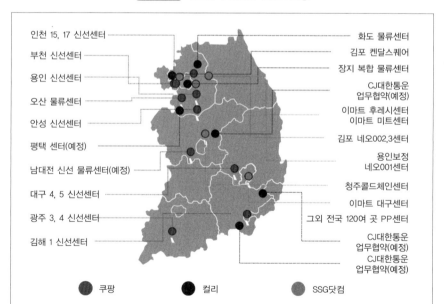

물류센터가 급증하면서 교통체증이나 소음 등으로 민원이 발생하였기에 용인시 같은 경우, 물류센터와 주거지역과의 거리를 100m에서 200m로 변경하는 등 물류센터가 점점 외곽 지역으로 밀려나고 있습니다. 2020년에 천안, 충주를 중심으로 충청권 물류센터가 2019년 대비 120% 정도 증가했고, 세종시 같은 경우는 2020년 한 해에만 11개 정도의 물류센터가 신규로 등록되었습니다. 유통 업체들이 남쪽으로 내려가는 현상을 보임에 따라 물류센터도 남쪽으로 공급되고 있는데, 물류에서 큰 비중을 차지하는 온라인 신선식품 업체들이 새벽 배송이나 로켓 배송 서비스를 충청권을 시작으로 전국적으로 확대하고 있습니다. SSG 같은 경우 2021년 7월 대전에서 처음 배송을 시작했고, 세종시나 청주 쪽으로 서비스를 확대했습니다.

컬리 같은 경우 2021년 5월부터 대전과 세종 일부 지역에서 새벽 배송을 하고 있고, 2021년 말에는 호남과 영남 등 남부권까지 확대하고 있습니다. 이처럼 신선식품의 배송 필요성이 커지면서 배송 유통망이 수도권을 벗어나 세종, 대전, 청주 같은 지방 도시로 확산되고 있으며, 향후에는 물류센터 수요가 수도권을 넘어 지방 대도시까지 확대될 것으로 전망합니다.

코로나를 겪으면서 각 나라 정부에서는 확장 재정 정책을 펼쳤기에 물류부동산 시장도 많은 유동성이 유입됐으며, 전염병 확산을 막기 위해 언택트 소비를 권장했기에 언택트 기업들이 눈에 띄게 성장했습니다. 또한, 물류산업이 커지다 보니 물류부동산에 대한 관심과 투자가 상당히 증가했습니다. 그에 따라 경쟁이 심하다 보니 Cap Rate도 빠르게 하락하고 있으며 오피스보다 낮게 거래되는 사례도 발생하고 있습니다.

이제는 물류부동산이 성숙기 초기 단계에 진입했다고 보면 됩니다. 앞으로 1~2년 만에 끝나는 게 아니라 최소 3~10년 이상은 물류산업이 성장하고 그에 따른 물류부동산 산업도 성장할 것으로 전망합니다. 왜냐하면 쿠팡의 장기적인 거점 구축 전략에 따른 거점 확보를 선제적으로 했지만, 나머지 유통 업체나 e커머스 업체도 장기적인 구축 계획을 수립하고 따라가려면 최소 3~5년 정도 걸리기에 최소 10년 정도는 수요가 있을 것으로 예상합니다.

단기적으로는 한국은행의 금리 인상과 오피스와의 캡스프레드가 줄었던 것과 건물 화재보험의 인상 등이 시장의 불안을 자극하고 있기는 하지만, 장기적으로는 오히려 지금이 최적의 투자 시기라고 전망합니다. 단, 공급할 센터에 저온 구축 여부는 신중하게 고민해야 합니다.

물류산업이 지속적으로 성장하고 있고 포스트 코로나에도 상승세는 계속 이어질 것으로 봅니다. 특히 라스트 마일과 관련된 택배산업은 아무리 비관적으로 봐도 10% 이상 성장할 것으로 예상합니다. 이런 초과 수요 현상은 최근 수도권 상온 임대료 상승으로 나타나고 있는데, 10~20% 정도 상승했고 앞으로도 계속 상승할 것으로 봅니다. 왜냐하면 사업개발을 했을 때 개발이익이 전혀 없기에 당연히 오를 수밖에 없었습니다.

대표적으로 RDC 밀집 지역인 김포 고촌 물류단지 내의 A 물류센터 같은 경우, 최근에 신규 임차인을 유치하면서 기존 임대료 대비 약 9% 이상 인상한 임대료로 계약했습니다. 여건에 따라서 조금 다르긴 하지만 일반적으로 연 1.5~2% 정도로 임대료를 인상하는데, 여주, 이천 쪽에도 10~20%까지 임대료를 인상하는 경우가 나타나고 있습니다. 그게 바로 물류산업의 성장과 맞물려 있다고 보며, 물류산업이 성장하고 있기 때문에 다른 섹터에서 찾기 힘든 물류부동산만의 강점이라 생각합니다.

투자자 입장에서 보면 신규 개발을 통한 초과 수요를 흡수하거나 안정적인 코어 물건의 확보와 증·개축을 통한 밸류 애드를 하기 위해서 다양한 전략을 구상할 수 있는데, 그게 바로 물류부동산에서만 가능한 블루오션이라고 볼 수 있습니다. 이런 과정에서 전문적인 자문사의 역할도 상당히 중요합니다. 최근에는 기관투자자들의 물류시장에 대한 이해도가 상당하기에 깊이 있는 분석을 통해서 자산 가치가 얼마나 상승할지에 대한 분석도 많이 검토하고 있습니다. 이런 초과 수요 현상을 활용해서 어떻게 하면 좀 더 우량한 임차인으로 전환할 수 있을까도 많이 고민해야 하며, 보험금 상승에 대한 대처 노하우까지 통합적으로 관리할 필요가 있습니다.

◉ 한국물류개발 김태석 대표

2020년 코비드-19 팬데믹으로 제조, 유통, 물류 영역 간의 경계는 더욱 앞당겨 무너지고 있으며, 이로 인해서 가장 타격을 받고 있는 기업은 IT기업입니다. 기존 오프라인 기업은 IT 기반의 온라인 유통채널을 구축하지 않고는 생존할 수 없다는 것을 절실하게 느끼기에 사활을 걸고 온라인 채널을 만들고 있습니다.

e커머스 업체들이 빠른 상품 배송을 위해 물류기업과 협력을 구축하는 이합집산을 하고 있습니다. 쿠팡이 로켓 배송 등 자체 물류 경쟁력을 앞세워 미국 뉴욕 증시에 도전하는 등 경쟁력을 인정받으면서 최근 이 같은 배송 속도 경쟁은

더욱 치열해지고 있습니다. 과거 e커머스들이 가격을 두고 '초특가 경쟁'에 매진했다면 최근 e커머스들은 '빠른 배송 경쟁'에 매진하게 된 셈이고, 빠른 배송 수요가 확산되면서 최근 홈쇼핑 업체까지도 이 경쟁에 뛰어들고 있습니다.

물류부동산 시장에서 항상 빠지지 않고 등장하는 말이 공급 과잉에 대한 의문이며, 이는 전자상거래 시장의 가파른 성장과 1인 가구 및 맞벌이 가구의 비율 증가에 따른 소비 패턴 변화로 물류 수요가 급증함은 물론, 물류 영향의 확대와 물류 서비스의 고도화로 기존의 보관 공간보다 약 3배 이상의 면적이 필요하여 자연스럽게 공급 과잉이 해결되었다고 봅니다. 특히 수도권의 경우 양호한 물류 입지와 거점 전략으로 인해 지역별로 물류센터의 공급이 차별적으로 공급되고 있는데, 특히 이천, 용인, 광주 등이 집중적으로 개발되었으며 현재는 인천, 안성, 천안 등이 개발되고 있습니다. 또한, 이로 인한 민원 문제로 지자체별로 규제를 강화하고 있습니다. 최근 지자체 규제의 입법 예고된 사례 중 양주시가 물류센터 개발을 못 하도록 입법 예고했는데, 강한 민원으로 인해 백지화된 사례가 있습니다. 양주시의 경우 지형과 높이를 규제함으로써 입법 예고가 통과되었다면 90% 이상 개발을 못했을 것입니다. 어떻게 보면 소유하고 있는 토지가 용도에 맞게 개발되어야 하는데, 물류창고뿐 아니라 공장 등도 개발을 제한하다 보니 재산권 침해가 될 수도 있었던 것입니다.

물류부동산 개발 시장은 2022년 초까지만 해도 뜨거웠던 게 사실입니다. 이는 금융시장의 양적완화와 저금리로 인해 투자금이 주식시장과 부동산 투자로 몰렸고, 특히 투자환경이 양호한 물류부동산의 경우에는 더욱 그렇습니다. 또한 시행사뿐만 아니라 시공사, 자산운용사, 화주, 개인투자자 등이 직접 시행사업에 뛰어들었고, 한정된 토지를 가지고 치열한 경쟁을 하다 보니 지가는 천정부지로 치솟았고, 또한 매수자가 많다 보니 부동산 가치도 매우 높게 형성되었던 것입니다. 그러나 최근에는 우크라이나와 러시아의 전쟁, 미국이 그동안 양적완화와 저금리로 인한 인플레이션을 잡기 위해 현재까지 지속적으로 인상하고 있는 금리인상과 전 세계적인 경제성장률 둔화 등으로 인해 투자기관의 투자심리가 꽁꽁 얼어 붙어 있어 2023년 상반기는 물론 2023년 하반기까지도 투자시장을 예측할 수 없는 게 현실입니다.

향후 부동산 시장은 현재 PF가 완료되어 공사 중인 현장을 제외하고, 현재의 금융시장이 안정화 되지 않고서는 2023년 상반기까지도 신규 PF 승인이 되지 않아 공급이 어려울 것으로 보이며, 현재 공사 진행 중인 것을 감안한다면 2023년에도 약보합세로 신규 상온 창고의 공급 물량은 수요가 있어 문제가 없지만, 저온 창고의 경우에는 공급과잉이 예상되어 공실 문제가 예상됩니다. 또한, 현재 인허가를 받고도 PF가 되지 않거나 어려운 시장환경으로 수익성이 없어 공사를 중단하는 경우를 합치면, 향후 1년 후에는 이로 인한 공급 공백현상이 나타날 것으로 예상됩니다. 또한, 지자체에서 물류를 혐오시설이나 민원으로 인해 규제를 강화하고 있기 때문에 향후에는 물류창고를 개발할 땅도 없지만, 지자체의 조례로 규제하는 부분이 있기에 물류센터의 공급은 줄어들 것으로 예상됩니다. 또한, 현재 공급된 물류센터의 30% 정도가 2020년 이전에 공급되어 낙후된 물류센터가 많이 있기에 스마트 물류센터나 첨단 물류센터로 리모델링되어서 다시 공급될 여지가 많다고 봅니다.

☀ (주)컨펌 유강철 소장

　과거 2000년대 물류센터 개발 초기에는 주로 국내 제3자 물류 기업들이 물류센터 건설을 주도했었습니다. 그러다 해외 글로벌 투자사들이 진출하여 자산운용사를 앞세워 인허가 리스크를 회피하기 위해 기존의 새로 건립된 물류센터를 매입하는 방식으로 투자하기 시작했습니다. 일부 물류센터는 실수요자의 요구에 맞추어 수요자 맞춤형 개발(BTS; Build To Suit Type) 방식으로 건축하여 임대를 주는 방식도 있었으나, 대부분의 영업용 물류센터는 범용형 개발(Multi Tennant Type) 방식으로 건축되었습니다. 일부 유통업체들은 직접 자금을 투자하여 물류센터를 준공한 후 매각하고 재임차하여 사용하는 매각 후 재임차(Sale & Lease back Type) 방식을 통해 투자금을 회수하는 사례들도 있습니다.

　이후 2010년대에 물류부동산에 관심이 높아진 국내 기관투자자들이 가세하면서 물류센터 매입과 개발에 직접 투자하기 시작했습니다. 과거에는 부동산 전문 투자사들이나 금융권은 주로 자금을 대출해 주고 시행사나 개발사들이 주체가 되어 물류센터를 개발하는 경우가 일반적이었습니다. 그리고 외국 투자사들이나 금융사들은 인허가 리스크나 화주 리스크를 피하기 위해 기 허가된 부지나 임대가 완료된 물류센터에 주로 투자했습니다. 그러다 물류센터 매입 경쟁이 커지면서 투자 수익률을 높이려고 임차인이 확보되기 이전의 준공 전 물류센터를 선매입 하는 경우도 늘어났습니다. 불과 2021년 초까지만 해도 코비드-19로 인한 온라인 시장의 성장과 제3자 물류 시장의 성장에 힘입어 물류센터의 매입 가격이 높아지고 기대 수익률이 낮아지자, 금융회사들이 수익률 제고를 위해 물류센터 개발에 직접 참여하는 경우도 많아졌습니다.

2020년 글로벌 사모펀드로 잘 알려진 KKR(크래비스로버츠)은 신한금융 계열사를 비롯해 한화투자증권, 퍼시픽투자운용 등과 함께 인천 서구 석남동 소재 SK인천석유화학 부지를 매입해 물류센터 개발을 시작했습니다. 2021년 하나금융투자와 한국투자증권은 공동으로 안성시 고삼면 가유리에 가유지구 복합 물류센터 개발에 1,200억 원을 투자했으며, 한화투자증권은 경기도 이천시 군량리 물류센터 개발사업에 에쿼티(자기자본 출자) 투자하여 개발에 참여했습니다. 신한은행은 경기도 안성시 원곡면 일대 물류센터 신축사업을 위한 시행사 '안성성은물류PFV'에 지분을 출자하여 직접 물류센터 개발에 참여하였습니다.

미국의 투자은행(IB) 골드만삭스는 경기도 이천 일대 물류센터 용지를 확보하는 물류센터 개발에 참여한 것으로 알려졌습니다. 이지스자산운용은 미국 뉴멕시코주 아마존 물류센터에 리츠(REITs)를 만들어 개발한 뒤 준공 후 리츠 지분을 매각했습니다. 미국 현지 운용사를 통한 간접 투자 대신 직접 물류센터 개발에 나섰고, 임차인(화주)인 아마존과 직접 거래하며 1년 만에 864억 원을 벌어들이게 된 것입니다. 국내 자산운용사가 아마존과 계약을 맺고 물류센터를 개발한 첫 사례이며, 여기에 물류센터 건설만 담당해오던 건설사들도 직접 물류센터 개발에 참여하는 사례도 늘어나고 있습니다.

세계 각국이 코비드-19의 극복 과정에서 2021년 전까지는 양적 완화정책과 저금리 유지로 자금 조달이 용이해지자 인프라 등 건설 자재 수요가 증가하였고, 탄소중립 정책으로 인하여 석탄, 철광석 등의 감산으로 이어졌습니다. 더욱이 우크라이나 전쟁 발발로 글로벌 원자재 가격 상승 및 국제 공급망 악화 등의 영향으로 철강, 시멘트 등 원자재 가격이 급등하여 물류센터 건축 비용도 2021년 상반기부터 급격하게 상승했습니다. 그전에는 대형 건설사 기준으로 상온 창고가 평당 300만 원 전후 수준에서 건축이 가능하였지만, 2022년 하반기 현재 400만 원 이상으로 급등한 상태입니다. 이러한 건축 원가 상승은 원자재 가격 상승 외에도 조달 금리 및 보험료 인상에도 영향을 미치고 있습니다.

또한 구하기 어려운 수도권의 물류센터용 부지 가격 상승과 각 지자체들이 물류센터 인허가에 인색해지면서 물류센터 개발 사업은 더욱더 어려워지고 있습니다. 게다가 그동안 물류센터에서 화재가 자주 발생하고 인명사고도 발생하자 소방법 및 건축법이 강화되어 부지 내 건물 전방위로 소방도로를 확보해야 하고, 건축 마감재도 불연재료 또는 준불연재 자재를 사용해야 하는 등의 법규가 강화되어 물류센터 경제성에 안 좋은 방향으로 영향을 미치고 있습니다.

이러한 건설 자재 가격 상승과 금융권의 금리 상승으로 건설사들의 수익성이 악화되자 대출 부실화를 막고자 금융권은 물류센터 개발 PF(Project Financing) 대출을 줄이고 있는 상황입니다. 더욱이 최근에는 저온 물류센터의 공급 과잉으로 공실률이 높아지자 금융권에서 저온 물류센터에는 자금 대출을 기피하는 현상까지 일어나고 있습니다. 상황이 이렇게 안 좋아지자 그간 물류센터 개발을 추진하려던 자산운용사들도 기존에 개발 중이거나 개발이 완료된 물류센터를 직접 매입하려는 전략으로 바꾸고 있습니다.

2022년 6월에는 그동안 물류센터 직접 개발에 초점을 맞춰온 케이글로벌자산운용이 글로벌 원자재 상승과 물류대란 여파로 공사비가 상승하고, 인허가도 까다로워지고, 기간도 지연이 예상되자 이미 완공된 물류센터 인수로 방향을 바꿔 경기도 안성 일죽면의 물류센터를 인수하기로 하여 계약 우선협상대상자가 됐습니다. 원 소유주는 케이리츠투자운용이며, 본 계약은 2022년 3분기로 예정되었으며, 인수 가격은 2,800억 원 수준으로 알려졌습니다.

최근의 건설 자재비 상승과 금리 인상 등으로 물류센터 개발 시장 여건이 어려워지고는 있으나, 코비드−19 여파로 비대면 온라인 주문 증가, 식자재의 새벽 배송 증가, 택배 물동량 증가, 1인 가구 증가 등 이커머스 시장 성장과 이를 뒷받침하는 물류 기능을 담당하는 제3자 물류 시장의 확대 등으로 인하여 물류센터의 수요는 여전히 증가하고 있다고 봅니다. 인천지역을 중심으로 한 저온 창고는 많은 공급이 이루어졌으나, 상온 창고는 오히려 임차인의 수요가 많아 부족한 실정입니다. 따라서 당분간 상온 창고의 공급이 증가할 것으로 예상됩니다. 상온과 저온을 같이 취급하는 수요자를 위해 상온 창고 위주로 건축하되 일부를 저온으로 채우는 복합 물류센터 형태의 추진도 많아질 것으로 봅니다.

물류시설법에 의한 2022년 10월 전국 물류창고업 등록 현황에 의하면 10,000m²(약 3,025평) 미만의 규모가 작은 물류센터는 72.7%(1,229업체)의 업체 수가 전체 면적의 28.6%밖에 점유하지 못하고 있습니다. 또한 [그림 4−11]과 같이 사용하고 있는 물류창고 개당 등록 규모는 2021년까지는 2,000평 이하로 나타나다 2022년에 들어서 2,758평으로 규모가 증가하고 있습니다.

그림 4-11 **물류시설법에 의한 국내 물류창고 개당 등록규모 추이(단위: 평/개)**

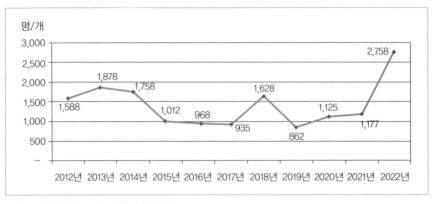

※ 출처: 국가통합물류정보센터(2022. 10. 21)

　그러나 여기에서 주의 깊게 살펴볼 내용이 있습니다. [그림 4-12]에서의 물류창고 등록 수치는 동일 건물에 다수의 업체가 입주하는 경우, 대형 건물이라도 입주사 수만큼 나눠 사용되므로 실제 건물 규모보다 작게 소형화되어 등록되는 경우가 많다는 것입니다. [그림 4-12]에서와 같이 실제로 최근 몇 년 동안 준공된 물류센터의 건물당 규모는 2017년에 평균 14,512평에서 2022년 준공 및 준공 예정에 있는 물류센터 규모는 평균 26,454평으로 대형화되어 가고 있음을 알 수 있습니다. 이는 부분 집합이 전체 합집합을 초과할 수 없듯이 소규모 물류센터는 자기보다 큰 규모의 화주는 유치할 수 없기 때문입니다. 예를 들어 5천 평이 필요한 화주는 자기보다 큰 1만 평 정도의 물류센터로 입주하고 싶기에 5천 평 규모의 물류센터에 입주하기 꺼리게 됩니다. 왜냐하면 향후 물동량이 증가하면 추가 면적 확장이 어렵고 야드라던지 물류 편의 시설 등도 더 넓게 사용할 수 없기 때문입니다.

그림 4-12 국내 물류창고 개당 건설 규모 추이(단위: 평)

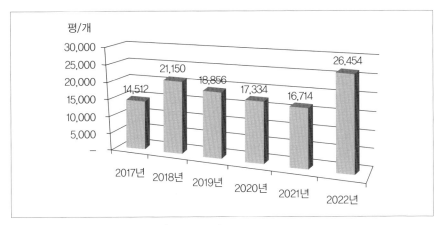

※ 출처: 국내 물류센터 준공 사례 분석 결과(2022. 10. 21)

[표 4-7]에서와 같이 2021년 준공된 물류센터 면적은 약 310만여 제곱미터 수준으로 전년 대비 74% 상승하였으며, 2022년에는 약 761만여 제곱미터 규모로 전년 대비 146% 증가한 면적이 준공되었거나 준공 예정에 있습니다. 최근 유통업계 위주로 증가하고 있는 도심형 라스트 마일 배송 MFC는 대부분이 자사용 매장 안에 설치되거나 규모가 1,000m² 이하라 통계에서 제외되었다고 볼 수 있습니다. 2021년 준공 면적 중에는 순수 상온 물류센터 면적이 약 80만 제곱미터로 26% 수준밖에 되지 않으며, 나머지는 일부 상온이 포함된 복합 물류센터이거나 저온 물류센터로 건축되어 상온센터 공급이 부족하다는 것을 알 수 있습니다.

표 4-7 국내 물류창고 개당 건설 규모 추이

구분	개수	준공면적 합계(m²)	준공면적 합계(평)	증감률	개당 준공면적(평)
2017년	22	1,055,384	319,254		14,512
2018년	33	2,307,320	697,964	119%	21,150
2019년	40	2,493,350	754,238	8%	18,856
2020년	31	1,776,398	537,360	−29%	17,334
2021년	56	3,094,183	935,990	74%	16,714
2022년	87	7,608,367	2,301,531	146%	26,454

※ 출처: 국내 물류센터 준공 사례 분석 결과(2022. 10. 21)

　과거 저온 창고의 잦은 냉매 관리의 불편함, 전문 자격증 보유자 채용 등의 까다로운 관리, 잦은 화재와 사고 발생 등으로 기피해 오던 저온 물류센터가 수요 증가와 상온 대비 거의 두 배 수준의 높은 임대료 등으로 투자 수익률이 높아지자 공급이 늘어나고, 이에 대한 여파로 임대료는 하락 추세로 나타나고 있습니다. 반대로 상온 센터는 부족해지고 상온 임대료는 상승하는 추세입니다. 이러한 추세는 당분간 지속되다 상온센터의 공급이 다시 증가하고 저온센터의 공급이 상대적으로 줄어들면, 상온센터의 임대료 현실화는 2~3년 후에 일어날 수 있을 것으로 봅니다.

　물류센터는 과거 보관 위주의 창고 기능에서 벗어나 시대의 변화에 따라 다양하게 진화해 오고 있습니다. 초기 보관 기능 위주의 창고에서 첨단 전산 시스템과 자동화 기술이 접목되면서 현대적인 물류센터로 변화하고 있습니다. 영업용 물류센터는 좁은 부지 여건을 극복해 주는 램프웨이를 통하여 수직으로 여러 층에 차량이 직접 접안할 수 있게 되었습니다. 동일 건물에 상온과 저온을 동시에 건축하여 복합 물류센터로 건설되기도 하고, 굴뚝 없는 공장으로서 가공·조립이나 제조 역할까지 수행하게 되었습니다.

최근에는 이커머스 성장에 따라 라스트마일 배송의 중요성이 커지면서 빠른 시간 내에 배송할 수 있는 도심형 MFC 구축도 증가하고 있습니다. 이러한 MFC의 필요성은 유통업체들에게 라스트마일 배송 경쟁력을 위해 도심 내에 다크스토어, 세미다크스토어 및 플로우센터 등의 MFC 구축을 강요하고 있습니다. 즉 매장과 물류센터의 경계가 허물어지면서 유통과 물류의 융·복합화가 일어나고 있다고 할 수 있습니다. 여기에 주유소, 편의점, 매장, 지하철역 등의 기존 건물을 MFC 개념으로 활용하여 배송하거나 고객이 직접 와서 픽업해 갈 수 있도록 하는 물류기능의 확대도 늘어나고 있습니다.

여기서 잠깐! • 다크스토어란 '불 꺼진 매장'이란 뜻에서 유래한 MFC의 일종으로, 도심 내 매장이나 거점을 확보하고, 방문객은 받지 않고 주변 고객에게 단시간 내에 배송해 주는 시설로 다크 슈퍼마켓 또는 닷컴센터라고도 한다. (영국 테스코 등)
• 세미다크스토어란 고객이 방문하는 매장과 배송을 해주는 물류시설이 공존하는 유통과 물류가 융합된 MFC의 일종(미국 월마트 등)
• 플로우센터란 기존 매장 내 일부 공간을 확보하여 고회전 품목 위주 물류거점으로 운영하는 MFC (미국 타깃 등)

기존의 제조 시설로 허가를 받은 공장 부지를 물류센터로 변경하여 신축하는 경우도 많아지고 있습니다. 또는 지하에는 물류센터를 배치하고 지상에는 주거나 상가 건물을 배치하는 복합건물로 추진되고 있는 사례도 있으며, 도심 내에 건설되는 도시첨단물류센터도 추진되고 있습니다. 따라서 서울과 가까운

지역에는 물류센터용 토지 공급이 부족하고 인허가가 어려워지면서 기존의 노후화된 물류창고나 공장 등을 상온과 저온을 동시에 수용하는 복합형 물류센터나 물류 시설로의 전환이 많아질 것으로 봅니다.

대략 2,000년을 전후하여 태동한 국내 물류부동산 시장은 2021년까지 21년 만에 약 7조 원 규모로 급성장하면서 투자 순위 1순위로 매력적인 투자 시장이 되었습니다. 이러한 추세에 따라 물류센터 가치를 평가하는 캡레이트가 4% 전후대로 오피스에 근접해 가고 있어서 물류센터의 가치는 최고조에 이르렀습니다. 그러나 앞에서도 언급한 것처럼 호조세도 건설 자재 가격 상승과 금융권의 금리 상승으로 인하여 물류센터 수익성이 낮아져 물류센터 개발 환경이 다소 악화하기에, 물류센터 개발 사업 중 일부는 지연되는 사례도 나타나고 있습니다. 더구나 그동안 물류센터의 캡레이트가 꾸준히 감소하면서 물류센터 가치는 최고조에 이르렀지만, 최근의 환경 악화에 따라 캡레이트는 다소 높아지는 추세로 바뀌어 물류센터 가치는 다소 낮아지는 상황으로 바뀌었다고 볼 수 있습니다. 물론 서울에 가까우면서 신용도가 우량한 임차인이 입주하고 고속도로 IC 인근에 있는 A급 물류센터는 가격 인하 영향을 받지 않겠지만, 그러한 부지는 찾기 어려워지고 있습니다.

미국과 영국 등의 경우 물류센터 시장이 성숙하면서 물류센터 캡레이트가 오피스의 캡레이트에 근접하거나 일부 낮아지는 현상도 발생하고 있기 때문에 국내 물류센터의 캡레이트도 이에 동조해 갈 가능성이 큽니다. 따라서 물류부동산 시장이 일시 둔화하거나 다시 성장하더라도 가치가 크게 낮아지기는 쉽지 않아 보입니다. 또한 우크라이나 전쟁이 끝나고 국제 공급망 재편이 다시 활성화되고 건설 자재비와 금리가 어느 정도 인하된다면, 물류부동산시장 규모는 더 상승할 것으로 예상합니다.

물류센터의 인허가 단계에서 가장 어려운 점은 법적 제한 사항과 까다로운 심의도 어렵지만, 부지 주변 주민들의 민원도 어려운 과제로 여겨집니다. 심지어 부지에서 몇 킬로미터 이격 되어 거주하는 주민들도 차량이 지나가는 길목이라고 민원을 제기하는 경우도 있습니다. 이러한 민원의 근본적인 원인에는 일부 금품 등의 요구도 있을 수 있으나, 실제로 대형 트럭들이 다니면서 발생하는 먼지나 소음 피해도 있고 교통사고의 염려도 있으며, 물류센터에서 발생하는 잦은 화재로 인하여 많은 인명 피해가 발생하는 데에도 원인이 있습니다. 이러한 사고는 소방법, 건축법 및 중대재해처벌법 등의 강화로 앞으로는 더 감소할 것으로 보이지만, 먼저 시행사나 건설사가 건설 현장에서의 안전 불감증을 없애고 체계적이고 안전한 공사 규칙을 철저히 지키는 것도 중요하다고 봅니다. 실제로 물류센터가 들어서면서 발생하는 주변 지역의 고용 창출과 세수 증대로 지역 경제 활성화에 기여하는 것도 사실입니다. 하지만 지역 경제 활성화보다는 지자체가 지역 민원에 더 민감해지고 제조업 위주의 행정 정책을 펴기 때문에 물류센터에 대한 인식이 낮아지는 상황입니다. 앞으로 물류센터 추진 주체들이 안전사고 방지 대책을 수립 실천하고, 지역 주민과 상부상조하며 공존하는 문화를 활성화하여 물류센터가 굴뚝 없는 공장으로서 지역 경제에 이바지한다는 인식이 개선되도록 더 노력해야 할 것입니다.

그리고 물류센터 현장에서 일어나는 불편 사항 중의 하나가 층고가 낮아 적재 효율이 낮아지는 경우입니다. 대부분 층고를 10m 수준으로 설계하지만 일부 센터는 이보다 더 낮게 건축되는 곳도 있는데, 수입 물품 같은 경우 팔레트의 적재 높이가 2m 정도 되므로 4단 적재가 어렵게 됩니다. 또는 화물차량 접안 Berth 수가 적어 동시에 접안 가능한 트럭 수가 적어서 상하차 시간이 길어지고 전체적인 입출하 능력이 감소하게 되는 경우도 있습니다. 또한 건물의 장축이 아닌 단축 부분에 도크를 배치하게 되는 경우, 접안 Berth 수도 줄고 센터 깊이가 너무 길어져 입출고 시간이 길어지는 경우도 발생합니다. 영업용 물류센터의 경우 무엇보다 전 층에 차량이 접안할 수 있도록 설계하여 각 층마다 입출고 시간을 단축할 수 있어야 하는데, 엘리베이터 구조로 설계할 경우 수직 이동 시간이 추가 소요되어 입출고 시간이 길어지게 되고 결국 차량 대기 시간도 길어지게 됩니다. 물론 하나의 기업이 전 층을 사용하는 경우에는 층간 이동 작업이 필요하여 엘리베이터를 필요로 하는 경우도 있기는 합니다. 최근에 짓는 물류센터들은 대부분 이러한 사항들을 개선하여 현대화되고 시설 측면에서도 더욱 발전되어 가고 있어, 앞으로 기존의 소규모 노후화된 물류센터와 대규모 현대화된 물류센터의 양극화 현상은 더 심화할 것으로 봅니다.

2020년 12월 국내 최초 물류전문 리츠(REITs · 부동산투자회사)인 이에스알(ESR)켄달스퀘어리츠가 공모 청약에서 3.36대 1의 경쟁률을 기록하며 유가증권시장에 상장되었습니다. 이렇게 개인들도 물류부동산에 투자할 수 있는 길이 열렸지만, 아직도 대부분의 물류부동산이 사모 위주로 운영되다 보니 개인들의 참여 기회는 턱없이 부족한 실정입니다.

2021년 10월 자본시장과 금융투자업에 관한 법률(자본시장법) 개정안이 시행되면서 기존에 운용 목적에 따라 나뉘었던 경영참여형 PEF와 전문투자형 PEF를 투자자 성격에 따라 구분하는 기관 전용 PEF와 일반 PEF로 개편되었습니다. 개인들이 주로 참여할 수 있는 일반 PEF도 실제로는 투자 대상이 되는 공모 펀드 수 자체가 적고, 투자 대상 물류리츠 또한 그 수가 적기 때문에 아직은 개인들의 투자 기회가 많지 않은 것으로 보입니다. 앞으로 정부의 정책 지원으로 물류리츠 상장 및 물류부동산 펀드 등의 공모가 늘어나서 개인들도 물류부동산에 투자할 기회가 더욱 확대되도록 물류부동산 시장 환경 조성이 더 필요해 보입니다.

국내 물류부동산 시장은 2000년 대 초반 천억 원 대의 소규모 시장에서 2021년 말 기준 7조 원에 가까운 거대 시장으로 성장했습니다. 주로 외국 자본들에 의해서 성장해 왔으며, 국내 자본들도 후발 주자로 참여하여 많은 투자를 확대하고 해외 물류부동산에도 투자를 이어가고 있습니다. 최근의 물류부동산 시장 성숙기와 발전기에 접어들면서 물류센터의 공급 과잉과 수익 저하의 우려가 있으나 이커머스 및 3PL 시장 성장이 뒷받침하고 있으며, 아직도 일부 상온 시설은 부족한 상황에 있습니다. 물론 저온 시설의 공급 과잉과 저온 임대료 하락, 상온 임대료 상승, 물류센터 개발 원가 상승 등 시장 환경은 어려워지고 있습니다.

또한 여전히 거대 자본 위주로 투자와 수익이 돌아가기에, 일반 개인들에게는 아직 물류부동산 시장의 성장에 따른 혜택이 미치지 못하고 있습니다. 향후 물류부동산 시장이 더욱 성장하고 투명성이 높아지고, 보다 발전된 물류 관련

정책 수립을 위해서도 물류시설에 대한 사실적이고 구체적인 기초 데이터의 통계자료가 더 보완되어야 할 것으로 봅니다. 최근의 물류부동산 시장만큼 수익률이 높은 시장이 별로 없는 상황에서 온라인 시장의 성장에 따라 당분간 물류부동산 시장은 여전히 투자 유망한 분야가 될 것입니다.

이커머스의 승패를 좌우하는

물류부동산 전망

2023. 5. 26. 초 판 1쇄 인쇄
2023. 6. 7. 초 판 1쇄 발행

지은이 | 우정하, 김태석, 노종수, 유강철, 최문식, 로지브리지
펴낸이 | 이종춘
펴낸곳 | **BM** ㈜도서출판 **성안당**

주소 | 04032 서울시 마포구 양화로 127 첨단빌딩 3층(출판기획 R&D 센터)
　　 | 10881 경기도 파주시 문발로 112 파주 출판 문화도시(제작 및 물류)
전화 | 02) 3142-0036
　　 | 031) 950-6300
팩스 | 031) 955-0510
등록 | 1973. 2. 1. 제406-2005-000046호
출판사 홈페이지 | **www.cyber.co.kr**
ISBN | 978-89-315-5034-4 (13320)
정가 | **25,000원**

이 책을 만든 사람들
기획 | 최옥현
진행 | 최창동
본문 · 표지 디자인 | 인투
홍보 | 김계향, 유미나, 정단비, 김주승
국제부 | 이선민, 조혜란
마케팅 | 구본철, 차정욱, 오영일, 나진호, 강호묵
마케팅 지원 | 장상범
제작 | 김유석